# 实用文案写作

主　编　张红丽

**副主编**　屈赛英　闫　培　李桂红　尚　艳

北京理工大学出版社

BEIJING INSTITUTE OF TECHNOLOGY PRESS

## 图书在版编目（CIP）数据

实用文案写作 / 张红丽主编 . -- 北京 : 北京理工
大学出版社 , 2023.8
　ISBN 978-7-5763-2764-9

　I . ①实… Ⅱ . ①张… Ⅲ . ①广告文案 – 写作 Ⅳ .
① F713.812

　中国国家版本馆 CIP 数据核字（2023）第 155337 号

**责任编辑：** 王俊洁　　**文案编辑：** 王俊洁
**责任校对：** 刘亚男　　**责任印制：** 施胜娟

**出版发行** / 北京理工大学出版社有限责任公司
**社　　址** / 北京市丰台区四合庄路 6 号
**邮　　编** / 100070
**电　　话** /（010）68914026（教材售后服务热线）
　　　　　　（010）68944437（课件资源服务热线）
**网　　址** / http://www.bitpress.com.cn

**版 印 次** / 2023 年 8 月第 1 版第 1 次印刷
**印　　刷** / 唐山富达印务有限公司
**开　　本** / 787mm×1092mm　1/16
**印　　张** / 15.75
**字　　数** / 408 千字
**定　　价** / 82.00 元

# 前　言

随着经济全球化步伐的逐步加快和社会主义市场经济体制的逐步完善，社会组织的主体地位和人们的自主意识不断增强，使得各种信息的传播渠道更加广泛，传播速度更加快捷。"应用文写作"是一门实用性很强的课程，是高等职业技术院校很多专业的必修课程，也是提高学生书面表达能力的重要载体。

高等职业院校以培养高素质、技能型专门人才为己任。而写作是一种技能，为从事各种技术工作所必需，理所当然是高职学生应该掌握的一种能力和必备的素质。文案写作水平的高低，体现着个人能力与素质的高低。因此，在大文科背景下，"实用文案写作"是通向学生职业生涯，奠定将来成功基础的一门公共基础课，其旨在培养高职大学生的实用文案写作能力，提升高职生的语言综合运用能力。本教材作者通过对高职生认知水平和认知心理需求的调研，深入挖掘文案写作课程的思政资源，编写了这本符合学生认知需要的职业教育新形态教材。

本教材按照"模块—项目—任务—能力"的设计思路，围绕应用文绪论、行政公文、事务文书、广告文书、日用文书以及专用文书六个模块展开，其中每个模块又选择生活中较常用的项目文书展开，从实际工作出发，立足实用性，着重提高学生写作应用文的基本素养和能力。如：事务文书主要围绕计划、总结和调查报告的写作展开；广告文书主要围绕广告文案和活动策划书的写作展开；日用文书主要围绕条据、演讲稿、倡议书和申请书的写法和注意事项展开，本教材根据每个文种的含义和作用，分析它们之间的特点和差别，重点要求学生把握每个文种的行文规则、具体格式、写法及要求，让学生通过模拟工作任务等实操训练，在"做中学"，从而掌握每个文种的写法。

本教材是一本真正体现项目化教学特色、能有效提升学生应用文写作能力的实操实练教材，本教材在编写过程中主要突出以下特色：

## 1. 以实用为导向

本教材遵循"注重基础、强化能力、突出重点、学以致用"的原则，通过教师教学和学生训练，使学生能准确、清晰地表达思想，写出观点正确、内容充实、条理清楚、语言流畅的常用应用文，从而为今后从事经济、管理、教育或金融等文职工作打下坚实的基础。帮助学生逐步获得职场认知，指导学生将应用文写作知识应用到相应的工作领域。

## 2. 编写模式新颖

本教材按照"模块—项目—任务—能力"的设计思路，在六个模块下共设置了 16 个项目，通过精妙设计任务实训栏目，如知识角、文种案例分析和应用文错例的讲解等，提高应用文教学的针对性，增强学生的学习兴趣，让学生掌握应用文的写作方法和技巧，并且针对每个文种的特点，让学生进行专项训练，设置了相应的选择题、填空题和简答题等，便于高职生根据老师讲解的内容进行实战演练，同时通过经典案例，让学生体悟、借鉴、模仿和训练，巩固学生的学习效果，增强文案写作的实用性，提升高职生的思辨能力。

每个项目都包含以下内容：

**情境导入**：每个项目均设有相关模拟情境，以激发学生的学习兴趣。此外，情境之后的提问，在引出每个项目知识点的同时，促使学生带着问题去学习新知识。

**知识点拨**：重点讲解相应文种的精要知识，具体包括基础知识、文种结构、写作要求和知识角等，为学生学习每个任务提供指导。

**任务实施**：设有填空题、判断题、改错题、写作题等题型，旨在通过综合训练帮助学生夯实基础知识，提升写作技能；根据相应的任务实施提出评价标准，对学生的写作能力进行综合测评，让学生在巩固所学知识的同时，全面提高理解能力、分析能力、归纳能力、概括能力、语言表达能力等。

### 3. 理论与实践结合紧密

本教材充分考虑到大学生在现实生活中会实际应用到的文案内容，突出理论与实践相结合，涉及"项目教学法""情境教学法""任务驱动法"等先进教学理念，阐述了常用应用文的理论知识、文种结构和写作要求。本教材以情境导入—知识点拨—写作要领—任务实施为主线，通过常用应用文基本知识的讲解和练习，完善应用文写作的知识结构，提高大学生的文案写作能力和综合素质。本教材以具体的文种写作任务驱动教学，辅以情境创设、课堂活动、写作过程指导，使教师的知识教学与学生的写作实践融于一体。

### 4. 坚持思政核心导向

课程思政是贯彻落实党的二十大精神，推进党的二十大精神入脑、入心、入行的有效之道，根据应用文写作的课程总目标，本教材在培养学生的应用文写作兴趣和提高学生自主学习能力的同时，根据公务或私务的需要，要求学生能写出既符合党和国家的路线、方针、政策以及有关的法律、法规，又符合应用写作格式和要求的应用文。培养学生良好的职业素养、高尚的职业道德，使学生不仅具有爱岗敬业的精神和辩证思维的能力，而且具有团队协作和勇于创新的精神以及敬业乐业的工作作风，帮助大学生树立正确的世界观、人生观、价值观，认同本土优秀文化，充满家国情怀，对学生进行职业观念、职业理想、职业道德、职业法规等多方面职业素养的教育，从而为学生迅速成长为高素质的职业技术人才奠定思想基础。

我们后期将进一步完善课程思政素材库，丰富在线课程思政资源，关爱学生的身心健康，使学生成长为既有专业技术知识，又有优良思想品格的有用之才，成长为一个优秀的职业人。

本教材由张红丽担任主编，由屈赛英、闫培、李桂红、尚艳担任副主编。

由于编写时间仓促，编者水平有限，教材中疏漏与不当之处在所难免，敬请广大读者批评指正。

在本教材编写过程中，我们参考了大量的文献资料（包括一些广告资料），因时间原因，未能一一注明出处，在此，向这些资料的作者表示歉意，同时，向这些作者表示诚挚的谢意！

编者

# 目　录

# 经国之伟业——应用文绪论

# 项目一　九层垒土起高台
## ——应用文的基础知识

秦孝公据崤函之固，拥雍州之地，君臣固守以窥周室，有席卷天下，包举宇内，囊括四海之意，并吞八荒之心。当是时也，商君佐之，内立法度，务耕织，修守战之具；外连衡而斗诸侯。于是秦人拱手而取西河之外。

孝公既没，惠文、武、昭襄蒙故业，因遗策，南取汉中，西举巴、蜀，东割膏腴之地，北收要害之郡。诸侯恐惧，会盟而谋弱秦，不爱珍器重宝肥饶之地，以致天下之士，合从缔交，相与为一。当此之时，齐有孟尝，赵有平原，楚有春申，魏有信陵。此四君者，皆明智而忠信，宽厚而爱人，尊贤而重士，约从离衡，兼韩、魏、燕、楚、齐、赵、宋、卫、中山之众。于是六国之士，有宁越、徐尚、苏秦、杜赫之属为之谋，齐明、周最、陈轸、召滑、楼缓、翟景、苏厉、乐毅之徒通其意，吴起、孙膑、带佗、倪良、王廖、田忌、廉颇、赵奢之伦制其兵。尝以十倍之地，百万之众，叩关而攻秦。秦人开关延敌，九国之师，逡巡而不敢进。秦无亡矢遗镞之费，而天下诸侯已困矣。于是从散约败，争割地而赂秦。秦有余力而制其弊，追亡逐北，伏尸百万，流血漂橹。因利乘便，宰割天下，分裂山河。强国请服，弱国入朝。延及孝文王、庄襄王，享国之日浅，国家无事。

及至始皇，奋六世之余烈，振长策而御宇内，吞二周而亡诸侯，履至尊而制六合，执敲扑而鞭笞天下，威振四海。南取百越之地，以为桂林、象郡；百越之君，俯首系颈，委命下吏。乃使蒙恬北筑长城而守藩篱，却匈奴七百余里。胡人不敢南下而牧马，士不敢弯弓而报怨。于是废先王之道，焚百家之言，以愚黔首；隳名城，杀豪杰，收天下之兵，聚之咸阳，销锋镝，铸以为金人十二，以弱天下之民。然后践华为城，因河为池，据亿丈之城，临不测之渊，以为固。良将劲弩守要害之处，信臣精卒陈利兵而谁何。天下已定，始皇之心，自以为关中之固，金城千里，子孙帝王万世之业也。

请思考：《过秦论》是贾谊政论文的代表作，分上中下三篇。全文从各个方面分析秦王朝的过失，故名为《过秦论》。此文旨在总结秦速亡的历史教训，以作为汉王朝建立制度、巩固统治的借鉴，是一篇见解深刻而又极富艺术感染力的文章。那么《过秦论》是否属于古代应用文？什么是应用文？应用文可以分为哪几种？它有什么特点及作用呢？

今天，人们在工作和生活中处处需要写作，各行各业都要学习写作，所以人们学习在日常生活、学习和工作中处理公私事务常用的规范性应用文显得尤为重要。要写好应用文，首先要了解应用文的基础知识，将理论与实践结合起来，这样，应用文的写作才会更规范、更严密。

一般来说，写作可分为两大类：一是文学创作，是指语言艺术中的诗歌、散文、小说、剧本等文学作品的创作；二是实用写作，又称应用文写作。这两者之间的关系正如叶圣陶所说：

"大学毕业生不一定能写小说、诗歌，但一定要能写工作和生活中实用的文章，而且非写得既通顺又扎实不可。"

 **知识点拨**

## 任务一　应用文的概念和特点

### 一、概念

应用文是国家机关、企事业单位、社会团体和个人在日常生活、学习、工作中处理公私事务、传播信息、表达意愿时所使用的具有直接实用价值和惯用体式的文章。

"应用文"这一概念中有两个词语需要大家关注：一是"实用价值"，二是"惯用体式"，前一个词语解释了应用文的作用；后一个词语则概括了应用文外在形式上的特点。

应用文有别于以抒发主观感情、反映现实生活为主的文艺性创作。它主要是为了处理公务和私人事务而写的，是一种最直接、最有效地交流思想、传播信息、解决问题、为现实社会服务的实用性文体。它以实告人，追求朴实无华，以达到取得直接效果的目的。

### 二、应用文的特点

应用文作为一种文体，与其他文学作品的写法相比较，除具有一定的共性外，还有其独特的个性。一般来说，从小学到中学，学生写的大都是记叙文、议论文等文体，讲究语言的生动形象、情节起伏，采用多种描写手法，进行多样的抒情等。但这些文章的写法，不能套用到应用文的写作中去。一个学生平时记叙文、议论文等文体写得很好，但应用文不一定能写好，这就需要了解应用文的特点，才能写好应用文。

#### （一）实用性

应用文最大的特点在于实用，它是"为实用而作之文"。它大都从本部门、本行业或本人的实际情况出发，为解决某一实际问题或达到某种实际目的而写，对象明确。这也是应用文区别于其他文体的主要标志。

比如写一则新闻，就能达到传递消息的目的；写一则请示，是为了向上级请求指示或者请求批准办理某一事项；写一篇民事诉状，是为了解决所发生的纠纷；要借款，就得立字据；向上级汇报工作、反映情况，就要写报告；推销产品，就要写广告等。而文学作品则是以审美为宗旨，关注的是人的精神与灵魂。

#### （二）时效性

文学作品的写作除特殊情况外，一般不讲究时效性，作者可只追求作品的完美，而不用担心时间。但应用文则不同，在写作应用文时，必须讲究时间和效益。应用文的时效性体现在写作和使用两方面。写作上，有不少公私事务必须在一定时间内快速处理完，所以应快写、快办、快发，不允许有任意拖延，以免产生不良影响和严重后果。

应用文都是在一定范围、一定时间内生效而发挥它的现实作用，超过时限，往往就失去了它的宣传和约束作用。无论是命令、决定、请示、批复等行政公文，还是礼仪应酬、求职应聘等文书，一旦过了时效，也就失去了它的实用价值。例如，会议通知一定要在开会前写完并发出，若会议开过后才写完，便失去其效用了。

#### （三）真实性

应用文的实用性也决定了它的真实性。真实性是应用文的生命，它绝对排斥虚构和杜撰，必须真实客观、实事求是地反映问题，反映情况。

在文学作品的写作中，为了渲染氛围，可以将情节夸大，甚至可以虚构人物。但在写作应用文时，要求所选用的材料必须是真实的，所涉及的人、事、物必须是现实生活中客观存在的，文中所引用的数据、图表等必须是经过科学测算的，而不是道听途说、凭空捏造的。真实性是应用文的生命，若失去了真实性，应用文便失去了它的使用价值。

### （四）规范性

规范性是应用文特有的属性之一。应用文多数有惯用体式，其中行政公文具有规范格式。这些格式有的是长期以来约定俗成的，如书信有书信的格式；有的是由国家、部门统一制定的，如公文格式、合同格式等。每一种应用文应包括哪些内容、各要素的位置结构等，都应遵守相关要求，不可随意。

应用文格式的规范性，使不同的应用文清晰醒目，便于写作、阅读、处理和解决相应的问题，有利于提高办事效率以及分类、归档、保存和查询。

当然，应用文的格式并非一成不变，随着社会的发展、人们生活习惯的变化、观念的变化，应用文的写作格式也会有变化，所以我们要随时关注相关规定。

### （五）针对性

应用文的针对性包括两方面的含义：

#### 1. 应用文的内容具有针对性

应用文都是针对实际生活、生产、学习、工作中遇到的问题而写作的，有的是针对个人的私事，有的是针对社会团体的公事，有的是针对国家或国际上的大事。写作目的都明确而具体。

#### 2. 应用文总是针对一定的对象而写的

比如行政公文都是针对特定的行文对象而制作的，有一定的阅读范围；章程、条例等都是针对所辖的相关组织与相关人员而制定的；一切书信，均有特定的收信人。字据是立给谁的，报告是打给谁的，广告是针对哪些消费群体的，这些都是拟写应用文时必须考虑的对象。

### （六）平易性

平易性指的是应用文的内容简明扼要，表述清晰流畅，风格朴实平易，这是应用文的一个基本特性。应用文更重实用、实效，所以在书面语言运用上，要求简约有力，以最精炼的词、最恰当的语句把事情说清楚，切忌含糊或者晦涩难懂。

应用文写作讲求朴实，不求华美，这就要求语言必须简明、朴实、明快、自然，用简明、准确的语言表达特定的内容，不能含糊其辞、模棱两可，以免造成误解。

## 典型案例 ——邀请函

亲爱的××先生：

我们非常荣幸地邀请您出席为××代表团举行的招待会。招待会定于10月4日（星期二）在市政厅举行。6点钟准时举行酒会，8点钟举行正式的晚宴。

我们期待着您的光临！

地址：××××××××××

联系人：×××

联系电话：××××××××

××××年×月×日

**点评：**以上是一篇标准的邀请函应用文，具有规定的结构和很强的实用性，表达了邀请××先生参加××招待会的意愿，并告知了招待会的地址、时间、联系人等事项。

**典型案例——文学作品**

### 欧也妮·葛朗台（节选）

有些屋子看上去像是最阴沉的修道院、最荒凉的旷野、最凄凉的废墟，令人抑郁不欢，修道院的寂静、旷野的枯燥和废墟的衰败零落，也许这屋子都有一点……

木料支架的屋顶，年深月久，往下弯了，日晒雨淋，橡木已经腐烂、翘曲，放上一盆石竹或蔷薇，窗槛似乎就承受不住那棕色的瓦盆……

**点评：**以上是一篇典型的文学作品节选，是一幅法国外省生活的风景画，为嗜钱如命的吝啬鬼葛朗台登场渲染了冷漠、阴沉的气氛。这种典型景物的描写，与冷酷、古板、狡猾、狠毒的守财奴性格是十分贴合的。这些景物以意感人，具有很强的艺术美感。

从以上案例可以看出，应用文写"实"，而文学作品写"虚"。

## 任务二　应用文的作用和分类

### 一、应用文的作用

概括地说，应用文的作用主要表现在以下几个方面：

#### （一）经国之枢机

刘勰在《文心雕龙》中说："章表奏议，经国之枢机。"这说明应用文是治国兴邦，实现管理职能的工具。在我国历史上，有很多经典的章表奏议，即应用文，如李斯的《谏逐客书》、司马迁的《报任安书》、贾谊的《论积贮疏》、诸葛亮的《出师表》、魏征的《谏太宗十思疏》、王安石的《答司马谏议书》等。

今天的应用文也是宣传、贯彻、执行党和国家的路线、方针、政策及法律、法规。促进现代化建设和经济发展的工具，在治国兴邦、经国济世中起着部署、指挥、组织、管理等重大作用，它要及时地向广大干部群众做宣传，以便统一认识、协调行动，确保各项工作的顺利开展。

#### （二）立言之具

应用文是研究规律、探索问题，进行科学研究的手段和表达其成果的载体。

在社会生活中，应用文也是开展工作，解决处理问题的依据和凭证。如上级下达的文件、党和政府颁布的法规、有关方面的规章制度，都可作为开展工作和检查工作的依据；而一些条据、合同文本、公证材料等，也是业务中的凭证，一旦出现问题、纠纷，依靠这些凭证，可通过法律追究对方的责任，维护自身利益。另外，一些重要的应用文也是历史档案资料，要了解某一时期的政治、经济情况，或某一方面的生产经营情况，只要查阅当时存档的应用文，就可以知道。有些冤假错案在事后也能凭借这些存档的应用文得以澄清事实，还其本来面目。

#### （三）交际之需

马克思说，人的本质是社会关系的总和。人类社会是一个充满活力的有机整体，没有人际交流，社会就难以维持，而人际交流是离不开应用文的。

人们表达意愿、申述理由、反映情况、交流信息、上传下达、左右联系，时时处处在使用应用文。行政公文、公关文书、事务文书、法律文书、财经文书、会议文书、科研文书、申论等，都从不同角度满足人们的交际之需。无数的应用文把国家、集体、个人的诸方面联系起来，使之互相配合，加强协作，共同实现预期目标。

现代社会是一个高效运转的有机整体，社会分工越来越细，职责职能越来越明晰，单位与单位、单位与个人、个人与个人之间的交往日益频繁，需要处理的事务也与日俱增。这就决定了人们相互间必须传递信息、沟通情况，使社会、单位和个人的事务、工作协调配合。

应用文作为现代社会普遍使用的一种交流手段和工具，正在这些事务中发挥着重要作用。如上级制定的政策、方针、决议、意见需要告知下级贯彻执行；下级有情况、问题和困难，要请示、报告，需要上级机关指示或批准；统计或与不相隶属的机关单位商洽工作、沟通问题、交流信息都要由应用文来承担。总之，应用文是沟通上下的渠道、联系左右的桥梁，它把人与人、单位与单位上下左右联系在一起，使之形成一个有能力的统一的整体，从而推动各项工作有序、顺利地进行。

### （四）教育之用

应用文还具有宣传、教育群众，推动精神文明建设的作用。

应用文可以在指导工作的同时，起到统一思想，宣传、教育、动员的作用。还有一些应用文，其本身在规范人们行为的同时，还担负着教育、宣传的作用。所以说，应用文在物质文明与精神文明建设中有着不容忽视的积极作用。

随着现代社会的快速发展，尤其是进入信息社会和网络时代，应用文已经在国家管理、社会公务活动的各个领域和人们的社会交往中发挥着重要作用。

### （五）执行之用

上级机关为了把自己的工作意图、决策意见、办法措施告知下级，让下级机关或有关人员认真贯彻执行，就需要制发下行文，如命令、决定、意见、批复、公告、通告等，它们虽然不是法律文书，但却有法定的权威和规范约束作用，下级必须贯彻执行。

 典型案例——决定

### 国务院关于取消一批职业资格许可和认定事项的决定

国发〔2016〕5号

各省、自治区、直辖市人民政府，国务院各部委、各直属机构：

经研究论证，国务院决定取消61项职业资格许可和认定事项，现予公布。同时，建议取消1项依据有关法律设立的职业资格许可和认定事项，国务院将依照法定程序提请全国人民代表大会常务委员会修订相关法律规定。

各地区、各部门要切实转变管理理念和管理方式，加强对职业资格实施的评估检查，建立事中事后监管机制，营造更好激励人才发展的环境，推动大众创业、万众创新。人力资源社会保障部要会同有关部门抓紧制定公布国家职业资格目录清单并实行动态调整，在目录之外不得开展职业资格许可和认定工作，逐步建立科学合理的国家职业资格体系，让广大劳动者更好施展创业创新才能。

附件：国务院决定取消的职业资格许可和认定事项目录（共计61项）

国务院

2016年1月20日

**点评：**本文是上级机关国务院就"取消一批职业资格许可和认定事项"有关问题发给各省、自治区、直辖市人民政府，国务院各部委、各直属机构的下行文，它具有法定权威和规范

约束作用，要求下级机关必须执行。

## 二、应用文的分类

应用文种类繁多，可以从不同的角度划分成不同的类别。

### （一）按处理事务的性质划分

应用文按处理事务的性质划分，可以分为公务类应用文和私务类应用文。

#### 1. 公务类应用文

公务类应用文是指为处理国家和集体的事务而写作和使用的应用文，即通常所说的公文，又叫文件。

#### 2. 私务类应用文

私务类应用文是指为处理个人的事务而写作和使用的应用文，即指为满足人们日常生活、工作、学习或业余精神生活需要，处理各种事务时使用的有习惯格式的应用文体。通常分为以下五种：

（1）书信类；

（2）条据类；

（3）传志类；

（4）告启类；

（5）凭证类。

### （二）按使用领域划分

#### 1. 行政类应用文

行政类应用文包括国家行政机关公文和日常事务公文。

##### 1）国家行政机关公文

国家行政机关公文是指国务院办公厅印发的《党政机关公文处理工作条例》中所规定的决议、决定、命令（令）、公报、公告、通告、意见、通知、通报、报告、请示、批复、议案、函和纪要。

##### 2）日常事务公文

日常事务公文也称机关事务文书，是指上述国家法定的行政机关公文以外的一些事务文件，包括简报、计划、总结、调查报告、规章制度、介绍信、证明信等用来处理单位内部日常事务，与具体部门进行工作联系的应用文。

#### 2. 专业工作应用文

专业工作应用文是指在一定专业机关或专门的业务活动领域内，因特殊需要而专门形成和使用的应用文。

#### 3. 日常生活应用文

日常生活应用文是指个人用来处理日常生活事务的应用文，如书信、电报、启事、请柬、讣告、日记、读书笔记等。

## 任务三　应用文的主旨和材料

### 一、应用文的主旨

#### （一）主旨的概念

主旨又称主题、题旨、立意、主脑等，是指通过文章的具体材料所表达的基本观点，是文章的中心思想。

应用文的主旨其实就是贯穿于全文的主要意图和目的。不论是简单的只有几行字的干部任命书，还是鸿篇巨制的会议报告，其主题都可以用"行文意图"来概括，称为主旨。

简单来说，应用文的主旨是指通过具体材料所表达的中心思想与作者意图的统一，是行文的用意和目的，是应用文表达的主张、见解、评价和态度。

### （二）主旨的作用

主旨在应用文中具有举足轻重的作用，主要表现在以下三个方面：

#### 1. 主旨是应用文的核心

主旨把有关内容聚合到一起，用相应的结构、语言和表达方式表现出来，使其成为一篇完整的应用文。没有主旨，应用文就不知所云。

#### 2. 主旨是应用文的灵魂

主旨是应用文的"主脑""意"，在应用文中起着主导作用。如果没有主旨，应用文就会丧失它的认识价值和存在的必要性。

#### 3. 主旨是应用文的统帅

"意犹帅也，无帅之兵，谓之乌合。"（王夫之《姜斋诗话》）应用文没有主旨，就如同军队没有统帅，会失去指挥作用。

### （三）主旨的形态

按内容不同，应用文主旨可以分为思想型主旨和信息型主旨；按性质不同，应用文主旨可以分为基本主旨和从属主旨。

#### 1. 思想型主旨和信息型主旨

思想型主旨是指应用文行文的用意、目的、主张，是对客观事物的定性评判以及作者提出的主张意见和办法措施。如民事诉讼状表达的思想是公民、法人及其他组织向人民法院提起民事诉讼，其行文的基本思想在于保护自己合法的民事权益，制止民事侵权行为。思想型主旨具有主观性、倾向性，即作者对肯定或否定什么，赞同或反对什么必须清楚明白。

信息型主旨是给读者提供某种信息，它不反映作者的主观思想、认识，不是对客观事物作出的评价判断或提出的主张。例如说明书基本上都是知识性的内容说明，目的是使读者对产品等有所了解并能正确使用，其中并不含作者的主观感受。

#### 2. 基本主旨和从属主旨

基本主旨是指在整篇文章中居于统领地位的主旨。一般情况下，一篇应用文只有一个基本主旨。

从属主旨是指居于从属地位并服务于基本主旨的主旨，是从各个侧面、各个局部说明基本主旨的主旨。

二者的关系表现为：基本主旨统帅从属主旨，从属主旨统帅材料；从属主旨说明基本主旨，真实典型的材料说明从属主旨。基本主旨和从属主旨之间应达到和谐的统一，才符合应用文写作的基本规律，才具有实用性和审美价值。

### （四）主旨的表达要求

应用文主旨的一般表达要求是正确、鲜明、集中。具体来说，主要有以下几点：

#### 1. 切合实际，注重实效

应用文主旨的表达不能凭主观想象，更不能凭空编造，要从实际出发，依据现实情况、政策法规、客观背景，研究具体情况和存在的问题，分析问题的性质、特征和原因，提出解决问题的办法、措施，总结经验，吸取教训，预测发展的前景和趋势。

### 2. 单一、集中

应用文是解决公务活动、学习、生活中的实际问题的。为了能及时地解决问题，提高办事的效率和质量，表达的内容必须单一、集中，做到一文一个基本主旨，使主旨集中，笔墨专一，把问题说深、讲透，绝不能出现多个基本主旨、多种意图。

### 3. 事与理的统一

"事"指应用文的材料，即具体事物、实际情况，主要包括事实和数据。它是应用文说明事物、反映情况、提出意见办法和措施的基础与条件；"理"指应用文的主旨，即行文的主张、目的、结论、办法、希望等。应用文写作应有理、有据，达到事与理的有机统一。

### 4. 直白显露，简洁明确

应用文写作主旨体现在对具体事物的直接判断、总结和要求上，所以，主旨的表达要做到直截了当，明白清楚，不拐弯抹角，不含糊其辞。

## 二、应用文的材料

### （一）材料的概念

所谓材料，就是作者为了某一写作目的从生活中搜集、摄取并写入文章的一系列事实、论据、道理和引语。

材料是文章的血肉，支撑着主旨的表现。简单地说，材料是作者为了写作而从生活中采集的、写入文章的事实或理论依据，如事件、数据、例证、道理等。材料是写作的基础。人们常把主旨比作人的灵魂，把结构比作人的骨骼，把语言比作人的细胞，而把材料比作人的血肉。一个健美的人应该灵魂高尚、骨骼健全、细胞活跃、血肉丰满。一篇好文章应该主旨深刻、结构完整、语言准确、材料丰富，做到言之有"理"，言之有"序"，言之有"文"，言之有"物"。

### （二）材料和主旨的关系

#### 1. 材料和主旨的关系

材料是应用文的构成要素之一，是应用文主旨存在的物质基础。人们进行的应用文写作，不外乎就是在搜集、积累、占有材料的基础上，对材料进行整理归类、研究分析，根据既定的主旨和应用文的写作要求，在主旨的统帅下选择、使用材料，通过谋篇布局，结构成章。

这个过程的关键就是解决材料和主旨的关系问题。材料和主旨二者的关系主要表现在以下三个方面：

（1）材料形成主旨，而主旨支配材料的选择、使用和安排。

（2）主旨是从材料中提炼出来的，是文章的统帅和灵魂，决定着文章思想的深度；而材料是为表现主旨服务的，是文章的基础和支柱。

（3）主旨离开了材料，就无从表现，使得文章内容空洞干瘪、无血无肉，达不到写作应用文的目的；而材料离开了主旨，就会成为毫无意义的芜杂废料，不能说明任何问题。总之，主旨是取舍材料的主要依据，材料是表现主旨的物质基础，二者相互依存，相互制约。

#### 2. 应用文选择材料的标准

（1）围绕主旨选材；

（2）材料要真实准确；

（3）材料要典型；

（4）材料要新颖。

### （三）材料的分类

（1）材料按其存在的时间分，有现实材料和历史材料；

（2）材料按其性质分，有事实材料和理论材料；

（3）材料按其表现内容分，有生活材料和心理材料；

（4）材料按其表现手法分；有具体材料和概括材料；

（5）材料按其表现角度分，有正面材料和反面材料；

（6）材料按其获取途径分，有直接材料和间接材料等。

### （四）材料的搜集和选择

#### 1.搜集材料的途径

大量搜集材料是准备材料的第一步。搜集材料的目的是占有大量的材料，这之后才能选择材料，而搜集、占有材料不充分就不能更优质地使用材料。

搜集材料有两种途径：即直接摄取和间接摄取。在应用文写作中，许多作者将两种方法结合起来使用，体现材料搜集的立体性。

（1）直接摄取就是直接搜集大量、真实的第一手材料。直接摄取的材料真实可靠，是形成和表现主旨的有力依据。

（2）间接摄取的材料大多是文献资料，分为以下三种：

①一次文献：凡是第一次报道新知识的文献都是一次文献，如第一次发表的论文、出版的专著、各种国家标准、统计报表等。它是文献资料的查找对象；

②二次文献：将第一次文献综合整理成的文献称为二次文献，如目录、索引等；

③三次文献：凡是综合一次、二次文献，将各种知识系统化、完整化编成的文献，称为三次文献，如年鉴、手册、辞典、百科全书等。

间接摄取材料既可以弥补作者时间、精力的不足，使上级意图与作者个人意愿很好地结合，又可以帮助作者突破时空限制，广泛、全面地搜集应用文写作需要的材料。

#### 2.选择材料的要求

（1）真实。选材真实是应用文写作具有说服力和解决问题的保证。真实是材料的生命，真实指的是生活的真实、事实的真实。应用文无论写人、写事，不容许有虚构、掺假的成分，特别是在叙述发生的事件时，必须是生活中实际存在、实际发生过的事情。如果选材不真实，就会因信息材料不准不实导致决策失误，给单位的发展、形象和声誉带来不可估量的损失。

（2）切旨。切旨是指材料的选择必须满足表现主旨的需要。所选材料能说明、证明主旨，使二者和谐统一，这是选材的目的和宗旨。在选材过程中，要紧贴主旨，选出的材料要能说明主旨。凡与主旨相游离、相悖谬的材料不能选用，那些虽然能表现主旨但缺乏说服力的材料也应坚决舍弃。

（3）典型。典型材料是指公务活动的某类事物中最有代表性的材料，它是具体的、富有独特个性的材料；同时，又是最能体现同类事物的本质特征和普遍意义的材料。材料不典型，就缺乏代表性和说服力，就难以令人信服，行文的主张、意图和目的自然也难以体现。

#### 3.搜集材料的方法

（1）感受和观察——直接观察，处处留心；

（2）调查和采访——深入实际，调查研究；

（3）检索和阅读——检阅文档，网络下载。

### （五）材料的使用

材料的使用与材料的选择联系密切。严格选择真实、切旨、典型的材料之后，还必须使用这些材料来证明行文主张、目的的正确性和科学性，并使之言之有理，具有说服力。因此，应用文材料的使用要精，力求做到有主有次，有详有略，疏密相间，配置匀称。

下面具体阐释使用材料的要求：

### 1. 详尽、具体

详尽、具体是使用材料最基本的要求。详尽是指周详细密，要求尽可能使用多方面的材料，从不同角度反映事物或公务活动。但是，写作时也不应琐屑繁杂，记流水账。具体是指要有事实、有数据、有群众反映，用实实在在的材料说明主旨，反映情况，解决问题。

### 2. 点面结合

点上的材料叫具体材料，面上的材料叫概括材料。我们写应用文时，要在主旨的统帅下，灵活地使用点和面的材料，做到点面结合，这样才可以让读者既了解局部，又把握全局；既认识微观事务，又把握宏观情况。具体说，点上的材料要详写，面上的材料要略写。确定详略的依据是表现主旨的需要和材料的性质：凡对表现主旨起重要作用的具体材料要详写，对表现主旨起次要作用的概括材料应略写；典型新颖的材料应详写，人尽皆知的材料要略写。材料有详有略，点面结合，才能使主旨更突出。

### 3. 常用对比

有比较才有鉴别。应用文在说明情况、叙述事实时常常运用正反对比、今昔对比、新旧对比、先进与落后对比、计划目标和实际目标对比、数据对比、点面情况对比等，通过材料的各种对比来说明主旨，反映情况的发展变化，解释事物的差异，强调重点内容，使主旨鲜明突出，具有说服力。

## 任务四　应用文的结构和语言

### 一、应用文的结构

#### （一）结构的概念

结构是指文章内部的组织构造及其所反映出的外部形态，它是文章的"骨骼"。安排结构实质上是解决"以怎样的思路来组织材料、用怎样的外部形态来反映内容"的问题。换句话说，结构是指为表现文章内容所做的对材料的组织和安排，也就是过去人们所说的"布局""谋篇"。

结构安排一般包括：一篇应用文分几层写，哪些材料先写、哪些材料后写，哪些详写、哪些略写，怎样过渡，如何呼应和结尾等。

#### （二）搭建结构的原则

应用文的组织架构不是一个单纯的方式方法问题，其实质是客观事物、客观事理的内部联系和作者组织全篇的思路的集中体现。作者思路清晰，反映到文章的结构上必然是条理清晰、层次井然。在确定结构时，应遵循以下四项原则：

#### 1. 要反映公务活动的发展和内在联系

以公务活动为例，公务活动的发展过程和内在联系是确定公文组织架构的客观依据。公务文书是用来处理公务的文字材料，其结构必须准确反映公务活动的发展和内在联系，不能与之相悖。公务文书的结构基本都是按照提出问题—分析问题—解决问题的顺序来安排的。

#### 2. 要为表现主旨服务

主旨是应用文的灵魂和统帅。在动笔拟制应用文时，材料的组织安排、段落层次的划分、过渡与照应、详写与略写等，都必须围绕主旨这一关键去考虑。结构安排，是为主旨服务的，其目的是更好地表现主旨。如果离开了主旨，材料就成了一盘散沙，其结构也必然枝节横生，散漫无章。

**3. 要适合不同文种的要求**

应用文虽然是具有规范体式的文字材料，但是具体到每一文种时，由于各文种包含的内容不同，其结构安排的方式也是不同的，这就要求我们在安排组织结构时，一定要从不同文种的实际情况出发，采用适当的结构形式，做到内容与形式的统一。

**4. 要完整、严谨**

结构完整是指思路要清晰、连贯，布局要合理、自然。构成文章的各个局部不能残缺不全，要组合成一个统一的整体。结构严谨，是指层次、段落的划分要精当，各个部分之间的逻辑关系严谨，无懈可击。

### （三）应用文的篇章结构

**1. 标题**

**1）标题的含义**

标题是标明文章内容的简短语句，它是给文章起的名字，即题目。如果说主旨是文章的灵魂，材料是文章的血肉，思路是文章的脉络，结构是文章的骨骼，那么标题就是文章的眼睛。好的标题犹如一双传情达意的眼睛，写在纸上，满篇生辉，能激发读者阅读文章的兴趣；不好的标题则索然无味，令读者读兴骤减。

**2）标题与主旨的关系**

（1）主旨是文章的中心，是文章内容的高度概括和集中体现，是文章的统帅和灵魂；标题是标明文章内容的简短语句。标题有时是文章的主旨，但多数情况不是，它有时概括文章的基本内容，有时限定文章的写作范围，有时暗示文章的写作重点。

（2）主旨必须在行文前确定，确定后不能更改；标题可在行文前或行文后确定，可更改。

（3）一篇文章的主旨只能有一个，而标题却不止一个。

**3）标题的形式**

应用文的标题大体可分为以下三类：

（1）公文式标题：这类标题由发文单位、事由和文种组成，主要用于公务文书。如"国务院关于发布《国家行政机关公文处理办法》的通知"；

（2）论文式标题：这类标题或概括论文的内容与结论，如"宏观调控是现代市场经济体制的内在要求"；或点明所论范围，如"论专业银行的商业化改革"；

（3）新闻式标题：

新闻式标题可分为两种：

① 单行标题。或直陈事实，如"花园村走上了致富路"；或提出问题，如"空调降价大战原因何在"；或显示结论，如"非法传销活动应予禁止"等。

② 多级标题。一级标题称引题、眉题、肩题，主要用于介绍背景，烘托气氛，以引出正题；二级标题叫正题、主旨、母题，主要用于概括文章主要内容或点明中心；三级标题又叫副题、辅题、子题，用于交代与正题有关的情况，对正题予以补充。多级标题主要用于新闻报道。

**4）对标题的基本要求**

（1）确切：做到与内容吻合，宽窄适度，恰如其分。

（2）简洁：用高度凝练的语句拟定标题。

（3）得体：应用文种类不同，标题也有所不同，因此，标题要适合不同文体的特点。

**2. 开头、结尾和过渡**

**1）开头**

应用文的开头一般写明发文的背景、依据、目的、原因、意义或重要性等，要根据应用文的内容和行文目的来确定写作方法。开头既要囊括正文的主要内容或基本主旨，又要概括得简明扼要，精炼明确，要文出有因，落笔扣题。其方法主要有以下六种形式：

（1）根据式：即把行文的依据放在开头，以保证公务文书的权威性，一般多用"根据""遵照""按照"等作为语言标志。

（2）目的式：即开宗明义，开头先说明行文目的或意图，一般常用"为了""为""某种情况（概述），为此……"等词语标引。

（3）原因式：即开头说明行文原因、缘由，揭示行文的合理性、必然性等，常用"因为""由于""鉴于"等介词标引。

（4）引文式：即开头引用文件、领导讲话等作为引言，点明应用文主旨或主要内容。

（5）概述式：即开头概括、简要地说明主要情况和背景，表达基本内容，给人以总体印象，然后再做具体分析。

（6）提问式：即在应用文开头部分提出问题，然后引出下文，回答问题，对提出的问题做详细、明确的解释或说明等。

总之，应用文的开头要做到开门见山，落笔扣事，切忌大空，搞花架子；做到事出有因，言必有据，提倡形式多样，新鲜活泼，自然贴切。

### 2）结尾

从内容上讲，应用文的结尾是对全文的总结；从形式上看，它是对全文的收束。因为结尾是一篇文章的终结部分，是文章的归宿点和落脚点，结尾的好坏，直接影响文章的质量。应用文的结尾要求自然、有力，讲究言尽意尽，不留"余味"，不添"蛇足"，更不能草率。同时应简明概括，意尽言止。应用文结尾的目的是强化主题、明确任务，以达到预期的应用目的。

应用文常用的结尾方式有以下几种：

（1）强调式：指对正文中的主要问题作强调说明，以强化读者印象的结尾方式。

（2）期求式：指在正文结束后表达期求愿望的结尾方式。常用于公文的上行文或函，如请示的结尾通常是"当否，请批示""以上内容如无不妥，请批准各地执行"等。

（3）希望式：指在正文结束后向读者提出要求、号召或希望的结尾方式。该结尾方式可用于各种文体。

（4）说明式：指在正文结尾处补充说明某些内容的结尾方式。该结尾方式常出现在经济应用文中。

（5）秃尾：这是一种没有结尾的结尾方式，正文结束即告全文结束，也称自然结尾。除行政公文外，其他事务文书也常采用。

### 3）过渡

过渡是文章上下内容、段落之间的衔接、转换。在行文中常常要从一个意思转到另一个意思，从一个段落进入另一个段落，如果没有衔接的文字，文章就会显得突然，意脉也不会贯通。因此，过渡具有承上启下的作用，是层次、段落的穿结处，是文章的筋节所在。

文章的过渡有时需要照应。照应是文章前后内容的关照与呼应。文章前后内容的联系、线索、脉络的连贯，有时需要靠照应来衔接、点明，以使文章脉络清晰，结构紧凑严密，也能帮助读者更好地理解内容。

### 3. 层次和段落

层次是文章思想内容的表现顺序，它是客观事物的条理性、客观事件的过程性及作者认识的程序性在文章中的体现，常称"意义段""结构段"或"部分"；段落是以换行并且首行缩进两个字符的形式体现层次的文字单位，习惯上称为"自然段"。层次侧重于思想内容的划分；

段落侧重于文字形式的表现。一般说来，段落表现层次，层次大于段落。一个层次既可以是一个段落，也可以由几个段落组成。倘若全文为独段式，则可将段落再划分为几个小层次，这是层次小于段落的特殊情况。

### 1）层次的安排

层次的安排常见的几种形式如下：

（1）并列式：即每个层次所表达的意思之间是并列关系，没有主次之分，常表现为几个从属主旨或几个问题来说明基本主旨。例如任务的计划，经验的总结、评价等多采用并列方法写作。

（2）递进式：常被称为层层深入式结构，即各个层次之间表现为逐层深入的递进关系，各个层次间有先后、主次之分，常表现为由浅入深、由先到后、由表及里地说明事物，表现主旨。请示、报告、通报、总结、计划、经济活动分析报告、司法文书等常用这种结构方式。

（3）总分式：这种安排层次的方式一般表现为总—分、分—总或总—分—总的方式。提出问题，交代背景，然后从几个方面分析、阐述，最后归纳总结，得出结论。

（4）综合式：即按事情发展的经过和时间先后顺序安排层次，一般是以一种结构方式为主，兼用其他结构方式安排层次，使各层前后贯通，合为一体。

### 2）段落的划分

段落能清晰地显示文章的层次，因此，分段必须坚持单一、完整、有序、合理的原则。

（1）单一：指一个段落只表达一个中心意思，不把其他意思混杂在一起表述。

（2）完整：指一个意思要在一个段落里集中讲完，不要游离于其他段落中。

（3）有序：指段内句子之间、段与段之间要有逻辑性与连贯性。

（4）合理：指段落的划分要长短适度、匀称得体。

### 4.过渡和照应

过渡和照应是使应用文前后连贯、脉络畅通的重要手段。要把一层层意思、一段段文字衔接得严密周详，聚合成得体的应用文，必须掌握过渡、照应的方法和技巧。

### 1）过渡

过渡是指层次与层次、段落与段落之间的衔接形式或手段，能使应用文内容贯通一气，把读者的思路顺利地由一段过渡到另一段，由一层内容过渡到另一层内容，并使应用文层次、段落清晰，结构严谨、清晰。常见的过渡形式有以下三种。

（1）过渡词：如用"因此""由此可见""然而""但是""总之""综上所述""虽然""相反的"等词语，这些关联词一般放在层首、段首或句首。

（2）过渡句：即用承前启后、过渡"搭桥"的句子，一般放在前层、段的末尾或后层、段的开头。如"现将有关事宜通知如下""现将具体要求通知如下""现就有关问题请示如下"等。

（3）过渡段：在文中起承上启下或提示作用，放在两个层次或段落之间。

应用文需要过渡的情况主要有以下五种：

①基本情况概述或说明问题由总到分需要过渡；

②说明公务活动或情况、分析事物由分到合需要过渡；

③内容转换时需要过渡；

④表达方式变换时需要过渡；

⑤要着力显示的地方需要过渡。

### 2）照应

照应是应用文上下、前后的呼应、关照，即通常所说的"前有所呼，后有所应"的结构方法。常表现为：交代在前、照应在后，暗示在前、挑明在后，伏笔在前、主笔在后等。合理、巧妙地使用照应方法，可以使文脉贯通，章法灵活致密，并使应用文的内容得到强化，给读者留下深刻印象或某种启迪。常见的照应方式有以下三种：

（1）开头和结尾照应：首尾照应是使应用文结构完整、主旨突出最常见的写作方法。如总结、述职报告、市场调查报告等常采用这种方式。

（2）正文和标题照应：行文中照应标题是加深读者印象，突出表现主旨，使文章切旨的有效方法。包括文章内容与标题照应、文章主题与标题照应、文章开头与标题照应、文章结尾与标题照应等。

（3）前后照应：也叫前铺后垫，这种方法具有调动读者兴趣，引起读者注意的作用。

## 二、应用文的语言

语言是应用文书的基本要素。语言的优劣，将直接影响到文章形式的完美与否。

提及应用文语言，必须先说它的几种表达方式。一般来说，应用文写作主要采用叙述、议论和说明三种表达方式。

人们在提炼明确的主旨、选择相应的材料、安排恰当的结构的同时，还必须思考用什么方式或手段把应用文的内容告诉读者，这种方式或手段就称为表达方式，即运用语言反映客观事物的方法和手段。表达方式是应用文构成的重要因素之一。一篇应用文如果没有很好的表达方式，其主张、目的、措施、办法、依据等内容就得不到完美的表达，应用文的社会效果和应用价值就难以实现。常用的表达方式有叙述、议论、说明、描写和抒情，应用文写作中则多用叙述、议论和说明。

### （一）叙述

叙述是应用文写作中最基本、最常见的一种表达方式，它一般包括时间、地点、人物、事件、原因和结果六要素。

#### 1. 叙述的人称

人称，指作者叙述时的立足点和身份。

（1）第一人称。

作者以当事人的身份，用"我""我们"的口吻叙述人物和事件，这是第一人称叙述，它能给人以真切感。

（2）第三人称。

作者以旁观者的身份，用"他""他们"的口吻叙述人物和事件，这是第三人称叙述，它不受时空的限制，意到笔随。

一般来说，叙述时只能使用同一种人称，不能随意更换，以免造成人称混乱、叙述不清。但有时由于表达的需要，也可将第一、第三人称交替使用，但必须用过渡文字交代清楚。有时第二人称代词"你""你们"在写作中也使用，目的在于缩短读者与作者之间的距离，使读者对叙述的内容产生强烈的共鸣。

#### 2. 叙述的方法

（1）以叙述事实作为阐述公务、私务活动或客观事物的依据，如请示、会议纪要、调查报告、经济学术论文等。

（2）以叙述事实作为公务、私务活动决策或预测的基础和依据，如决定、通报、请示、报告、总结和调查预测分析类文书。

（3）以叙述事实作为起草、签订契约的依据和记载凭证，如意向书、合同和司法文书。

### 3. 叙述的重点

应用文叙述可分为概括叙述和具体叙述。概括叙述是用简洁的语言对人物、事件的基本特征、事件的发展过程进行粗略、概括的叙述；具体叙述是用比较详细的文字对人物和事件的具体进程、状貌过程进行叙述。

应用文写作多用概括叙述，少用具体叙述。应用文多用概括叙述，是因为应用文叙述的目的只是为了让人了解有关情况而表述事实，转述材料，介绍相关信息，并不要求对某一事件作完整、全面详细的叙述，因此也不存在对叙述要素的严格要求。不仅如此，应用文的叙述多用顺叙，少用倒叙、插叙。

总之，应用文叙述的使用难于粗，易于细，叙述的关键在于让读者知全貌，知重点，知核心，而不能"眉毛胡子一把抓"。

### （二）议论

#### 1. 议论的概念

议论是指对事物进行客观分析、推理和评论，表明作者的主张、态度和立场的一种表达方式。在应用文写作中，不少文种都离不开议论，如总结、调查报告、经济活动分析报告、通报、报告等，都需要通过议论来分析原因、判断是非、发表见解、表明立场和观点。

#### 2. 议论的特点

应用文的议论具有简括性特点，因为应用文是为了解决公务活动中的实际问题而作的，所以，它以坚实的事实为基础，以确切的政策、法规为依据，论证力求简明概括，就事论理，抓住重点，点到为止。

#### 3. 议论的要求

（1）抓住重点，直截了当，点到为止，力求简明。

（2）据实论理，一事一议，事与理要统一。

（3）少引经据典、旁征博引，忌节外生枝。

### （三）说明

#### 1. 说明的概念

说明是指用简明扼要的文字，把事物的形状、性质、特征、成因、关系、规律等解释或介绍清楚，把人物的经历、特征表述明确的表达方式。这种表达方式在应用文写作中运用相当广泛。报告类文书、产品说明书、经济合同等都常用这种表达方式来说明情况、解释事物等。

#### 2. 说明的要求

（1）客观翔实。

应用文的说明要实事求是，用冷静的态度把客观事物的本质、特征、规律准确地揭示出来，做到概念准确、判断正确、顺序清楚、解释确切，给读者以真实可信的印象和认识，不能以主观兴趣与感情好恶作为解释、评价事物的标准。

（2）简明准确。

说明的目的在于把事物、现象或公务活动清楚准确地告诉读者，这就要求说明必须清晰而准确，语言简练而道出本质。无论是对定义的说明，还是对法规、条例等的说明，都要在分寸感上体现出解释的单一性和规定的明确性。

#### 3. 说明的方法

由于公务、私务活动的多样性和客观事物的复杂性，应用文说明事物的方法也是多种多样的。有时，在说明同一对象时，会同时使用几种或多种说明方法，以取得更好的表达效果，实现解决问题的目的。应用文常用的说明方法有以下五种：

（1）比较说明。

比较说明是指把两个或两个以上彼此有联系或相似的事物进行比较，说明事物的特征和性质，阐述情况和事项的变化、发展等，便于读者把握抽象或具体的事物，准确地区别和认识事物。

（2）数字图表说明。

数字图表说明就是运用确切的数字和多种图表来说明事物或事理的特征。这种方法可以通过对数字、插图、照片和表格的介绍，说明公务、私务活动的时间、空间、数量和特征，使读者更能准确简明、直观形象地认识事物，了解公务、私务活动的状况。这种方法在应用文写作中使用得越来越多。

（3）分类说明。

分类说明即按事物的性质、形状、成因、关系等标准将说明的事物分为若干方面进行说明的方法。这种方法既可以让读者了解事物的概貌、轮廓和差异，又可以认识事物的分类情况、局部现象和各环节的状态，使被认识的事物条理清楚、层次分明。

（4）诠释说明。

诠释说明就是对事物的概念、性质、特征、成因等作简要准确说明的方法。它有助于读者更具体、更深入地了解事物的现象。

（5）举例说明。

举例说明就是列举具有典型的例子说明事物特征的方法。这种方法能够把事物、情况的本质及特征解释得更清楚具体、更有说服力。

### （四）应用文语言的特点

应用文的语言是指公务、私务活动思维的直接体现，它是表达主旨，说明事理，解决现实问题，构成应用文的物质形式，所以语言要平实简洁，恰如其分，清楚明白，不说大话、空话，不用华丽的辞藻和过分的修饰。从语言的构成角度讲，应用文的语言组合有多元化特点，即"三多"。

#### 1. 术语多

应用文多为一定的专业写作，故常用专业术语来说明情况或问题。

（1）如经济类的应用文常用专业术语是贷款、积累资金、结算、招标、纳税、负债等。

（2）如教育类的应用文常用专业术语是教学、教材、备课、高等教育、素质教育等。

（3）如卫生类的应用文常用专业术语是防疫、检验、检疫、医疗、疾病等。

#### 2. 数字多

应用文写作，常用翔实的数字来叙述事物的数量和质量，分析公务、私务活动的时间、空间和条件关系，说明情况、性质、状态和背景。规范、恰当、准确地使用数字可以将抽象的事物具体化，模糊的情况清晰化，宏观的事理确切化。人们常用的数字有基数、序数、分数、小数、倍数、概数等，常用的统计数字有绝对数、相对数、平均数等。

#### 3. 图表多

图表是借助人工符号的图和表来交流思想，反映情况，显示数据和事物的属性、关系以及变化过程的形象化手段。应用文写作中有许多情况、事实或数据，如果用文字表达，不仅篇幅会很长，而且不易说清楚，所以常用图表来表意，使人一目了然。图表具有简练、直观、生动、表现力强等优点。

### （五）应用文语言的要求

应用文的语言要符合语法、修辞和逻辑等方面的规范，文字准确无误，这是应用文写作最基本的要求，具体地讲，应用文的语言必须做到准确、简明、平实和得体。

**1. 准确**

**1）用词准确，表意明确**

准确，就是使用贴切的词语，选择恰当的句子，恰如其分地揭示客观事理，确切地反映生活，恰当地表达作者的观点和思想感情。准确是运用语言最基本的要求。语言准确，应该具体落实在字、词、句的准确表现上，就是要根据具体事物、具体情况，恰当地表现出其独特的性质、神态、形态、情感等。

具体表现在以下六个方面：

（1）注意同义词、近义词的区别。如"妨碍"和"妨害"、"抚养"和"赡养"的细小区别，不能混淆，产生歧义。

（2）使用书面语言，不用口语。如"母亲"不能写成"妈"，"妻子"也不能写成"老婆"。

（3）使用标准语言，不用方言。如一般不用"脑壳""把戏""吹牛皮"等。

（4）仔细区别词的感情色彩。应用文在使用词语表意时，除注意它的基本义之外，还要注意词语的使用环境、适用对象等。比如"去世""逝世""与世长辞"等词表达对死者尊敬、惋惜之情；而"一命呜呼"则表达对死者的憎恶之情。

（5）语言具体，言之有物。应用文写作内容不可泛泛而谈、笼统抽象，而要充实全面、数据准确。

（6）适当使用模糊语言。模糊语言是指自然语言中带模糊性的语言，它与通常所指的含糊不清、模棱两可、易生歧义的语言有着本质的区别。应用文使用模糊语言无论在实际写作还是在贯彻、执行中都有许多好处：一是对某些模糊性的概念或不便使用精确语言进行具体表述的对象，使用模糊语言可以达到表述的准确性；二是运用模糊语言能够使一些问题的表述留有回旋余地，防止机械地搞"一刀切"；三是恰当使用模糊语言，更能如实地反映公务、私务活动的实际。应用文写作中适当使用模糊词语，能够增强语言的表现力，可以显示一种分寸感、原则性和灵活性，使表达更具有准确性。

常用的模糊词语大致有以下六类：

①表示时间的：现在、正在、将来、同时、曾经、有时、最近、一直、适当时候等；

②表示范围的：有关、各部门、上下、左右、国内外等；

③表示数量的：许多、多数、广大、一些、某些、个别等；

④表示程度的：很、一般、更加、进一步、基本上、显著等；

⑤表示条件的：在可能的情况下、在一定基础上、符合一定条件等；

⑥表示频率的：经常、有时、不断、反复、再三、多次等。

**2）语句要规范**

应用文使用句子要规范，符合逻辑，否则会出现病句，影响表达的准确性。具体表现在以下几个方面：

（1）成分要完整。应用文的句子虽有长有短，但结构要完整，不能出现句子成分残缺的情况。如"他们在全厂推广了技术革新。"主谓词组"技术革新"具有动词性，不能作为"推广"的宾语，应改为"推广技术革新经验"，句子成分才完整。

（2）造句要符合逻辑。造句要符合逻辑，否则就会产生逻辑错误。如"××的主要成分是：水、糖、山楂、酸枣等十多种天然植物。"这句话中"水"和"糖"不是天然植物，把二者列入其中，使句子结构混乱，产生逻辑错误。

（3）词语搭配要恰当。应用文写作中词语搭配不当，常见的有主谓、动宾、附加成分和中心词语搭配不当。如"我省粮食总产量，以平均每年递增20%的速度，大踏步向前发展。"主语"总产量"与谓语"发展"搭配不当，"大踏步向前发展"应改为"大幅度提高"。

（4）正确使用标点。应用文写作中，如果滥用、错用标点符号，会使句意含糊，语言表达不清。如"《关于印发××高等学校办企业管理办法》的通知"，"印发"是本标题事由中的术语，不应该放在书名号里面，应改为"××关于印发《××高等学校办企业管理办法》的通知"。

### 3）规范使用数字

定数与约数概念不能混淆。定数表示肯定的数，如1、20、1/5、5倍等；约数表示不肯定的数，如80左右、20上下、50来斤等。在说话和书写时不能把定数和约数杂糅在一起，如："350多公里以上""近10多万元"中的数字缺乏确定性，把定数和约数混淆了，是错误的表达，正确的表达为"350公里以上/350多公里"，"近10万元/10多万元"。

### 2. 简明

简明就是简洁、精练、明了，即用较少的文字来表达较丰富的内容。语言简洁，一是要剪裁浮词，把多余的词语删去，让主体鲜明、集中，避免文章中的空话、套话；二是要锤炼语言，提取精粹的词语，只有选择那些概括力、表现力强的词语，才能做到行文简洁。在叙述时要用最简短的语言陈述特定时空的信息，概述事实的主干，而不纠缠于耗时费事的具体情节之中。

用语简洁、明了，做到言简意赅，具体要做到以下几点：

（1）简短清晰。应用文的行文应确有必要，文字要少而精，文章要短而简，注重实效，不能繁冗拖沓。

（2）精心锤炼语言。应用文写作要精心选词，力戒堆砌，因此常用文言词、单音词、紧缩词等来表达。

### 3. 平实

平实，指语言平易、朴实、通俗易懂。语言平实，讲究质朴无华，忌矫揉造作、装腔作势、过分粉饰。客观真实地反映现实，表意注重单一、准确。用自然、朴实的语言把事物的特征揭示出来，是语言运用成熟的标志。

应用文的实用性很强，行文目的是让人理解，便于执行，所以讲究平白直叙，深入浅出，质朴无华，让读者一看就知道该做什么，怎样做，做到什么程度。

应用文的语言要求准确无误、朴实无华、简洁有力，不像有些文学作品用华丽多彩的语言去描摹事物，呈现事物的形象，而是提倡朴素美、简洁美。

### 4. 得体

语言得体包含两方面的意思：一是适合不同的文体；二是适合特定的对象、身份、场合和行文目的。例如，决定、决议、指示宜庄重；调查报告、总结须平实；规定、条例应严谨；感谢信、慰问信、悼词需情真意切等。

得体主要指适合交际题旨和语境，一般要做到如下几点：

（1）要适合发文者的身份；

（2）要适合题旨；

（3）要适合对象；

（4）要适合语境。

**应用文的历史沿革**

　　写作，作为人类的一种特殊的社会实践活动，历史悠久，源远流长，它是指人们在感受、认识客观事物的过程中，用语言符号把思维结果有选择地记录、表达出来的创造性的精神劳动。

　　应用文在我国已有3 000多年的历史，我国最早的文字殷墟甲骨文，就其内容和形式来看，就是原始应用文的雏形。周代的《尚书》文告、秦代的制诏谕奏、汉代的表疏律令、魏晋的简牍署书、唐宋的条文律令、明清的史册文翰都是应用文。《周易·系辞》中还写道："上古结绳而治，后世圣人易之以书契，百官以治，万民以察。"书信、书契、碑碣志铭、法律条例等都属于应用文的范畴。

**知识角**

　　在应用文语言的四点要求中，准确是最主要的，它一般体现在两方面：

　　一是用字用词的准确。要弄清所用词语的确切含义，区分和其他近义词的细微差别；还要注意区别词的感情色彩。

　　二是语句的准确，不犯语法、逻辑错误，不能模棱两可。

　　平时我们要熟记的惯用语有：

　　（1）称谓词语：第一人称用"本""我"；第二人称用"你""贵"；第三人称用"该""这"。

　　（2）承接词语：即表示内容层次间总分、过渡、转折关系的词语。承接词语在经济公文中广泛使用，常见的有"以下""如下""由此可见""一切表明""总之""综上所述""因此""可是""但是""同时""一方面""另一方面"。

　　（3）期请词语：即提出请求，表明愿望的词语。如"望予办理""请查照""希参照执行"。

　　（4）征询期复词语：发出询问，征求意见的词语为征询词语。如上行文和平行文中常以"当否""妥否""是否可行""意见如何"等词语征求受文单位的态度。期复词语是指寻求对方答复的词语。如"请批复""敬候回复"。这两种用语经常放在一起使用，常用于请示、报告等文种的末尾。如"当否，请批示"。

　　（5）拟答词语：即答复询问，表明态度的词语。如"同意""现予批准""同意办理"等。

　　（6）祝颂词语：即用在信函中表示祝愿、致敬候的词语。如"此致敬礼""祝健康"等。

　　（7）结尾词语：如"特此通知（通报、函复、证明）""为盼""为要""为感""为荷"等。多用于函件、公用介绍信及有些通知、通报、批复的结尾。

**任务实施**

**一、任务抢答题（一）**

　　（1）老师将班级分为三组，每组选出一名成员担任成绩记录员（注意：本小组成员不得担任本小组记录员）。

（2）进入抢答环节（自由发挥题）。

老师提问，每一组派一名代表回答，其他组员可补充。

①你如何理解应用文的概念？

②应用文具备哪些特征？请举例说明。

③老师事先备好若干份不同类型的应用文素材，如命令、决定、公告、计划、总结、调查报告、感谢信、慰问信、营销策划方案、广告策划方案、市场预测报告等，将其逐个展示给同学们，同学们以抢答形式回答每篇文章分别属于哪种应用文类型。

注意：老师抢答口号发出后先举手的组获得抢答资格，若回答错误，则扣2分。

（3）老师对每个小组的活动情况作出评价，并进行打分。

（4）老师做总结性发言。

## 二、任务抢答题（二）

### （一）抢答流程

（1）选出一名学生担任成绩记录员。

（2）老师将班级其他学生分为三组，进行抢答。

（3）进入抢答环节。

注意：老师的抢答口号发出后先举手的组获得抢答资格，若回答错误，则扣2分。

（4）老师对每个小组的活动情况作出评价，并打分。

（5）老师做总结性发言。

### （二）抢答试题

#### 1. 判断正误

（1）国家行政机关公文有一定的法律效力，必须规范制发和处理。（　　）

（2）如果没有材料，应用文的某种主张、意向、目的也可以"立"得起来。（　　）

（3）应用文要做到一文一事、一文一旨，议论要少而精，具有逻辑性。（　　）

（4）应用文一般使用描写、叙述和抒情等表达方式。（　　）

（5）应用文常见的说明方法有比较说明、数字图表说明、诠释说明和举例说明。（　　）

#### 2. 选词填空

（1）词语的感情色彩。

那些热衷于个人或小团体的实惠，甚至见利忘义、损人利己的人，不仅为正人君子所____，还可能滑向犯罪的深渊。（不耻　不齿）

（2）词语的语义轻重。

由于他多次_____交通规则，交通管理部门决定吊销他的驾驶执照。（违反　违犯）

（3）词语的语体风格。

领导干部和大家在一起的时候应该以普通劳动者的身份出现，应该和大家推心置腹地_____问题。（商量　商榷）

（4）词语的搭配范围。

经过公司上下一致的努力，现在我们终于_____了难关。（度过　渡过）

#### 3. 简答题

（1）应用文的作用有哪些？

（2）该如何搜集和选择应用文写作的材料？

### （三）总结巩固

（1）应用文的写作要有理有据，达到事与理的有机统一。

（2）应用文主旨带有强烈的感情色彩，是作者对客观世界和现实生活的主观感受。

（3）人们通常把主旨比作人的血肉，结构比作人的骨骼，语言比作人的细胞，而把材料比作人的灵魂。

（4）运用假的、虚的、想象的材料来写作应用文，会得出失真的结论、虚假的主旨。

（5）应用文常用的表达方式有叙述、议论、说明、描写和抒情。

（6）标题在行文前必须确定，确定后不能更改；主旨在行文前确定，而且可以更改。

## 模块二

## 党政机关的魔力棒——行政公文

# 项目一 立片言以居要
## ——行政公文

### 情境导入

四川大学选调生李玲告诉我，她们同学都已经顺利考上了各省的选调生，即将走进各级党政机关。本来是可喜可贺的事，可一想到进机关后，就要起草各种公文，就有点惴惴不安。尤其是对党政机关公文的写作有点发愁，党政机关公文要按照《党政机关公文处理工作条例》来起草，它是党政机关实施领导、履行职能、处理公务的具有特定效力和规范体式的文书，是传达贯彻党和国家的方针政策，公布法规和规章，指导、布置和商洽工作，请示和答复问题，报告、通报和交流情况等的重要工具，绝对不能出错。从一定意义上讲，党政机关工作就是起草文件和落实文件。因此，年轻人进机关需要过好"文字关"。

如何写好党政机关公文呢？让我们先来学习一段习近平总书记对秘书起草文稿的质量要求。2004年12月9日，他在浙江省委办公厅综合一处支部组织生活会上，就改进文风、提高文稿起草质量提出了三点要求：求短、求实、求新。他说："求短，就是要用尽可能短的篇幅把问题说清、说深、说透。求实，就是要追求朴实的文风，所用的语言不一定华丽，但要准确，要实实在在，直奔主题，言简意赅，实话实说。求新，就是要根据特定的讲话场合写出有特色、有新意的文稿。"

"求短、求实、求新"，听起来容易，但做起来难。有些在党政机关工作了几十年的文字工作者，都品尝过其中的酸甜苦辣。和平年代，人们往往把"笔杆子"同"枪杆子"并列。时至今日，随着社会的发展、文明的进步，党政机关公文发挥着越来越大的作用。人们通过它传达执行党和国家的方针、政策，通过它沟通联系加强协作，通过它繁荣经济促进发展，通过它保障合法权益，维护社会秩序，等等，可见其介入现代生活之广、之深。下面我们就一起来学习行政机关的魔法棒——党政机关公文。

### 知识点拨

## 任务一 党政机关公文的概念和特点

### 一、党政机关公文的概念

首先说明本书所讲的行政公文仅限于党政机关公文（以下简称公文）。

2012年4月16日，中共中央办公厅和国务院办公厅联合发布了《党政机关公文处理工作条例》（中办发〔2012〕14号）以下简称《条例》，规定《条例》自2012年7月1日起施行，同时停止执行1996年5月3日中共中央办公厅发布的《中国共产党机关公文处理条例》和2000年8月24日国务院发布的《国家行政机关公文处理办法》。

《条例》第三条规定："党政机关公文是党政机关实施领导、履行职能、处理公务的具有特定效力和规范体式的文书，是传达贯彻党和国家方针政策，公布法规和规章，指导、布置和商洽工作，请示和答复问题，报告、通报和交流情况等的重要工具。"

党政机关公文有广义和狭义之分。广义的党政机关公文即行政公务文书（简称行政公文），泛指各单位在一切公务活动中形成和使用的各类应用文书。狭义的党政机关公文，是指党中央、国务院、军委分别批准颁布的党政机关公文和军用公文，是法定公文。

## 二、党政机关公文的特点

### （一）政治性

党政机关公文既然是依法行政进行公务活动的工具，它就必然要担负起贯彻党和国家路线、方针和政策的政治任务。同时，在实施领导与管理的过程中，也必须体现和反映党和国家机关的政治意向、策略意图和指挥意志，维护党和政府机关的权威以及它所代表的人民群众的根本利益。因此，它具有鲜明的政治性。

### （二）法定性

党政机关公文的法定性有如下三个方面：

#### 1. 有法定的作者

党政机关公文的作者与一般文章的作者不同，它的作者不是个人，而是依法成立具有法定职权和义务的国家行政机关。党政机关公文必须以这些机关的合法代表人的名义制发。

#### 2. 有法定的权威和效力

党政机关公文具有法定的权威和效力，一经正式发布，就在规定的时间和范围内具有一定的强制性和约束力，有关单位和个人必须遵守或遵照执行。

#### 3. 符合规定（法定）程序

党政机关公文的制发必须符合法定职权范围和规定（法定）程序，以保证正常的行政管理秩序和合法性。

### （三）公务性

党政机关公文是国家行政机关处理公务的工具，直接服务于行政机关的公务活动。党政机关公文的目的、意图和具体内容，都是代表发文机关的，与个人意愿、个人好恶、个人观点无关，更与个人私务无关。

### （四）规范性

党政机关公文必须按照党和国家领导机关批准并发布的公文规范而制发，不仅文种使用、行文格式要规范，行文的程序和方向也要规范，不得擅自更改或创新。

### （五）时效性

党政机关公文是在公务活动和现实工作中形成的，因而它的作用也是受这些公务活动和具体工作的时间限制的，某项活动或工作一旦完成，由这项活动或工作所形成的公文的作用也随之结束。就每份具体的公文来说，其时效长短也有差别，如长远规划、结论性决议、法律性公文，其时效性可以长达几年、十几年甚至几十年；如某件具体事项的通知，在事情办完之后，其效力也就结束了。

## 任务二　党政机关公文的作用和种类

### 一、党政机关公文的作用

概括地说，党政机关公文的作用主要有以下几个：

### （一）领导指导作用

党和国家机关的领导作用，主要依靠制定路线、方针、政策、策略、办法、措施来实现，而路线、方针和政策等，通常都是通过制成各种文件（公文）的形式下达的。国家行政机关对下级的指导、督促，表明对有关问题的立场、态度，针对某项问题（或工作）提出解决办法，也主要是通过上级机关下发文件的方式来实现的。

### （二）宣传教育作用

国家行政机关的职能不仅是提出方针、下达任务、规定办法和措施，还要通过制定公文的方式向下级机关阐明工作的意义，向群众讲明工作的重要性，让下级机关和人民群众统一思想、提高认识，从而减少盲目性、提高自觉性，把党和国家的意图变成一种自觉的行动。同时，这种宣传教育也会形成一股强大的舆论力量，使得上下一心，共同监督各级党政机关贯彻执行党的方针、路线和政策。

### （三）规范约束作用

党政机关公文中有相当一部分是用于制定国家法律、法规的。法律、法规对有关的各种社会组织和个人的行为具有强制性的约束力。这种约束力可使社会组织和个人的行为趋于规范，从而促进社会的稳定和谐与健康发展。

### （四）联系公务作用

党政机关公文是有一定的行文方向的。下级机关向上级机关报告情况、汇报、请示工作的公文是上行文，上级机关对下级机关的指示、批复、通知是下行文，不相隶属的机关之间的函件往来是平行文。无论是上行文、下行文、平行文，它都在传播信息，是上下级之间、平级和不相隶属的机关之间传递信息、交流思想、交换意见的重要手段。这对于各级机关之间及时沟通、联系，提供决策依据，对顺利而有成效地开展公务活动具有十分重要的意义。

### （五）凭证依据作用

党政机关公文可以作为办事的依据。下级机关要依据上级机关下达的公文开展工作、处理问题，遇到重大问题，本机关无权或无法解决时，必须向上级机关请示，得到批复或指示后才可施行；上级机关要作出决策、出台措施，也须以下级机关上报的情况、问题、建议做参考；平行机关往来的函件也是联系公务、接洽工作的重要凭证。同时，办理完毕的公文要立卷归档，按规定予以保存，对今后的工作起着记载、考查和凭证的作用。

## 二、党政机关公文的种类

### （一）《党政机关公文处理工作条例》把行政公文分为 15 种

根据 2001 年 1 月 1 日国务院发布的《国家行政机关公文处理办法》的规定，我国现行行政公文种类主要有 13 种：命令（令）、决定、公告、通告、通知、通报、议案、报告、请示、批复、意见、函、会议纪要。

从 2012 年 7 月 1 日起，执行《党政机关公文处理工作条例》（中办发〔2012〕14 号）将公文定为决议、决定、命令（令）、公报、公告、通告、意见、通知、通报、报告、请示、批复、议案、函、纪要，共 15 个文种。

#### 1. 决议

决议适用于会议讨论通过的重大决策事项。

#### 2. 决定

决定适用于对重要事项作出决策和部署、奖惩有关单位和人员、变更或者撤销下级机关不适当的决定事项。

### 3. 命令（令）

命令（令）适用于公布行政法规和规章、宣布施行重大强制性措施、批准授予和晋升衔级、嘉奖有关单位和人员。

### 4. 公报

公报适用于公布重要决定或者重大事项。

### 5. 公告

公告适用于向国内外宣布重要事项或者法定事项。

### 6. 通告

通告适用于在一定范围内公布应当遵守或者周知的事项。

### 7. 意见

意见适用于对重要问题提出见解和处理办法。

### 8. 通知

通知适用于发布、传达要求下级机关执行和有关单位周知或者执行的事项，批转、转发公文。

### 9. 通报

通报适用于表彰先进、批评错误、传达重要精神和告知重要情况。

### 10. 报告

报告适用于向上级机关汇报工作、反映情况，回复上级机关的询问。

### 11. 请示

请示适用于向上级机关请求指示、批准。

### 12. 批复

批复适用于答复下级机关请示事项。

### 13. 议案

议案适用于各级人民政府按照法律程序向同级人民代表大会或者人民代表大会常务委员会提请审议事项。

### 14. 函

函适用于不相隶属机关之间商洽工作、询问和答复问题、请求批准和答复审批事项。

### 15. 纪要

纪要适用于记载会议主要情况和议定事项。

**（二）按照公文在各级机关之间的运行方向，可将其分为上行文、平行文、下行文**

### 1. 上行文

上行文即下级机关向上级机关呈递的公文。如请示、报告等。

### 2. 平行文

平行文即平级机关或不相隶属机关之间的行文。如函、平行性通知等。

### 3. 下行文

下行文即上级机关向下属的机关行文。如命令、决定、通报、批复、通知等。

**（三）按照公文的保密级别划分，可将其分为普通件、秘密件、机密件和绝密件**

### 1. 普通件

这里普通件不用赘述。

### 2. 秘密件

秘密件指涉及国家一般秘密的文件。

### 3. 机密件

机密件指涉及国家重要机密的文件。

### 4. 绝密件

绝密件指涉及国家最高核心机密的文件。

根据《国家秘密保密期限的规定》，秘密件的保密期限一般不超过 10 年，机密件一般不超过 20 年，绝密件一般不超过 30 年，特殊情况为"长期"。涉密公文应当根据涉密程度分别标注"秘密""机密""绝密"和保密期限。

### （四）按照公文的紧急程度划分，可将其分为特提件、特急件、加急件、平急件

紧急程度，指公文送达和办理的时限要求。紧急公文应当分别标注"特急""加急"，电报应当分别标注"特提""特急""加急""平急"。

### 1. 特提件

特提件在发出之前需要通知对方注意接收，对方在接到文件后要以打破常规的速度办理。

### 2. 特急件

特急件一般要求在一天内办结。

### 3. 加急件

加急件一般要求在两三天内办结。

### 4. 平急件

平急件指时限稍缓的公文。

## 任务三 党政机关公文的格式

公文的书面格式实际上是公文全部书面内容的结构，包括文头、主体、文尾三个部分。各部分具体内容如表 2-1-1 所示。

**表 2-1-1 公文全部书面内容的结构**

| 结构 | 文头 | 主体 | 文尾 |
|---|---|---|---|
| 位置 | 置于公文首页红色横线以上 | 置于红色横线（不含）以下至主题词（不含）之间 | 置于主题词以下 |
| 要素 | 公文份数序号 | 标题 | 主题词 |
| | 秘密等级和保密期限 | 主送机关名称 | 抄送机关 |
| | 紧急程度 | 正文 | 印发机关和印发日期 |
| | 发文机关标识 | 附件 | 版记中的横线 |
| 要素 | 发文字号 | 成文日期 | 版记的位置 |
| | 签发人 | 公文生效标识 | |
| | 红色横线 | 附注 | |

2012 年出台的《党政机关公文格式》规定：公文用纸采用 GB/T 148 中规定的 A4 型纸，其成品幅面尺寸：210 mm×297 mm，公文用纸天头（上白边）：37 mm±1 mm，公文用纸订口（左白边）：28 mm±1 mm，版心尺寸：156 mm×225 mm。如无特殊说明，公文格式各要素一般用 3 号仿宋体字；一般每面排 22 行，每行排 28 个字，并撑满版心；特定情况可以做适当调整。公文中文字的颜色均为黑色。

页码一般用 4 号半角宋体阿拉伯数字，编排在公文版心下边缘之下，数字左右各放一条一字线；一字线上距版心下边缘 7 mm。单页码居右空一字，双页码居左空一字。公文的版记页

前有空白页的，空白页和版记页均不编排页码。公文的附件与正文一起装订时，页码应当连续编排。

党政机关公文的格式说明如下：

在应用文书中，公文是最讲程式化的文种，公文的程式化，在很大程度上是通过书面文字材料形成的相对固定的格式去表现的。

公文格式各要素划分为版头、主体、版记三部分。公文首页红色分隔线以上的部分称为版头；公文首页红色分隔线（不含）以下、公文末页首条分隔线（不含）以上的部分称为主体；公文末页首条分隔线以下、末条分隔线以上的部分称为版记。

# 一、版头部分

## （一）公文管理标识

公文管理标识包括公文份号、密级、保密期限、紧急程度。公文份号，是将同一文稿印制若干份时每份公文的顺序编号。如需标注份号，一般用 6 位 3 号阿拉伯数字，顶格编排在版心左上角第一行。如需标注密级和保密期限，一般用 3 号黑体字，顶格编排在版心左上角第二行；保密期限中的数字用阿拉伯数字标注。密级和保密期限之间用"★"隔开，例如"机密★ 10 年"。如需标注紧急程度，一般用 3 号黑体字，顶格编排在版心左上角；如需同时标注份号、密级和保密期限、紧急程度，按照份号、密级和保密期限、紧急程度的顺序自上而下分行排列。

## （二）发文机关标志

发文机关标志由发文机关全称或者规范化简称加"文件"二字组成，也可以使用发文机关全称或者规范化简称。

发文机关标志居中排布，上边缘至版心上边为 35 mm，推荐使用小标宋体字，颜色为红色，以醒目、美观、庄重为原则。联合行文时，如需同时标注联署发文机关名称，一般应当将主办机关名称排列在前；如有"文件"二字，应当置于发文机关名称右侧，以联署发文机关名称为准上下居中排布。

## （三）发文字号

发文字号由发文机关代字、发文年份、发文顺序号组成。编排在发文机关标志下空二行位置，居中排布。发文年份、发文顺序号用阿拉伯数字标注；发文年份应标全称，用六角括号"〔 〕"括入；发文顺序号不加"第"字，不编虚位（即 1 不编为 01），在阿拉伯数字后加"号"字。

上行文的发文字号居左空一字编排，与最后一个签发人姓名处在同一行。

## （四）签发人

签发人由"签发人"三字加全角冒号和签发人姓名组成，居右空一字，编排在发文机关标志下空二行位置。"签发人"三字用 3 号仿宋体字，签发人姓名用 3 号楷体字。

如有多个签发人，签发人姓名按照发文机关的排列顺序从左到右、自上而下依次均匀编排，一般每行排两个姓名，回行时与上一行第一个签发人姓名对齐。

## （五）版头中的分隔线

发文字号之下 4 mm 处居中印一条与版心等宽的红色分隔线。

# 二、主体部分

## （一）公文标题

公文标题即公文的名称，是公文内容和作用的高度概括。完整的公文标题由发文机关名称、事由、文种三部分组成，如《海南省人民政府关于进一步加大力度集中整治违法建筑的通知》，一般用 2 号小标宋体字，编排于红色分隔线下空二行位置，一行或多行居中排布；回行时，要做到词意完整，长短适宜，排列对称，间距恰当，标题排列应当使用梯形或菱形。事由是公文拟题的关键，写作事由时要体现概括性，不能面面俱到。同时也要避免意义含混，令人不知所云。

公文标题中除法规、规章名称加书名号外，一般不用标点符号。

公文标题的三个组成部分一般要写完整，但也可以有部分省略的情况：一是省略发文单位，如《关于李××等同志职务任免的通知》；二是省略事由，如《国务院令》；三是只保留文种，如《通知》。

### （二）主送机关

主送机关，又叫作"抬头""受文机关"，即发文机关要求对公文予以办理或答复的对方机关。编排于标题下空一行位置，用 3 号仿宋体字，居左顶格，回行时仍顶格，最后一个机关名称后标全角冒号。如主送机关名称过多，导致公文首页不能显示正文时，应当将主送机关名称移至版记，如主送机关不止一个时，同类型、相并列的机关之间用顿号隔开；不同类型、非并列关系的机关之间用逗号隔开，最后用冒号。如《国务院关于印发国家教育事业发展"十四五"规划的通知》主送机关为"各省、自治区、直辖市人民政府，国务院各部委、各直属机构："。

### （三）正文

公文首页必须显示正文。一般用 3 号仿宋体字，编排于主送机关名称下一行，每个自然段左空二字，回行顶格。文中结构层次序数依次可以用"一、""（一）""1.""（1）"标注；一般第一层用黑体字，第二层用楷体字，第三层和第四层用仿宋体字标注。

注意：联合行文机关过多时，必须保证公文首页显示正文。写不下时，可采取下列办法：一是公文标题中可以不标发文机关；二是将主送机关移至版记部分；三是适当缩小发文机关标识的字体，四是缩小首页的行距。

### （四）附件说明

如有附件，在正文下空一行左空二字编排"附件"二字，后标全角冒号和附件名称。如有多个附件，使用阿拉伯数字标注附件顺序号（如"附件：1.×××××"）；附件名称后不加标点符号。附件名称较长需回行时，应当与上一行附件名称的首字对齐。

附件应当另面编排，并在版记之前，与公文正文一起装订。"附件"二字及附件顺序号用 3 号黑体字顶格编排在版心左上角第一行。附件标题居中编排在版心第三行。附件顺序号和附件标题应当与附件说明的表述一致。附件格式要求同正文。如附件不能与正文一起装订，应当在附件左上角第一行顶格编排公文的发文字号并在其后标注"附件"二字及附件顺序号。

### （五）发文机关署名、成文日期

#### 1. 发文机关署名

署发文机关全称或者规范化简称。

#### 2. 成文日期

成文日期是指公文形成的时间，这是公文生效的时间标志。公文成文日期的确定有以下几种情况：

（1）单位单独行文，以领导签发文件的日期为准；

（2）联合行文，以最后签发单位领导人签发的日期为准；

（3）经会议通过生效的文件，以会议通过的日期为准；

（4）电报，以发出日期为准。

成文日期一般右空四字编排，用阿拉伯数字将年、月、日标全，年份应标全称，月、日不编虚位（即1不编为01）。

### （六）印章

印章一般用红色，不得出现空白印章。单一机关行文时，一般在成文日期之上，以成文日期为准居中编排发文机关署名，印章端正、居中下压发文机关署名和成文日期，使发文机关署名和成文日期居印章中心偏下位置，印章顶端应当上距正文（或附件说明）一行之内。

联合行文时，一般将各发文机关署名按照发文机关顺序整齐排列在相应位置，并将印章一一对应、端正、居中下压发文机关署名，最后一个印章端正、居中下压发文机关署名和成文日期，印章之间排列整齐、互不相交或相切，每排印章两端不得超出版心，首排印章顶端应当上距正文（或附件说明）一行之内。

### （七）附注

如有附注，居左空二字加圆括号编排在成文日期下一行。

## 三、版记

### （一）版记中的分隔线

版记中的分隔线与版心等宽，首条分隔线和末条分隔线用粗线（推荐高度为0.35 mm），中间的分隔线用细线（推荐高度为0.25 mm）。首条分隔线位于版记中第一个要素之上，末条分隔线与公文最后一面的版心下边缘重合。

### （二）抄送机关

抄送机关是除主送机关外需要执行或者知晓公文内容的其他机关，应当使用机关全称、规范化简称或者同类型机关统称。

如有抄送机关，一般用4号仿宋体字，在印发机关和印发日期之上一行、左右各空一字编排。"抄送"二字后加全角冒号和抄送机关名称，回行时与冒号后的首字对齐，最后一个抄送机关名称后标句号。如需把主送机关移至版记，除将"抄送"二字改为"主送"外，编排方法同抄送机关。既有主送机关又有抄送机关时，应当将主送机关置于抄送机关之上一行，之间不加分隔线。

### （三）印发机关和印发日期

印发机关和印发日期一般用4号仿宋体字，编排在末条分隔线之上，印发机关左空一字，印发日期右空一字，用阿拉伯数字将年、月、日标全，年份应标全称，月、日不编虚位（即1不编为01），后加"印发"二字。

版记中如有其他要素，应当将其与印发机关和印发日期用一条细分隔线隔开。版记的位置应置于公文最后一页（封四），版记的最后一个要素置于最后一行。

## 一、通告

### （一）种类

（1）法规性通告。

（2）周知性通告。

（二）特点

（1）规范性。

（2）业务性。

（3）广泛性。

（三）格式

**1. 标题**

格式为：《×××关于××××的通告》。

**2. 正文**

正文由缘由、事项、结尾三部分构成。

**3. 落款**

（四）写作须知

（1）要有政策观念，不搞不符合法律程序的"土政策"。

（2）尽量选择大多数人熟悉的行业用语。

（3）通告的内容要突出。

（4）通告一般可以张贴、见报，也可以文件形式下达。

（五）通告与公告的区别

（1）内容与作用不同。

（2）发文单位不同。

（3）受文对象不同。

（4）发文方式不同。

## 二、通知

通知是适用于以下情形的一种公文：批转下级机关的公文；转发上级机关和不相隶属机关的公文；发布规章；传达要求下级机关办理和有关单位需要周知或者共同执行的事项；任免人员。

（一）通知的种类

通知按用法可分为以下几种：

（1）转发性通知。

（2）发布性通知。

（3）部署性通知。

（4）任免性通知。

（5）事务性通知。

（6）会议通知。

（二）通知的结构

通知一般由标题、对象、正文、落款几个部分组成。

## 三、通报

通报适用于表彰先进、批评错误、传达重要精神或者重要情况。

（一）种类

（1）表彰性通报。

（2）批评性通报。

（3）情况通报

### （二）特点

通报具有知晓性和指导性的特点，它对下级和有关方面的指导作用重于指挥作用，主要起倡导、警戒、启发、教育和沟通情况的作用。

### （三）各类通报正文的写法

#### 1. 表彰性通报

这类通报正文一般包括先进事迹、先进事迹评价、表彰决定、希望和要求四个部分。

#### 2. 批评性通报

这类通报的惩戒作用十分突出，除在一定范围内通报批评、处理错误外，还要着重分析原因教训，引起有关方面和干部的警觉，以防类似事件的发生。

#### 3. 情况通报

这类通报内容集中，多为一事一报。写作比较灵活自如，结构因文而定。主要是据实反映情况，分析问题，有的还要针对通报的情况提出要求和希望。行文要突出重点、抓住本质。无论陈述情况的始末、发展过程，还是分析问题，都要不枝不蔓，语言简洁、得体。这类通报的结构可采用分类叙述或自然分段式。

## 四、报告

### （一）报告、请示、批复三种文体既有区别又有联系

（1）报告是向上级机关汇报工作、反映情况、提出意见和建议、答复上级机关的询问时使用的公文。

（2）请示是向上级机关请求指示、批准时使用的公文。

（3）批复是答复下级机关的请示事项时使用的公文。

### （二）报告写作的基本格式

#### 1. 标题

报告标题大多采用公文的常规写法，即可以由发文机关＋主要内容＋文种构成的完整标题，如《××学院关于招生情况的报告》；也可以由主要内容＋文种构成，如《关于粮食政策性财务挂账停息的报告》。

#### 2. 上款

上款写明主送机关。

#### 3. 正文

#### 1）缘由

报告缘由，交代报告的起因、缘由或说明报告的目的、主旨、意义。缘由要能概括说明全文主旨，开门见山。一般用"现将有关情况报告如下"承启下文。答复报告开头要先引述来函文号及询问的问题，然后过渡到下文，答复上级的询问。

#### 2）报告事项

报告事项是正文的核心，应将工作的主要情况、措施与结果、成效与存在的问题等分段加以表述，要以数据和材料说话，内容力求既翔实又概括。

不同类型的报告，内容上各有不同的侧重点。

3）结束语

报告的结束语应另起一行，空两个字来写。根据报告种类的不同，一般都有不同的程式化用语，工作报告和情况报告的结束语常用"特此报告""请审阅""以上报告，请审查"；答复报告多用"专此报告"。因报告是单向性公文，所以类似"以上报告当否，请批示"的结束语是不妥当的。

### 4. 落款

写明发文机关和日期，如标题中已有发文机关，落款处可只写发文时间。

## （三）各类报告的写法

### 1. 工作报告

工作报告的正文一般包括基本情况、主要成绩、经验体会、存在问题、基本教训、今后意见等几部分。这类报告篇幅较其他报告长，可标出序数分条分项陈述，也可列小标题分部分或分问题写。

### 2. 情况报告

情况报告一般以"情况—原因—教训—措施"的结构来写。先将情况叙述清楚，然后分析情况产生的原因，接着总结经验教训，最后提出下一步的行动措施。

情况报告多数写成专题报告，其写法不强求一律，但都要力求做到以下几点：

（1）内容集中、单一，突出重点，抓住事物本质，实事求是地反映情况。

（2）把情况和问题讲明白，把事情的经过、原委、结果、性质写清楚。

（3）若要提出处理意见和建议，要写得具体、明确、简要，尤其要注意提出意见、建议的写作角度，不能在报告中夹带请示事项。

（4）情况报告写作要及时，以便让上级机关和有关领导尽快了解重大、特殊、突发的种种新情况。

### 3. 建议报告

建议报告的内容一般比较集中，多写成专题报告，正文可分为情况分析和意见措施两部分。

（1）情况分析部分可介绍情况、分析问题，或者说明提出意见建议的目的、原因和依据，这部分一般写得较简明。

（2）意见措施部分是此类报告的写作重点，要求切合实际地提出做好某项工作的意见、措施、建议，这部分往往采取条文式写法，并且每条开头常有一个提示句。

多数建议报告是有待上级机关批转的。

结语常用"以上报告如无不妥，请批准有关单位执行"。

### 4. 答复报告

答复报告一般写答复的意见或处理结果，是依据上级要求回答的问题进行写作，所以要写得周全而有针对性。这种报告内容针对性最强，上级询问什么，就答复什么，有问必答，答其所问，不能答非所问。表述要明确、具体，语言要准确、得体，不可含糊其辞、模棱两可。

它的正文包括答复依据和答复事项两部分。

（1）答复依据即上级要求回答的问题，要写得十分简要，有时一两句话即可说明。

（2）答复事项指针对所提问题答复的意见或处理结果，既要写得周全，又不能节外生枝，答非所问。正文写法比较灵活，或先写依据，后一并答复，或边写依据，边逐一答复。

### （四）写作报告的注意事项

#### 1. 要正确使用文种

对于报告，受文机关不用答复，因此，报告与请示不能混用。报告事项不得夹带请示事项，否则会因报告不需批复而影响请示事项的处理和解决。

#### 2. 要重点突出

报告的内容要根据主题的要求来安排，分清主次轻重，不要面面俱到。要注意处理好点和面的关系，既要有典型的事例，又要有面上的综合性的情况，条理清楚，逻辑严密。

#### 3. 材料要真实

向上级机关汇报工作应该本着实事求是的态度，如实汇报，不能夸大和虚构成绩或情况，欺骗上级。所以，起草报告的人员，应该在调查研究、全面掌握本单位情况的基础上撰写。

## 五、请示

请示适用于向上级机关请求指示、批准。

凡是下级机关无权解决、无力解决以及按规定应经上级决断的问题，必须正式行文向上级机关请示。

### （一）请示的种类

根据请示的内容和目的不同，可以将其分为三类。

#### 1. 请求指示的请示

需要上级机关对原有政策规定作出明确解释，对变通处理的问题作出审查认定的，对如何处理新情况作出明确的指示等请示，即属此类。这类请示，多涉及政策上、认识上的问题。

#### 2. 请求批准的请示

这是请求上级解决某些实际困难和问题，或要求对本单位处理某个问题的意见作出批示的请示。这类请示，多涉及人事、财物、机构等方面的具体问题。

#### 3. 请求批转的请示

这是职能部门针对涉及面广的某些工作提出了处理意见和办法，需要有关方面协同办理，但按规定又不能要求平级机关和不相隶属的机关照办，而需要请求上级领导机关或综合部门审定后批转有关方面执行。

### （二）请示的写法

各类请示的写法基本一致。

#### 1. 标题

标题由发文机关、事由和文种构成，如《××市××区人民政府关于解决优质西瓜生产基地建设资金的请示》。不能写成"请示报告"或"申请"。标题中的事由要明确，语言要简明。

#### 2. 上款

上款一般只写一个主送机关，如需同时送其他机关，应当用抄送形式；受双重领导的机关向上级机关请示，应当写明主送机关和抄送机关，由主送机关负责答复。

### 3. 正文

#### 1）请示缘由

请示缘由是上级机关批准的依据，应简明扼要而又充分地陈述请示的原因、依据。这部分是为请示事项做铺垫的，简要不意味着简单化，必须讲清情况，理由充足，不能笼统、含糊，不能夸大事实，这样才能有说服力。

#### 2）请示事项

请示事项是请示的核心，就是要将请示上级机关给予指示、批准或批转的具体问题及事情全盘托出，请求上级机关作出答复。内容要具体，所提建议和要求要切实可行；用语要明确肯定，不能含糊其辞；若内容多，可分条列项；语气要得体，一般应写"拟"怎么办，而不能写"决定"怎么办。如需要上级机关审核、批准的事项，要具体细致地分析，还可提出处理意见和倾向性意见，供领导参考。提出的请示，要符合有关方针、政策，切实可行。

#### 3）请示要求

请示要求是请示的结语部分，为了使请示的事项得到答复，发文机关应明确提出要求解决问题的方法或途径。一般是另起一行空两字书写。请示结语语气要谦恭，常用的结语有"以上请示当否，请批复""妥否，请批复""特此请示，请予批示""请批准""请指示"等。若是请求批转的请示，则以"以上请示如无不妥，请批转各地执行"等语作结。

正文根据内容的多少，可分别采用片段合一式、三段式或总分条文式结构。

### 4. 落款

落款写明发文机关和成文时间。

### （三）写作请示的注意事项

#### 1. 坚持一事一文

内容力求单一，切忌把互不相关的事写在一份请示里，使上级机关难以批复，以致影响工作。

#### 2. 避免多头请示

请示应只主送一个机关，切忌多头主送，以免出现单位之间互相推诿的情况，延误工作。如是受双重领导的机关，应根据请示内容，主送一处上级机关，对另一上级机关采取抄送形式。

#### 3. 不可越级请示

在一般情况下不得越级请示，应根据隶属关系和职权范围逐级进行请示。如果因情况特殊或事项紧急必须越级请示时，要同时抄送被越过的上级机关。

#### 4. 不可将请示和报告混用

把"……的请示"写成"……请示报告"或"……报告"都是错误的。

#### 5. 请示不得抄送下级机关

请示是上行文，不得同时抄送下级机关，更不能要求下级机关执行上级机关未批准的事项。

#### 6. 语气要谦恭

请示的语气必须谦恭，要尊重上级，不要有要挟、命令、催促的口吻。在写请示事项时，只能写"拟"怎么办，不能写"决定"怎么办。

## 六、批复

### （一）批复的特点

#### 1. 针对性

它针对下级机关呈报的请示行文，针对下级来文的请示事项作出答复，因此它属于被动性行文。

#### 2. 权威性

它对下级请示的某项工作作出指示，提出处理办法，对受文单位有明显的约束力。涉及重要事项或重大问题的批复，往往具有法规作用或指令性作用。

#### 3. 鲜明性

批复中对下级请示事项的答复，应态度鲜明，观点明确，语言简洁明了；不能模棱两可，含糊其词，使下级无所适从。

### （二）批复的写法

#### 1. 标题

除按公文标题的通常写法外，还可把主送机关写进标题。如《国务院办公厅关于深圳特区私人建房问题给广东省人民政府办公厅并福建省人民政府办公厅的批复》。

#### 2. 上款

上款写明受文机关。

#### 3. 正文

批复的正文包括批复引语、批复事项和批复结语三部分。

（1）批复引语：批复必须在正文开头引述来文的标题、文号，有的还极其简要地直接引述来文所请示的事项，引述应十分简练。如"你省 × 月 × 日《关于 × × 的请示》收悉"。

（2）批复事项：即针对请示中提出的问题，明确具体地答复。

（3）批复结语：以"此复""特此批复"等作结，也可省去不写。

#### 4. 落款

落款写明发文机关、成文时间。

### （三）写作批复的注意事项

（1）批复要坚持一请示一批复的原则。

（2）批复要及时。

（3）批复要紧扣请示事项明确表态，不可含糊其词，模棱两可；也不可答非所请。

## 七、函

函是机关用来处理公务的信件。它主要用于机关之间商洽工作、询问和答复问题以及向无隶属关系的有关主管部门请求批准。

### （一）函的种类

#### 1. 从函的内容来看，可分为三种

##### 1）商洽性函

商洽性函指用于平行机关之间和不相隶属机关之间商洽工作、联系有关事宜的函。如商调干部、联系参观学习、洽谈业务工作等。

**2）询问、答复性函**

询问、答复性函指用于机关之间互相询问答复有关具体问题的函。如上下级机关之间问答某个具体问题，联系、告知或处理某项具体工作等。

**3）请示性函**

请示性函指向平级的或不相隶属的有关主管部门请求批准的函。

有时机关单位涉及部门业务工作，需向平级的或不相隶属的业务主管部门请求批准，但又因互相之间不是上下级的隶属关系而不宜用请示行文，就应用函。同理，有关主管部门向平级的或不相隶属的机关单位批准、批复某些业务事项，因无上下级的隶属关系而不宜用批复行文，应用复函。在实际工作中，这类函常常误用为请示、批复，应注意区别。

**2. 从函的使用格式看，函可分为公函和便函**

公函的格式正规，它按一般公文格式写上标题、发文字号、主送机关、正文和落款。公函多用于比较重要的事项，行文郑重。

便函的内容多涉及事务性的具体事项，格式较为灵活，写法较自由，可不写标题，不编文号，不入档案。

**3. 从函的行文方向看，函可分为去函和复函**

因为商洽工作等需与有关部门联系，由发文机关主动制发的函叫去函；收文机关收到来函后，需就来函中有关问题作出回复的函叫复函。去函也叫来函，即是主动发出的函。复函则是回答来函所提出的问题，是被动发出的函件。

**（二）函的特点**

函是公文中的轻武器，它行文方向灵活，形式简短，使用方便，因此使用范围广，频率高。

**（三）函的写作方法**

**1. 标题**

标题可按公文的一般要求写。若是去函，标题中文种只写"函"；若是复函，则写明"复函"二字。

**2. 上款**

标题下一行顶格写明受函单位的名称。

**3. 正文**

**1）函的缘由**

发函的缘由一般为概括交代商洽、请求、询问或告知事项的目的、依据、背景、原因等；复函的缘由一般为首先引述来函的日期、发文字号、标题等，如"你单位×年×月×日××〔2004〕×号函收悉"或"×年×月×日《关于……的函》收悉"，接着简要复述对方提出的问题和要求，然后用"现将有关问题说明如下"或"现将有关事项函复如下"等过渡语转入下文。

**2）函的事项**

发函一般写清楚商洽、请求、询问或告知事项的主要内容，并向对方提出希望或要求，即或希望对方协助解决某一问题，或希望对方给予合作支持，或请求对方提供情况，或请求对方给予批准，等等。

复函要有针对性地写答复事项，即针对发函所提出的商洽、请求、询问等问题作出具体明确的答复。

### 3）函的结语

结语，用词语气要谦和诚恳，平实得体，不要用客套话和寒暄语。发函，按是否要回复的要求用不同的惯用语，如要对方回复，一般用"特此函询，请函复""即请函复""敬请大力支持为盼"；如无须对方回复，一般用"特此函达""特此函告"等。复函的结束语一般用"此复""特此函复"等。

### 4. 落款

正文末右下方写发文机关和日期。

## 八、会议纪要

### （一）会议纪要的含义

会议纪要是记载、传达会议情况、议定事项和主要精神，要求与会单位共同遵守、执行的一种公文。

### （二）会议纪要的特点

（1）概括性。

（2）纪实性。

（3）系统性。

（4）约束力。

### （三）会议纪要的格式

#### 1. 标题

（1）会议名称＋文种。

（2）会议名称＋纪要内容＋文种。

（3）会议的主要内容＋文种。

（4）双式标题。

#### 2. 正文

#### 3. 落款

### （四）会议纪要的内容

（1）会议概况。

（2）会议内容。

（3）会议要求。

### （五）写作会议纪要的注意事项

（1）如实反映会议的各项内容。

（2）突出重点，简明精炼。

（3）层次分明，条理清楚。

（4）要言简意明。

---

**知识角**

行文规则，是指党政机关公文行文必须遵守的具体规定或准则。为确保公文迅速而准确地传递，一定要避免行文紊乱。

（1）原则上主送一个上级机关，根据需要同时抄送相关上级机关和同级机关，不抄送下级机关。

（2）党委、政府的部门向上级主管部门请示、报告重大事项，应当经本级党委、政府同意或者授权；属于部门职权范围内的事项，应当直接报送上级主管部门。

（3）下级机关的请示事项，如需以本机关名义向上级机关请示，应当提出倾向性意见后上报，不得原文转报上级机关。

（4）请示应当一文一事，不得在报告等非请示性公文中夹带请示事项。

（5）除上级机关负责人直接交办的事项外，不得以本机关名义向上级机关负责人报送公文，不得以本机关负责人名义向上级机关报送公文。

（6）受双重领导的机关向一个上级机关行文，必要时抄送另一个上级机关。

（7）主送受理机关，根据需要抄送相关机关。重要行文应当同时抄送发文机关的直接上级机关。

（8）党委、政府的办公厅（室）根据本级党委、政府授权，可以向下级党委、政府行文，其他部门和单位不得向下级党委、政府发布指令性公文或者在公文中向下级党委、政府提出指令性要求。需经政府审批的具体事项，经政府同意后可以由政府职能部门行文，文中须注明已经政府同意。

（9）党委、政府的部门在各自职权范围内可以向下级党委、政府的相关部门行文。

（10）涉及多个部门职权范围内的事务，部门之间未协商一致的，不得向下行文；擅自行文的，上级机关应当责令其纠正或者撤销。

（11）上级机关向受双重领导的下级机关行文，必要时抄送该下级机关的另一个上级机关。

（12）同级党政机关、党政机关与其他同级机关必要时可以联合行文。

（13）属于党委、政府各自职权范围内的工作，不得联合行文。

（14）党委、政府的部门依据职权可以相互行文。

（15）部门内设机构除办公厅（室）外不得对外正式行文。

## 任务实施

### 一、填空题

1. 应用文常见的构成要素是 _____、_____、_____、_____。

2. 应用文语言的基本要求是_____、_____、_____。

3. 应用文写作常用的表达方式是_____、_____、_____。

### 二、判断题

1. 规范与条理，是应用文安排结构时首先要考虑的问题。（    ）

2. 应用文的语言，应力求生动、传神、感人。（    ）

3. 应用文一般使用描写、抒情和叙述等表达方式。（    ）

4. 函属于上行文。（    ）

5. 命令属于下行文。（    ）

## 三、选择题

1. 以下（　　）不属于上行文。

A. 请示　　　　　　B. 意见　　　　　C. 报告　　　　　D. 决定

2. 从行文方向看，以下（　　）不是应用文的分类。

A. 中行文　　　　　B. 上行文　　　　C. 下行文　　　　D. 平行文

3. 意见按照行文方向分不属于（　　）。

A. 中行文　　　　　B. 上行文　　　　C. 下行文　　　　D. 平行文

## 四、简答题

××市人民政府办公厅办公会议决定，对全市各级政府机关办公厅（室）评选出的先进秘书工作人员予以表彰。请你选择恰当的文种，代拟一份公文。

参考答案：

一、1. 标题、称谓、正文、落款。

2. 简洁、准确、得体。

3. 叙述、议论、说明。

二、1. √、2. ×、3. ×、4. ×、5. √。

三、1. D、2. A、3. A。

四、答案（略）。

# 项目二　晓喻广布为人闻
## ——通知和通报

## 任务一　通知

 情境导入

　　"世界那么大，我想去看看"已成为很多年轻人的追求，旅游逐渐成为一种时尚。因此，现在很多企事业单位为了企业能更好地发展，营造良好的企业文化氛围，陶冶员工情操，提高员工的归属感和荣誉感，增强团队的凝聚力和向心力，每年都会组织相应的员工旅游项目。那么，应如何撰写旅游通知呢？

**典型案例**

### ×××有限公司文件

×字〔2021〕20号

---

**关于举办公司员工团建活动的通知**

致全体员工：

　　为体现公司的企业文化，丰富员工的文化生活、缓解员工的工作压力及加强公司的团队凝聚力，公司特决定于7月21—22日，组织一次罗田两日游活动，让全体员工在工作之余享受大自然，放松身心，以更饱满的热情、更积极的态度面对生活、工作。现将旅游相关事宜通知如下：

　　一、活动主题：夏日嘉年华·梦想不停歇。

　　二、活动时间：2021年7月21—22日（共两天）。

　　三、出发时间：2021年7月21日早上8：00在公司集合坐大巴车。

　　四、活动地点：罗田。

　　五、活动人员：公司全体职员。

　　六、活动项目：

　　1.进士河漂流；

　　2.罗田大别山三里畈泡温泉。

　　七、注意事项：

　　1.请所有参加活动的人员带上本人身份证；

　　2.因山区天气多变，备好雨具和防晒用品；

　　3.自备泳衣，沐浴温泉前请认真阅读沐浴温泉的注意事项；

　　4.多备一套衣服，漂流会将身体打湿，漂流前请认真阅读漂流的注意事项；

　　5.旅游期间请勿私自离队单独行动，做到安全、快乐出行；

6.因全程行车 2 小时，晕车的同事请事先备好晕车药。

八、附件：

附件 1：团建活动方案

附件 2：团建活动人员名单

在此，祝大家旅途愉快！

总经理办公室

2021 年 7 月 15 日

## 知识点拨

### 一、通知的概念

《党政机关公文处理工作条例》规定："通知适用于发布、传达要求下级机关执行和有关单位周知或者执行的事项，批转、转发公文。"通知的行文方向十分灵活，可用于向平级或不相隶属机关行文，也可用于向下级机关行文，后者使用更多。

### 二、通知的特点

#### （一）功能的多样性

通知可以用来传达指示、发布规章、布置工作、技术指导、批转和转发文件、任免干部等。

#### （二）运用的广泛性

通知的发文机关几乎不受级别的限制，大到国家级党政机关，小到基层的企事业单位，都可以发布通知。另外，通知的受文对象也比较广泛，在基层工作岗位上的干部和职工，接触最多的上级公文就是通知。虽然通知从整体上看是下行文，但部分通知也可以发往不相隶属的机关。

#### （三）应用的时效性

通知是一种制发比较快捷、运用比较灵便的公文，它所办理的事项，都有比较明确的时间限制，受文机关要在规定的时间内办理完成，不得拖延。

#### （四）写作的灵活性

通知一般只是布置或通报一项工作事项，对写作格式无严格要求，语气平缓，相对灵活。

### 三、通知的种类和作用

按照功能的不同，通知可分为指示性通知、周知性通知、印发性通知、批转性通知和转发性通知。印发性通知、批转性通知、转发性通知都与文件相关，又可统称为文件类通知。通知的种类和作用如表 2-2-1 所示。

表 2-2-1　通知的种类和作用

| 种类 | | 作用 |
| --- | --- | --- |
| 指示性通知 | | 上级机关指示下级机关如何工作，要求下级机关办理或执行某项工作 |
| 周知性通知 | | 周知日常事务、召开会议、人员任免等 |
| 文件类通知 | 印发性通知 | 印发本单位自行制定的行政文件和党的规章制度、文件以及领导的重要讲话等 |
| | 批转性通知 | 上级机关批转下级机关文件给所属有关单位，要求周知并执行 |
| | 转发性通知 | 转发上级机关和不相隶属机关公文给所属有关单位，要求周知 |

**知识角**

### 批转性通知和转发性通知的异同

不同点："批"是职权的反映，"批转"指对下级机关的来文进行批准、转发；"转发"是对上级、同级及不相隶属机关来文进行转发。

相同点：都用于转发外单位的来文。

**典型案例**

### 关于转发×××的通知

×××（主送单位）：

现将×××（上级单位或有关业务主管部门）《×××》（文号）转发给你们，请结合实际，认真贯彻执行。

×××（具体贯彻意见和要求）。

附件：×××

（落款及印章）

××××年×月×日

**典型案例**

### 关于印发《×××办法》的通知

×××（主送单位）：

为了×××（目的），根据×××（依据），制定了《×××办法》，现印发给你们，请结合实际，认真贯彻执行。贯彻执行中有任何问题，请及时反馈×××。

附件：×××

（落款及印章）

××××年×月×日

**典型案例**

### 关于××、×××等同志职务任免的通知

各区县旅游局、市属各旅游部门、企事业单位、机关各处（室）：

根据工作需要，经局党委研究决定：

××同志任企管处处长，免去其办公室主任职务；

×××同志任××旅游公司总经理。

中共×市旅游局党委（印章）

××××年×月×日

**写作指导**

### 一、通知的文种结构

通知一般由标题、主送机关、正文和落款四部分构成，如表2-2-2所示。

表 2-2-2　通知的结构

| 结构 | | | 说明 |
|---|---|---|---|
| 标题 | | | 发文机关 + 事由 + 文种 |
| 主送机关 | | | 受文机关 |
| 正文 | 缘由 | | 说明发文缘由，交代有关背景、根据及目的等 |
| | 事项 | | 需要周知或执行的事项 |
| | 结尾 | | 要求受文单位贯彻执行的意见 |
| 落款 | | | 制发机关<br>××××年×月×日 |

**（一）标题**

标题的结构与形式可以分为以下四种：

（1）发文机关 + 事由 + 文种组成的三项式标题，如《陇南市人民政府办公室关于批转市审计局 2022 年度审计工作计划的通知》。

（2）事由 + 文种，如《关于发布 2015 版企业会计准则通用分类标准的通知》。

（3）发文单位 + 文种，如《销售部通知》。

（4）凡不作为正式文件处理的简便通知，可以仅用文种名称"通知"为标题。

文件类通知标题的常见形式如表 2-2-3 所示。

表 2-2-3　文件类通知标题的常见形式

| 类型 | 常见形式 |
|---|---|
| 印发性通知 | ×××关于印发《×××》的通知 |
| 批转性通知 | ×××关于批转 ×××（来文单位 + 原文件名称）的通知 |
| 转发性通知 | ×××关于转发 ×××（来文单位 + 原文件名称）的通知 |

批转性通知、转发性通知的标题应在事由部分说清来文单位和原文件名称，但不能机械地照搬原文件名称，要适当地组织语言，如是否用"关于"二字、在何处使用等。

**（二）主送机关**

通知的主送机关有两种写法：一种是用机关全称、规范化简称或者同类型机关统称，如"各区、县人民政府，市政府各委、办、局，各市属机构"；另一种属于公开发布的普发性通知，可不写主送机关。

**（三）正文**

通知的正文通常由缘由、事项和结尾三部分组成。但由于通知的分类较多，内容性质各异，不同类型的通知有不同的写法。

**1. 印发性通知**

正文应开门见山，写明所发布规章的名称，然后提出执行要求。有施行起始时间的应一并说明。

 **典型案例**

**国务院办公厅关于印发**
**降低社会保险费率综合方案的通知**

国办发〔2019〕13 号

各省、自治区、直辖市人民政府，国务院各部委、各直属机构：

《降低社会保险费率综合方案》已经国务院同意，现印发给你们，请认真贯彻执行。

降低社会保险费率，是减轻企业负担、优化营商环境、完善社会保险制度的重要举措。各地区各有关部门要以习近平新时代中国特色社会主义思想为指导，全面贯彻党的十九大和十九届二中、三中全会精神，坚持稳中求进工作总基调，坚持新发展理念，统筹考虑降低社会保险费率、完善社会保险制度、稳步推进社会保险费征收体制改革，密切协调配合，抓好工作落实，确保企业特别是小微企业社会保险缴费负担有实质性下降，确保职工各项社会保险待遇不受影响、按时足额支付。

国务院办公厅

2019 年 4 月 1 日

**2. 转发性通知**

凡是上级机关和不相隶属机关发来的公文，如果对本机关所属下级机关具有指示、指导或参考作用，就加上批语，用"通知"的形式转发下去。

**××省人民政府办公厅转发省人事厅**
**"十四五"行政机关公务员培训规划的通知**

×政办发〔2022〕2 号

各市、县、区人民政府，省人民政府各工作部门、各直属机构：

省人事厅制定的《××省"十三五"行政机关公务员培训规划》已经省政府同意，现转发给你们，请结合实际，认真贯彻实施。

××省人民政府办公厅

2022 年 3 月 22 日

**3. 批转性通知**

批转性通知指上级机关认为某下级机关的来文对其所属其他下级机关具有普遍意义，于是加上批语，用"通知"的形式发给所属其他下级机关。

正文写作时应注意以下几点：

（1）正文包括颁转对象和批示意见两部分。颁转对象要写被颁转公文的名称及原发文单位。批示意见可长可短，有的只简要地表明态度，提出希望、要求；有的结合实际情况强调重点，以引起重视。对于要求下级"参考""参阅""参照执行""遵照办理""研究执行""认真贯彻执行"等词语的选择要得当，主要是根据颁转的内容决定。

（2）应将被发文件全文实录于颁转通知之后。

**省政府办公厅转发省政务办**
**关于深化公共资源交易平台整合共享实施意见的通知**

苏政办发〔2019〕89 号

各市、县（市、区）人民政府，省各委办厅局，省各直属单位：

省政务办《关于深化公共资源交易平台整合共享的实施意见》已经省人民政府同意，现转发给你们，请认真组织实施。

江苏省人民政府办公厅

2019 年 12 月 21 日

#### 4. 指示性通知

指示性通知用于对某一具体事项提出具体要求或作出具体规定，一般由缘由、事项两部分组成。

（1）缘由：讲明通知的根据、原因、目的或背景等。段末一般使用类似"现将有关事项通知如下""现作如下通知""特通知如下"等之类的语句作为承上启下的过渡句，引出下文。

（2）事项：正文的主体部分，要把具体内容分条列项地阐述清楚，不能含糊。写作时，要分清主次，根据事项的重要程度来排列叙述顺序。事项的主要内容一般包括布置任务、阐明工作原则、拟定方法措施、交代注意事项等。

 **典型案例**

### 关于进一步加强常态化疫情防控工作的通知

管委会各部、园区各企业：

根据《进一步加强常态化疫情防控工作的紧急通知》（嘉疫防办发〔2020〕143号）要求，为深入贯彻"外防输入、内防反弹"的防控策略，落实常态化疫情防控责任，进一步加强园区疫情防控，全力保障园区广大人民群众的身体健康和生命安全，现将有关事项通知如下：

一、切实提高思想认识。各部、各企业要充分认识疫情防控的复杂性、严峻性、长期性，认真贯彻落实中央、省、市疫情防控工作部署和要求，自觉服从全市疫情防控大局，坚决做好常态化疫情防控，严格落实属地包抓责任和主体责任，对防控漏洞再排查、防控重点再加固、防控要求再落实，持续完善疫情防控体系，全力做好常态化疫情防控各项工作。

二、严格履行三方责任。全面落实管委会、企业、个人的三方防控责任，管委会各包抓组按照产业组团分组，严格落实属地监管责任，持续完善疫情防控体系，督促企业落实防控责任，确保防控措施不走形式、不留死角。各企业要严格落实主体责任，在前期工作的基础上，建立健全常态化防控工作责任制，全面落实常态化疫情防控各项措施。园区全体职工要落实社会责任，主动配合常态化疫情防控各项工作，做好自我防护，如实准确提供个人旅居信息，依法接受各项预防控制措施。

三、强化人员管控措施。园区所有企业要对本单位职工来嘉返嘉人员进行全面摸底排查，包抓组即刻开展现场摸排，对5月30日以来去过北京等省外中高风险地区，特别是北京新发地批发市场、京深海鲜批发市场的来嘉返嘉人员，认真做好信息登记，及时按程序上报管委会，提供7日内有效核酸检测证明，由企业做好健康监测；不能提供7日内核酸检测证明者，请主动向管委会申请到市第一人民医院做核酸检测（核酸检测费用自理），并做好居家隔离，包抓组负责做好隔离人员"两书""两档""两回访"。如因个人原因未及时报备或不如实提供信息，造成不良后果的，严格依法追究其相关责任。同时，号召园区广大职工积极监督举报，若发现身边有未及时报备人员，请积极向管委会举报，共同维护好园区来之不易的防控成果。

四、认真落实防控措施。企业应当按照常态化疫情防控工作要求，认真落实企业内部疫情防控措施。定时对厂区内公共场所和人员密集场所进行消毒防疫；加强门禁管理，对进厂人员进行体温检测，对出入车辆及门禁周边进行消毒防疫，做好人员、车辆出入信息登记。对职工用餐，实施分批、分餐制度；通勤班车采取隔座乘车、错峰接送等方式，并做好防疫消毒通风，降低疫情传播风险；设立隔离观察区域，员工出现可疑症状时应当及时隔离并安排就医；畅通报告渠道，发现异常情况，第一时间报告园区管委会、疫防办，并配合做好相关调查、区域封闭、消毒等工作。

五、及时开展爱卫运动。各企业要结合全国文明城市创建、全域全城无垃圾创建等要求，积极组织开展爱国卫生运动，倡导文明健康、绿色环保的生活方式，落实卫生清洁和消毒通风措施，引导职工注重个人健康防护，注重食品安全，随身携带口罩，科学规范佩戴口罩，做到勤洗手、常通风，不扎堆、不聚集，保持安全社交距离，进一步筑牢群防群控的稳固防线。

甘肃嘉峪关工业园区管委会

2020 年 6 月 18 日

### 5. 周知性通知

周知性通知的正文通常由缘由、事项和结尾三部分组成。

（1）缘由：这是制发通知的根据和目的。缘由之后，多用过渡语"特此通知如下""现将有关事项通知如下"等。

（2）事项：这是通知的主体部分。内容较多的，要分条列项来写。内容的表述要具体、周密，语言要清楚、简练。

（3）结尾：通知的结尾常用"特此通知"等惯用语结束，也有的再次明确主题或提出要求和希望等。

**××省教育厅办公室关于召开全省教育外事工作会议的通知**

×教办外函〔2020〕18 号

各设区市教育局、各高校：

经研究，定于 2020 年 10 月 26—27 日在南京召开全省教育外事工作会议。现将有关事项通知如下：

一、会议内容

贯彻落实《教育部等八部门关于加快和扩大新时代教育对外开放的意见》精神，落实省委、省政府关于教育工作的决策，研究分析当前教育外事工作面临的新形势、新问题，部署今后一个时期全省教育外事工作重点任务。

二、出席对象

各设区市教育局分管国际交流工作副局长、国际交流处处长；各高校分管国际交流工作副校长、国际处（港澳台办）处长以及国际教育学院（海外教育学院）院长。

三、时间和地点

时间：10 月 26—27 日，会期一天半。

地点：××省会议中心（地址：××市中山东路 307 号）。

与会代表请于 10 月 26 日上午 12 点前至××省会议中心主楼一楼大厅报到。

四、其他事项

1. 为加强教育外事工作相关单位的联系交流，本次会上将重新编印全省教育外事工作通讯录。请各设区市教育、各高校按照附件 2 填报通讯录信息表，并于 10 月 12 日前将信息表以电子表格形式反馈至省教育厅，联系人：×××，电话：×××-×××××，电邮：caoxue×××@jesie.org。

2. 根据疫情防控工作需要，报到时与会代表需出示健康码，验证 14 天出行轨迹。会议期间，与会代表原则上不得外出。

3. 请各单位将参会人员回执（附件 1）于 10 月 16 日（星期六）下午 6：00 前报省教育厅对外合作与交流处，联系人：××，电话：×××-12345678，×××-12345678，传真：×××-121345678，电邮：12345678@qq.com。

附件：
　　1. 全省教育外事工作会议参会回执
　　2. 全省教育外事工作通讯录信息表

省教育厅办公室
2020 年 9 月 24 日

## 关于 ××× 等同志职务任免的通知

公司所属各部门：

因公司经营发展需要，经酒店研究决定：

聘任张 ×× 同志为 ×× 市 ×× 管理有限公司餐饮部经理，全面负责部门日常管理工作，试用期一个月。

免去何 ×× 同志 ×× 市 ×× 管理有限公司餐饮部经理职务。

特此通知！

×× 管理有限公司
×××× 年 ×× 月 ×× 日

### （四）落款

落款要注明发文机关和成文日期，加盖公章，这是公文生效的标志。如果使用三项式标题，则可以省略发文机关，只写发文日期。按照《党政机关公文格式国家标准》要求，发文日期用阿拉伯数字将年、月、日标全，年份应标全称，月、日不编虚位（即 1 不编为 01 ）。

## 二、通知的写作要求

通知的使用范围广泛，种类较多，功能不同，表面看似文字简单，但写作时若稍不注意，就容易出错。因此，撰写通知应掌握一些基本的要求和技巧。

### （一）主题要集中，一文一事

一份通知一般要求说明一件事、布置一项工作，不能表述多项事情，达到多种目的。

### （二）重点突出，措施具体

通知的事项应重点突出，要求和措施要明确具体、切实可行，以便受文单位正确理解并准确执行。

### （三）讲求实效，快捷及时

通知的撰写、传递要及时、快捷，不可贻误时机，影响公务的执行和办理。

### （四）结构合理，详略得当

内容简单的通知，可采用短文式，写一段或几段不等；内容繁多的通知，可采用分条列项的条文式结构，并在条目前标上序号。

### （五）用语得体

通知的语气必须庄重、恳切，既要体现出发文机关的权威性和严肃性，又要突出发文机关的协调性与尊重性。如果乱打官腔，就会造成政令不当，有妨工作大局。

## 任务实施

### 一、写作题

陈晨是某大学的学生会主席，头脑灵活又踏实认真的他组织了不少有意义的活动。为落实校团委"暖心之旅"的相关工作，鼓励大学生用实际行动参与社会公益事业，校学生会打算组织一次"孤儿院送温暖"爱心活动。陈晨从校团委领取了500件已经整理消毒过的羽绒服和500双棉手套，存放在学生会办公室。校学生会需要在11月25日将羽绒服和手套发放到36名志愿者手中，志愿者要在当月30日将物品送到孤儿院的孩子手中。陈晨接下来需要给各系学生会发一则通知，要求各系把以上事情落实到位。

（1）分小组讨论：陈晨应该拟写哪种类型的通知？此次献爱心活动的目的和意义是什么？

（2）注意记录讨论结果，并进行分析、归纳和总结。

（3）根据班级讨论和交流的整理记录，结合本任务所学知识，拟写一则通知。

**参考答案：**

（1）陈晨应该拟写指示性通知。意义：①传递爱心，传播文明，参加者在把关怀带给社会的同时，也传递了爱心，传播了文明。②有助于建设和谐社会，③对个人而言，可以奉献社会，丰富生活体验，提供学习机会。④体现当代大学生关爱儿童、关注弱势群体、奉献社会的高尚品德，同时也能温暖孩子们的心，使他们感受到温暖。⑤通过此次活动能号召更多的同学及社会人士关注社会上的弱势群体，奉献自己的一点点爱心，温暖整个社会。

（2）略。

（3）参考例文：

#### 关于开展"孤儿院送温暖"爱心活动的通知

各系学生会：

为落实校团委"暖心之旅"相关工作，鼓励大学生用实际行动参与社会公益事业，校学生会打算组织一次"孤儿院送温暖"爱心活动。现将此次活动的相关事项通知如下：

一、捐赠对象

孤儿院的学生。

二、活动方式

以志愿服务的形式利用课余时间把羽绒服和手套转赠给孤儿院孩子。

三、工作流程

1. 志愿者招募

志愿者招募名额为36名，其中：经济管理系10名、机电工程系10名、环境保护与建筑工程系8名、计算机系8名，请各系学生会于11月20日前将志愿者名单（见附件）报至校学生会。

2. 领取衣物

校团委已将统一募集到的500件羽绒服和500双棉手套消毒，存放于校学生会办公室。各系学生会需在11月25日安排志愿者前来领取，志愿者需认真填写志愿者冬衣领取签字单，发放完毕后及时把志愿者冬衣领取签字单反馈至校学生会。

3. 捐赠衣物

志愿者11月30日前往孤儿院，为孩子们送温暖。

四、联系人员

×××，电话：××××××

附件：志愿者名单

校学生会

2020 年 11 月 8 日

## 二、改错题

1.请指出下面这则通知的错误并改正。（有多处错误，能指出 5 处即可）

**梁溪县卫生局《会议通知》**

全县各食品加工行业：

根据上级关于对食品加工行业的卫生状况进行一次全面大检查的通知精神，决定召开我县食品加工卫生工作会议，部署卫生检查工作，现将有关事项通知如下：

一、会议时间：2020 年 10 月 25 日至 26 日。10 月 24 日下午两时至五时报到。

二、参加会议人员：全县各食品加工单位来一名负责人，各乡、镇及县工商联请派出一名代表列席会议。

三、住宿费回单位报销，伙食费个人自理，按有关财政规定给予补助。

梁溪县卫生局（公章）

2020 年 9 月 28 日

**参考答案：**

（1）标题：只用"会议通知"就好，去掉"梁溪县卫生局"和书名号。

（2）正文第一行开头应该空两格。

（3）"关于对食品加工行业的卫生状况进行一次全面大检查的通知"是一个文件的名称，应加上书名号，变成《关于对食品加工行业的卫生状况进行一次全面大检查的通知》。

（4）"现将有关事项通知如下"单独列一行。

（5）报到日期应该单独拿出来列一项："报到日期：10 月 24 日 14：00—17：00"

（6）"参加会议人员"这一条写得太过口语化，公文要严谨，可改成："二、与会人员：全县各食品加工单位负责人 1 名，各乡、镇及县工商联代表 1 名。"

（7）"三、住宿费回单位报销，伙食费个人自理，按有关财政规定给予补助。"太口语化，可改为："三、费用报销：伙食费个人自理，住宿费各相关单位按有关财政规定补助。"

（8）落款和时间格式不对，应该靠右。

2.请指出下面这则通知的错误并改正。（有多处错误，能指出 3 处即可）

**通知**

各团支部书记：

兹定于明日下午开会，讨论发展新团员问题，请准备好材料，准时出席。

此致

敬礼！

校团委

2006.5.1（章）

**参考答案：**

（1）"明日下午"时间交代不够具体。

（2）缺少地点交代。

（3）材料的具体内容未交代。

（4）"此致""敬礼"格式不对。

# 任务二　通报

## 情境导入

×××职工在公司组织盘点工作中，连续三次库存准确率100%。公司领导为表彰其工作认真、表现突出，特给予200元的奖金以资鼓励，同时也希望其他仓管人员以此为榜样，保证库存准确率，这时就需要写一份表彰的通报，那么，这份通报应如何撰写呢？（注意：通报不只是针对被批评的人员，对于优秀的人员，在表彰时同样需要发出通报，号召大家向他们学习。）

## 典型案例

# ×××有限公司文件

×字〔20××〕18号

---

对×××个人的通报表扬

20××年，是全面贯彻落实党的十八届三中、四中全会精神的开局之年，也是集团公司"十二五"战略规划奋力实现的冲刺之年。过去这一年，公司不断加大人才队伍培养，加强企业内部管理，深入外地市场拓展，较好地完成了年度生产经营目标。同时涌现出了一批成绩突出、优秀的先进个人。

为了表彰先进，充分发挥模范带头作用，激发广大职工"创先争优"的积极性，经过各部门考核，公司研究决定：授予××同志等4人"先进职工"光荣称号；授予××同志等3人"优秀职工"光荣称号。

希望受到表彰的同志再接再厉，同时也号召全体职工向受到表彰的这几位同事学习，以他们为榜样，踏实工作、奋勇争先，为企业发展作出更大的贡献。

表彰名单：

先进职工：××　×××　×××　　×××

优秀职工：××　×××　×××

×××有限公司

20××年9月28日

## 知识点拨

### 一、通报的概念和性质

#### （一）通报的概念

通报是表彰先进、批评错误、传达重要精神或者情况的公文。它是有较强教育作用和指导作用的周知性下行文。通报的事例应该典型，其用途主要为表彰、批评、传达。

#### （二）通报的性质

##### 1.通报属于奖励与告诫性公文

通报承担着"表彰先进、批评错误"的任务，因而具有奖励与告诫性质。

**2.通报属于传达和告晓性公文**

它有传达重要精神和情况的作用。

**3.通报的发布范围**

通报的发布范围往往是在一个机关和系统内部。

## 二、通报的类型

### （一）表彰通报

表彰通报是用以表彰先进集体和个人事迹的通报。主要内容是：表彰先进集体和个人、评价典型事迹、宣传先进思想、树立学习榜样、号召人们学习等。

### （二）批评通报

批评通报是用以批评错误，以示警诫的通报。主要内容是：批评严重违法违纪现象，揭露问题，处分错误，总结事故教训，要求人们吸取经验等。批评通报对下级机关的指导作用重于指挥作用，它不靠强制性措施制约人们，而是在知照错误案例后，指导人们抛弃错误，警戒犯罪，如图2-2-1所示。

## 深圳职业技术学院文件

××〔2003〕15号

**深圳职业技术学院关于×××同学考试作弊的批评通报**

学院广大师生：

我院××系××专业×班×××同学在2002—2003学年第一学期期末英语考试中，私自夹带与考试有关的资料进入考场，并进行抄袭。经监考老师劝说后，该同学仍拒不改正，一犯再犯。后被监考老师取消考试资格。

×××同学无视学院的考试纪律，严重破坏了正常的考试秩序，在同学中造成了极为恶劣的影响。为进一步端正考风，经学院研究决定，给×××同学以留校察看一年的处分。

广大同学要以×××同学的作弊为戒，努力学习，采取对学院、对家长、对自己负责的态度，以真实、优异的成绩向学院汇报。

二〇〇三年一月十五日

| 主题词：×× | ×× | ×× |
| --- | --- | --- |
| 抄送：×××、××××、××××、×××× |
| ××××××办公厅 | 200×年×月×日印发 |

图2-2-1　批评通报

### （三）传达通报

传达通报是用以传达重要精神或者情况的通报。主要内容是：在一定范围内传达上级机关的重要指示精神、重要会议精神、指出工作重点或者具有倾向性的问题、情况和动向，以指导工作。

**知识角**

## 奖惩性决定与表彰批评性通报的区别

决定是适用于对重要事项或者重大行动作出安排，奖惩有关单位及人员，变更或者撤销下级机关不适当的决定事项的公文。决定根据其适用范围，可分为法规性决定、指挥性决定、知照性决定、奖惩性决定、变更性决定五类。通报是适用于表彰先进，批评错误，传达重要精神或者情况的公文。

通报根据其适用范围，可分为表彰通报（即表扬通报）、批评通报、传达通报三类。其中奖惩性决定与表彰批评性通报因内容材料相似或相同而容易混淆，二者的区分是行政公文写作中的难点。

先看一段练习材料：

××××年2月15日夜，天降大雪，省农资公司××仓库保管员张××，在值夜班时违反工作制度，酒后吸烟，熟睡后酿成火灾。报警灭火后，清点库存，损失货物价值达1万余元。张××玩忽职守，使国家财产遭受了重大损失，现决定给予张××开除公职的处分，并罚款700元。要求据此写一份通报。

再看一则例文：

### ××化工厂关于给予×××行政开除处分的决定
厂字〔2016〕×号

杨××，男，28岁，群众，1984年参加工作，现为厂配料车间工人。

2016年4月16日1时至4时，杨××在值夜班时违反工作纪律，因睡觉失察而造成K502大型搅拌机的损坏，直接造成经济损失5万元，因停产造成间接经济损失20万元。

根据《企业职工奖惩条例》及我厂的有关规定，厂务会研究决定：给予杨××开除厂籍处分。

根据《中华人民共和国劳动法》的有关规定，给国家集体财产造成重大经济损失，应负法律责任，故将杨××一案移交司法部门依法处理。

显然，上述两则材料的性质是相同的，可为什么一份材料写成了通报，另一份材料却写成了决定，它们之间到底有何区别？

上述情形的存在说明奖惩性决定与表彰批评性通报关系密切，但二者的差别却并未引起人们重视。下面从三个方面来谈二者的不同：

#### 1. 出发点与侧重点不同

奖惩性决定重在处置，它的着眼点在于奖惩有关单位或个人，它代表了领导层的权威意志。奖功罚过是其首要目的，教育或警示他人是其次要目的。通报的目的则是使受文单位了解某一重要情况或典型事件，从而受到教育或警示。表彰性通报对被表彰的单位主要是理解上级的精神，更上一层楼；而对后进单位主要是学习受表彰单位的经验，起步前进；对一般单位主要是学先进、找差距、定措施。

批评性通报，对一般单位主要是对照自己，防患于未然；对有类似问题或尚有隐患存在的单位则鸣钟警戒，以根除侥幸心理。总而言之，奖惩性决定重在处置，奖功罚过；表彰批评性通报重在教育比照，或先进示范，或以儆效尤。

### 2. 标题写法不同

表彰性决定的标题格式通常如下："关于授予×××称号的决定"或"关于给予×××表彰的决定"，如《国务院关于授予赵春娥、罗健夫、蒋筑英全国劳动模范称号的决定》。处分性决定的标题格式通常如下："关于对××的处理决定"，如《关于对"六·二八"重大责任者××的处理决定》。决定的标题中常常含有处置性动词，诸如"授予""处理""给予"等动词。

再来看看表彰批评性通报标题的实例，如《××××自治区人民政府关于柳州市壶东大桥特大交通事故的通报》《××市卫生局关于医生汪××滥用麻醉品造成医疗事故的通报》。从中可以看出，表扬批评性通报的标题中一般不使用处置性动词。

### 3. 正文的组成不同

奖惩性决定一般先简要叙述先进事迹或错误事实，然后写明组织的处理决定；表彰性通报与批评性通报的写法略有不同。

奖惩性决定的正文部分一般包括以下内容：

（1）概述先进事迹，表明通报发出单位对通报事项的态度。

（2）指出先进单位或个人的主要做法经验，或叙述事情发生的经过并分析事件的意义。

（3）提出要求和希望，号召大家学习。

表彰性通报与批评性通报的正文部分一般包括以下内容：

（1）叙述错误事实经过。

（2）表明通报发出单位对事件的态度及处理意见。

（3）分析错误或事故产生的原因与危害性。

（4）提出要求，警示其他单位或个人。

奖惩性决定重在处置，表彰批评性通报重在宣传与教育，正文的构成自然不同。

从以上分析可以发现：奖惩性决定与表彰批评性通报的根本区别在于阐述问题的角度、侧重点不同。明白了这一点，就不会混用两类文种了。

## 写作指导

## 一、通报的结构

### （一）标题

和其他文种一样，通报的标题也可以采用完整"三要素"的拟写格式，如《国务院办公厅关于全国互联网政务服务平台检查情况的通报》；也可以采用部分"三要素"的拟写格式，如《2018年第一季度全国政府网站抽查情况通报》《关于河南省几个单位擅自在瑞士发行债券问题的通报》。

### （二）主送机关

通报中主送机关的拟写可以分为两种情况：第一种是内容有所专指的时候，要写明主送机关；第二种是普发性的通报，一般可以不写主送机关，而把主送机关在正文中说明即可。

### （三）正文

表彰性通报和批评性通报一般可以写明以下几部分：

（1）介绍事迹；

（2）分析评价；

（3）表彰、奖励决定或者批评、处分结果；

（4）提出希望要求。

情况通报一般也可以围绕四个部分写：情况介绍、事情进展分析、阐明意义和提出要求。需要注意的是，情况通报一般不需涉及表彰或者批评，应主要集中在分析问题方面。

**（四）签署**

以机关领导人名义发文时，由领导人在公文落款处签写姓名或者加盖签名章。

**（五）成文日期**

成文日期即发文机关负责人签发的日期。

 **典型案例**

### 京城公司关于表彰××××年度业绩突出部门的通报

各分公司、中心、部：

××××年是进入新世纪、实施"×××"计划的起始之年。我公司各部门深入学习贯彻党的××大及××届五中、六中全会精神，团结奋斗，争创一流，顺利实现了"×××"计划的良好开局，为公司的进一步发展奠定了基础。为总结工作经验，表彰先进，加强自身建设，公司决定评选××××年度政绩突出部门。根据《实施工作目标督察考核暂行办法》，经检查考核和认真评选，培训中心、企划部、销售部、第四分公司被评为××××年度业绩突出部门。经公司董事办公会议决定，对上述4个部门予以通报表彰，并分别奖励3万元。

××××年是我公司发展史上具有重大意义的一年，各部门要与时俱进，扎实工作，以优异成绩完成××××年的工作计划。

附件：

1.培训中心先进事迹

2.企划部先进事迹

3.销售部先进事迹

4.第四分公司先进事迹

京城公司

××××年××月××日

**点评：** 这是表彰性通报，表彰的是部门。本通报按先写愿景、意义，再写事项、决定，最后写要求的顺序一一写来。需要注意的是，本文未将获奖部门的事迹写入正文中，而是出具附件，以附件形式下发到受文部门，这就使文章简洁了不少。这是通报的一种写法。

 **典型案例**

### 国务院办公厅关于南京市有关部门越权
### 审批中韩合资南京锦湖轮胎有限公司项目的通报

各省、自治区、直辖市人民政府，国务院各部委、各直属机构：

最近，国务院有关部门对南京市有关部门越权审批中韩合资南京锦湖轮胎有限公司项目的问题进行了调查。经查实，南京市轮胎厂是国家定点轮胎生产企业，由于亏损严重，资不抵债，又地处市区，污染严重，南京市决定对其进行搬迁改造。为解决搬迁改造资金问题，南京市人民政府和企业多方寻求国外合作伙伴，于1994年9月与韩国锦湖集团达成协议，合资成立南京锦湖轮胎有限公司，建设年产 300 万套子午线轮胎项目，总投资 11 917.7 万美元。南京市有关部门违反基本建设程序有关规定，从 1994 年 9 月至 1995 年 10 月，以增资扩股形式，化整为零，分四次批复了该项目。由于该项目未按国家有关规定审批，有关进口设备不能享受合资企业免征关税政策，需补征税款约 5 000 万元，主要生产原料天然橡胶进口配额也无法解决，每年增加生产成本约 3 000 万元。

根据《国务院关于加强外资企业重大项目审批工作的通知》（国发〔1991〕14 号）的精神，凡投资总额在国务院授权省、自治区、直辖市和计划单列市、经济特区人民政府审批权限以上的外资企业项目，由国家纪委会同国务院有关主管部门进行综合平衡审批。投资总额超过 1 亿美元的重大项目，由国家纪委提出审查意见，报国务院审批。南京市有关部门无视国家规定，越权审批利用外资重大项目，这一做法是极其错误的，给合资企业的生产造成了许多困难，并对外造成不良影响。为严肃纪律，国务院决定，给予南京市人民政府通报批评。

各地区、各部门要从这件事中吸取教训，认真贯彻执行党中央、国务院的各项决定和政策，严格按照国家基本建设程序办理项目审批手续，坚决杜绝此类事件再次发生。

国务院办公厅

二〇〇一年四月十八日

**点评：** 这是批评通报。发文机关国务院办公厅就南京市有关部门越权审批的行为，向省、市政府与国务院部委系统发布批评通报。本例文有发文缘由（背景）、通报事项、分析，也有决定与要求，文章分析中肯，要求明确。

## 二、通报的正文

### （一）通报正文的构成

通报正文由发文缘由＋通报事项＋分析＋（决定）＋号召要求构成。

#### 1. 发文缘由

发文缘由一般要求写出通报的背景、意义或根据、事项提要，以及对此事的态度。这一部分是正文的"帽子"。注意：在缘由部分中，只能高度概括事项提要，不可展开书写，否则会与下文"通报事项"重复。

#### 2. 通报事项

通报事项或写表彰事迹，或写错误事实与事故经过，或写重要情况，这是正文的主题。通报的目的是报告实事，以使人们知道怎样去做，因而这一部分要详写。

#### 3. 分析

分析不在长短，而在于自然中肯、简洁鲜明，具有说服力，写分析时，切忌脱离通报事项本身借题发挥。

#### 4. 决定

决定是对表彰或批评的典型作出嘉奖或惩处的决定措施。表彰通报与批评通报均必须运用决定形式表达上级机关意见，而传达通报也必须运用决定形式表达上级机关意见，但传达通报一般无决定内容，所以不需设置决定部分。

#### 5. 号召要求

号召要求对表彰通报来说，是激励人们学习先进典型；对批评通报来说，是重申某一方面的精神或纪律，要求人们引以为戒；对传达通报来说，是提出指导性意见，以指导全局工作，这一部分应根据不同的通报内容，向不同的对象提出号召要求。

通报事项一般有两种写法：一种是直述式；另一种是转述式。直述式是将通报事项直接写入正文的方式。转述式则是以某种文件或材料为基础进行叙述的方式，其通报的事项不在正文里，而在附件中。

### （二）通报正文的写作思路

（1）表彰通报：事例 → 分析、评议 → 决定 →希望号召。

（2）批评通报：事故 → 处分决定 → 教训 →希望、要求。

（3）传达通报（情况通报）：概括 → 分析 → 希望、要求。

表彰通报与批评通报都要求写明事情发生的时间、地点、当事人或单位，事故经过、结果。表彰通报要抓住主要的先进事迹，批评通报要抓住主要的错误事实或事故过程，传达通报要抓住主要的情况或事实，以便人们了解事实本身。

这里重点把握表彰通报，它的正文分为四个部分：

①介绍先进事迹。

这一部分用来介绍先进人物或集体的行动及其效果，要写清时间、地点、人物、基本事件、过程。表达时使用概括叙述的方式，如需要，可以使用描写的手法，但只要将事实讲清楚即可，篇幅不可过长。

②先进事迹的性质和意义。

这部分主要采用议论的写法，但并不要求有严谨的推理，而是在概念清晰的前提下，以判断为主，也要注意文字的精练。

③表彰决定。

这部分写什么会议或什么机构决定，给予表彰对象以什么项目的表彰和奖励，要以精神奖励为主，物质奖励为辅。

如果表彰的是若干个人，或者有具体的奖励项目，可分别列出。

例如"经研究决定，授予李继红同学'模范团员'荣誉称号，并奖励人民币200元。"

④提出希望与要求。

这是表彰通报的结尾部分，希望被表彰者再接再厉，号召其他人要学习先进，做好工作。

希望号召部分表述的是发文的目的，也是全文的思想落脚点，要写得完整、得体，富有逻辑性。

### （三）写作通报正文的注意事项

#### 1. 事实清楚

六要素：什么人或哪些人、什么时间、什么地方、做了什么事、为什么做、做了以后又产生什么后果。

#### 2. 分析入理

通报注重教育性，要求有一定的议论；另外对表扬或批评的人和事，要有定性的结论。

#### 3. 措施得当

表彰通报要注意精神奖励和物质奖励相结合，要注重精神文明建设。批评通报的措施要宽严适中，要有规章制度作为依据。

## 三、通报与通知的区别

### （一）内容作用不同

通报事项所涉及的人和事多在下级，情况也多来自下级机关，上级机关了解以后认为其有普遍意义，便整理成通报发往所属的各机关。

通知事项则是上级机关根据需要确定的。

### （二）目的特点不同

通报重点在于"报"，多用于报道和传播信息。

通知重点在于"知"，而且要知之而后行，要求贯彻执行。

### （三）制发时间不同

通报的制发时间在事情发生之后。

通知的制发时间在事情发生之前。

### （四）受文机关不同

通知的受文机关是特定的，只发给与本通知有关的机关单位。

通报的受文机关不是特定的，一般是下属单位，要求"全体周知"。

## 任务实施

### 一、写作题

以下是××供电公司宣传干事撰写的一篇新闻稿件，稿件尽管没有刊登，却引起××市人民政府的重视，并于2010年1月8日在全市范围内，对××供电公司进行表彰通报。现请你根据稿件提供的内容，拟写这份表彰通报的主体部分，不需写眉首与版记，但需合理拟写发文字号，合理拟写主送机关名称，结构上可适当做些调整。

#### ××供电公司取得迎峰度夏和抗雪保电的全面胜利

2009年，××供电公司广大干部职工坚韧不拔、顽强拼搏、团结协作、无私奉献，取得迎峰度夏和抗雪保电的全面胜利，充分展示了电力企业勇担社会责任的良好形象。

大家不会忘记，11月15日开始的一场严重冰雪灾害，使全市电网遭受了历史上最为严重的灾害。面对严峻的灾情，市电力系统广大干部职工紧密团结，不惧低温严寒，不畏环境艰难，顽强拼搏，日夜奋战在抗灾抢险第一线，全力抢修毁损电网设施，充分发扬了电力职工特别能吃苦、特别能战斗、特别能奉献的精神，快速恢复供电，为维护全市经济社会稳定作出了突出贡献。广大干部职工坚决贯彻市委、市政府关于全力做好电力抗灾抢险工作的重要指示，按照市委、市政府的统一部署，第一时间响应，迅速启动应急预案，组织一切力量，采取有力措施。

时间追溯到2009年夏季，××供电公司在迎峰度夏工作中，超前谋划、认真组织、科学安排、合理调度，克服各种不利因素，有力保障了全市城乡居民生活、企业生产经营和重要单位的用电需要，促进了地方经济社会的持续、快速、和谐发展。

公司领导表示，广大干部职工一定会再接再厉，乘势而上，为推进全市经济社会又好又快发展作出新的更大的贡献。

2010年1月8日

**参考答案：**

#### ××市人民政府关于对××供电公司予以表彰的通报
×政发〔2010〕4号

各县区人民政府，市政府有关部门、有关直属机构：

2009年，××供电公司在迎峰度夏工作中，超前谋划、认真组织、科学安排、合理调度，克服各种不利因素，有力保障了全市城乡居民生活、企业生产经营和重要单位的用电需要，促进了地方经济社会的持续、快速、和谐发展。

11月15日开始的一场严重冰雪灾害，使全市电网遭受了历史上最为严重的灾害。面对严峻的灾情，市电力系统广大干部职工坚决贯彻市委、市政府关于全力做好电力抗灾抢险工作的重要指示，按照市委、市政府的统一部署，第一时间响应，迅速启动应急预案，组织一切力量，采取有力措施，广大干部职工紧密团结，不惧低温严寒，不畏环境艰难，顽强拼搏，日夜奋战在抗灾抢险第一线，全力抢修毁损电网设施，充分发扬了电力职工特别能吃苦、特别能战斗、特别能奉献的精神，快速恢复供电，为维护全市经济社会稳定作出了突出贡献。为此，市政府决定对××供电公司予以通报表彰。

迎峰度夏和抗雪保电的全面胜利，充分体现了××供电公司广大干部职工"坚韧不拔、顽强拼搏、团结协作、无私奉献"的精神，展示了电力企业勇担社会责任的良好形象。希望××供电公司再接再厉，乘势而上，为推进全市经济社会又好又快发展作出新的更大的贡献。

××市人民政府（印章）

2010年1月8日

## 二、改错题

找出下面通报中的错误并改正。（有多处错误，能找出5处即可）

### ××市人民政府文件

×府发〔2020〕第11号

### 关于表彰市××厂实现"安全生产年"的通报

市属各企业：

为确保企业生产和人民生命财产安全，我市××厂从各方面采取有力措施，花大力气抓各项安全生产制度的贯彻落实，并建立了安全生产各级岗位责任制，2020年实现全年无重大生产和伤亡事故，成为我市标兵企业。为此，市政府决定给予市××厂通报表扬，以资鼓励。

市政府号召全市各企业学习市××厂的先进经验，结合企业实际，建立和健全安全生产岗位责任制，抓好安全生产，争创标兵企业，为把我市安全生产提高到一个新水平而努力。

特此通报

××市政府（印章）

2020年10月

**参考答案：**

1. 发文号应为：×府发〔2020〕11号。
2. 标题中不应出现引号，应去掉。
3. 标题中的"表彰"应与"通报"放在一起，为"关于……的表彰通报"。
4. 通报类属普发性公文，可不写收文机关。
5. 结尾处不用写"特此通报"。
6. 发文机关应写全称"××市人民政府"。
7. 发文时间应规范，并具体到日。

# 项目三  黄钟大吕传乾坤
## ——报告和通告

### 任务一  报告

**情境导入**

赵强任××汽车服务有限公司销售部经理助理期间，曾多次跟随经理走访其他汽车销售店面并与其工作人员交流经验教训、共同学习。年终盘点时，经理得到消息：××别克4S店今年的销售额与去年同期相比增长了20%，而本店销售额却不升反降。为了更好地提高××汽车服务有限公司销售额，经理决定走访该店，日期定于2021年12月29。走访结束后，赵强写了一则报告，将走访过程中的所见、所学进行总结。具体内容如下：

**××汽车服务有限公司**
**销售部关于走访××别克4S店的报告**

新汽售〔2021〕12号

总经理办公室：

为深入了解××别克4S店的营销经验，根据公司要求，我部经理貌明、助理赵强等一行四人于2021年12月29日走访了××别克4S店，与该店店长、销售人员等进行了座谈，并实地观摩了该店的各项工作。经过考察得出，××别克4S店今年的销售额与去年同期相比之所以能够增长20%，主要是因为其重视内部学习、重视售前和售后服务工作，从而获得了客户的信赖，提高了今年的销售额。现在，我部将有关考察结果汇报如下：

一、通过内部学习交流会，提高员工素养，增强员工凝聚力

每月一次××沙龙活动是××别克4S店（以下简称××）的一大特色。××的近几任店长均有重视内部学习交流的良好传统，将提高员工职业素养作为一项长期任务来抓。该店管理人员认为，应该把本店队伍建设成为一个学习型组织，员工只有通过不断学习才能不断增长专业知识，及时了解最新的行业动态，保持与时俱进的状态。与此同时，通过定期的交流，员工之间能够分享各自的成功经验，探讨不足之处，达到相互学习、共同成长的目的。此外，在学习交流之余，该4S店专门划拨出相应的活动经费，为当月过生日的员工购买蛋糕庆生，体现了该4S店人性化的一面。此举不但使所有员工都愿意积极参加沙龙，还有效增强了员工的凝聚力。

二、积极做好客户资料的整理和研究工作，掌握营销主动权

根据不同情况，××将手上的客户资料分为潜在客户、询价客户和已有客户三类。每一位客户都有自己单独的档案。通过研究这些资料，××摆脱了等待客户上门的被动状况，在营销中掌握了主动权。例如，业务人员根据客户档案资料，研究客户对汽车维修保养及其相关方面的服务需求，找出"下一次"服务的内容，然后提醒相应客户按期保养，或告知本店优惠活

动，或通知他们按时进厂维修、接受免费检测等。

三、售前、售后服务"想客户所想"

面对前来咨询的客户，××的工作人员仪表大方得体、态度主动热情、言行举止文明。更可贵的是，在介绍产品的过程中，该4S店员工并不急于向客户推销别克系列汽车，而是细心专注聆听客户的需求，然后以专业人员的态度、通俗的话语回答客户问题，根据客户的实际情况推荐相应产品，这令客户感到该4S店的确是在为自己考虑，而不是单纯为了销量，无形中提升了客户的好感。在售后服务方面，该4S店大力抓好跟踪服务工作，采取定期询问客户的用车情况、告知相关汽车的操作知识和注意事项等方式，给予客户无微不至的关怀。

综上所述，××别克4S店通过加强学习、妥善利用客户资料、抓好售前和售后工作三种手段提升了客户的满意度，也赢得了市场。该4S店的成功经验对我公司提高销售额、提升品牌影响力，最终留住客户、扩大市场占有率有着重要意义。

销售部（印章）

2021年12月31日

讨论：这是一则什么类型的报告？其结构是否规范？

## 知识点拨

### 一、报告的概念、特点和种类

#### （一）报告的概念

报告适用于向上级机关汇报工作、反映情况，回复上级机关的询问。报告属于上行文，适用于有直接隶属关系的上下级。

#### （二）报告的特点

##### 1. 单向性

报告属于单向行文，目的只是让上级机关及时了解情况，一般不需要受文机关批复和反馈。上级机关对于接收的报告，除根据情况予以批转外，一般都采取阅存的形式予以处理。

##### 2. 陈述性

报告一般是以叙述、说明的表达方式汇报工作、反映情况、答复询问的，无论其所表述的内容还是所使用的语言，都体现出陈述性的特点。

#### （三）报告的种类

报告种类较多，按其用途不同，可分为汇报工作报告、反映情况报告、答复询问报告、提出建议报告和报（递）送报告。

##### 1. 汇报工作报告

汇报工作报告是向上级部门或领导汇报本机关例行工作的报告，主要用于汇报成绩经验、问题教训、方法计划等，如《国家工商行政管理局关于加强工商行政管理工作的报告》。

## 典型案例

### 国家工商行政管理局关于加强工商行政管理工作的报告

工商〔20××〕7号

国务院：

为了更好地贯彻党的十三届五中全会的精神，在治理整顿期间，工商行政管理机关应充分发挥监督管理的职能，强化和完善各项监督管理措施，为深化改革，促进社会主义经济持续、稳定、协调发展创造良好的条件。根据国务院赋予工商行政管理机关的职能，应进一步拓宽监督管理的广度，增加监督管理的深度，强化监督管理的力度，把工商行政管理工作提高到一个新的水平。为此，今年全国工商行政管理局长会议进行了专门研究，对下一步工作提出以下意见：

一、进一步依法加强对生产资料市场的监督管理，不断提高集贸市场的管理水平。（略）

二、加强对国营和集体企业的监督管理，积极支持企业集团的建立和发展。（略）

三、切实加强对个体、私营经济的监督管理，引导它们健康发展。（略）

四、严肃查处制造、经营伪劣商品和刊播虚假广告的行为，切实维护国家和人民群众的利益。（略）

五、强化经济合同管理，维护社会经济秩序，保证国家计划的完成。（略）

六、依法保护注册商标专用权，加强商标领域中的国际合作。（略）

七、加强廉政建设，提高工商行政管理队伍的素质。（略）

以上报告如无不妥，请批转各地区、各部门执行。

国家工商行政管理局（公章）

20××年××月××日

**2. 反映情况报告**

反映情况报告是向上级部门或领导反映本机关、本地区突发情况的报告，主要用于反映本单位、本地区发生的特殊情况、较大事故、突发事件等重要事件，如《××人民政府关于2017年法治政府建设情况的报告》。

## ××市人民政府关于2017年法治政府建设情况的报告

×府〔2018〕×号

××市人民政府：

2017年，××市人民政府和全市各级行政机关全面贯彻党的十九大精神和习近平新时代中国特色社会主义思想，以贯彻落实党中央、国务院《法治政府建设实施纲要（2015—2020年）》（以下简称《纲要》）和《××市法治政府建设2016—2020年规划》（以下简称《规划》）为主线，深入推进依法行政工作，加快完成法治政府建设各项任务，为促进全市经济持续健康发展和社会和谐稳定提供了坚强的法治保障。我市在2016年度全省法治政府建设考评中获得了优秀等次，在13个设区市政府中排名第一。

一、重视统筹协调，深入推进法治政府建设

（一）加强法治政府建设的组织部署。为深入贯彻落实中共中央、国务院《纲要》，推进《规划》的有效实施，年初我市印发《2017年××市法治政府建设工作要点》。（略）

（二）强化法治政府建设的组织保障。为建立健全法治政府责任制体系，我市在全国率先出台《政府主要负责人履行推进法治政府建设第一责任人职责实施意见》，明确各级政府主要负责人推进法治政府建设的"职责清单"。（略）

（三）重视法治政府建设的考核督查。8月份，市建设法治政府工作领导小组办公室印发了《××市2017年度依法行政考核内容及评分标准》，进一步优化法治政府建设考核结构。我市在全省首创法治政府外部评议结构化测评模式，细化电话测评、现场测评、网络测评、问卷调查的考评标准，加强各类服务窗口的办事体验，把网络测评占比提高至50%。（略）

（四）加大法治政府建设宣传培训力度。为着力强化法治政府建设工作的宣传工作，我市出台了《关于进一步加强法治政府建设宣传工作的通知》，全市建立法治政府建设信息网络联络员制度，广泛宣传法治政府建设成效和经验做法。（略）

……

×× 市人民政府

2018 年 2 月 4 日

### 3. 答复询问报告

答复询问报告是在上级有所询问的情况下，被动提交的一种报告，用于答复上级部门或领导发文询问或交代的事项，如《×× 规划建设委员会办公室关于 ×× 县拟建工业开发区的报告》。

### ×× 规划建设委员会办公室
### 关于 ×× 县拟建工业开发区的报告

×× 市人民政府：

根据张 ×× 副市长的批示，我们就 ×× 县人民政府《关于建立工业开发区的请示》（× 政〔××××〕110 号）中的有关问题，曾转市规划局、规划院研究，今年 1 月 13 日在规划办系统联席会议上再次进行了研究，现将我们的意见报告如下：

一、×× 县人民政府提出在现状 ×× 公路以南（即 ×× 县城西南）地区建立工业开发区，与 ×× 县城总体规划没有矛盾，可原则同意。

二、现状 ×× 公路以南至规划 ×× 公路之间可用于工业的用地共 2 平方千米，其中，规划的自来水九厂 ×× 至 ×× 县段管线巡线路以北地区为 1.2 平方千米。（略）

三、由于现状 ×× 公路和规划 ×× 公路之间地区是自来水八厂的水源补给区，因此，在选择工业项目时，必须注意保护环境。（略）

特此报告。

附件：×× 县工业区规划图

×× 规划建设委员会办公室（印）

×××× 年 4 月 10 日

### 4. 提出建议报告

提出建议报告是下级机关向上级机关汇报或提出工作建议、措施的报告。

### 5. 报（递）送报告

报（递）送报告是向上级报送文件、物件时使用的报告，正文通常非常简略，只需写明"现将 ××× 报上，请查收"即可。真正有意义的内容都在所报送的文件里。

### ×× 交通学院
### 关于报送 2022 年学院工作计划的报告

×× 省教育厅：

现报上（×× 交通学院 2022 年学院工作计划）一份，请审阅。

附件：×× 交通学院 2022 年学院工作计划

×× 交通学院（章）

2022 年 ×× 月 ×× 日

## 二、报告的结构

报告由标题、主送机关、正文、落款四部分构成，如表2-3-1所示。

表2-3-1 报告的结构

| 结构 | | 说明 |
| --- | --- | --- |
| 标题 | | 发文机关＋事由＋文种 |
| 主送机关 | | 上级机关或部门名称 |
| 正文 | 导语 | 介绍报告的写作目的、依据或原因，概述工作或事件的总体情况 |
| | 主体 | 汇报工作内容，或反映情况，或答复询问 |
| | 结尾 | 使用惯用语结束，或自然收尾 |
| 落款 | | 发文单位部门名称<br>××××年××月××日 |

### （一）标题

标题的结构形式可以分为以下三种：

（1）发文机关＋事由＋文种，如《××县卫生局关于2021年度依法行政工作总结与2022年工作思路的报告》。

（2）事由＋文种，如《关于依法清收拖欠银行利息的报告》。

（3）直接以文种名称"报告"为标题。

### （二）主送机关

报告的主送机关具有单一性，一般为发文机关的直属上级机关（或上级业务指导机关）。受双重领导的机关向上级呈递报告，应根据报告内容的实际需要写明主送机关和抄送机关。某些特殊的情况，报告可多头主送，让有关方面尽快了解情况。需要注意的是，报告不得越级行文，不得抄送下级机关。除特殊情况外，不得送发领导者个人。

### （三）正文

报告正文由导语、主体和结尾三部分构成。

#### 1. 导语

导语通常需要写明报告的写作目的、依据或原因，概述工作或事件的总体情况，接着可用"现将有关事项报告如下"类似句子过渡到下一段。

#### 2. 主体

不同类型的报告的主体部分应采取不同的写法。

汇报工作报告的主体部分要分别阐述工作成绩、经验教训和问题等。工作成绩部分应写出工作性质、措施方法和成果，经验教训部分则要对所取得的成果进行分析和总结，问题部分要指出工作中存在的缺陷和不足。

反映情况报告的主体部分需要将发生的灾害、事故、案情，以及召开的重要会议等各种特殊情况的原委（背景）、经过、结果和建议表述清楚。

答复询问报告的主体部分要针对上级部门或领导的询问进行回答，问什么答什么，以示负责，避免借题发挥。

#### 3. 结尾

结尾可以使用"专此报告""特此报告"等惯用语结束，也可以采用简要概括全文、再次点明意义等方式自然收束全文。

**（四）落款**

落款应注明发文单位部门名称以及成文日期，最后加盖发文单位公章或由部门领导签字。成文日期用阿拉伯数字将年、月、日标全，年份应标全称，月日不编虚位（即 1 不编为 01）。

**知识角**

**报告与请示的区别**

**1. 性质不同**

报告是陈述性公文，它反映情况、汇报工作，向上级机关提出意见或建议，不要求批复；请示是请求性公文，是为解决具体问题而请求上级指示、审核批准的公文，上级必须批复或回答。

**2. 时限不同**

报告可以在事前、事中、事后行文；请示必须在事前行文，得到上级批示后才能付诸实施，不能"先斩后奏"。

**3. 容量不同**

报告可汇报工作、提出意见或建议，涉及内容较为广泛，可以一事一文，也可一文数事；请示可以陈述情况，但所陈述的情况是作为请示事项的依据而存在的，请示要求一文一事。

## 写作指导

### 报告的写作要求

**1. 不可夹带请示**

报告属于陈述性公文，不要求上级回复，上级机关不负答复职责。因此，不得夹带任何请示事项和意见。

**2. 实事求是**

工作报告有反映实际情况的作用，因此它所反映的问题、汇报的情况必须实事求是。特别是在统计数据时要十分精确，不能存在虚假浮夸的成分，切忌言过其实。

**3. 行文严谨**

报告应采用说明和记叙的表述方式，不可过度铺陈和描绘。同时，要求行文有条理，结构严谨。

**4. 报告要及时**

向上级机关报告工作、汇报情况、答复询问、提出工作建议，一定要及时，否则，事过境迁，既没有报告的意义，也会给工作造成损失。

## 任务实施

### 一、改错题

请找出下面报告中的错误并改正。（有多处错误，能找出 5 处即可）

**××厂干部商调报告**

〔2022年〕调字第5号

××局人事科负责同志：

　　我厂工程师庞××同志，男，现年30岁，1990年毕业于华南理工大学，为我厂车间主任和技术骨干。该同志工作一贯认真负责，积极肯干，具有较高的专业技术水平和丰富的实际操作经验。现因家庭困难，且每天上下班需要2个小时等车，因此，拟调往你所工作，以照顾家庭。

××厂（印章）

厂长：×××（私印）

2022年9月

**参考答案：**

（1）标题文题错误，不是报告，而应是函。
（2）发文号应为调字〔2022〕5号。
（3）收文应为单位，而非个人。
（4）函中不应为"你所"，应为"贵所"，表谦称。
（5）缺少结束语，应为"请函复""致礼"。
（6）落款不能用个人的名义。
（7）发文时间应写全：2022年9月21日。

## 二、写作题

　　针对2020年9月20日××市××区龙东社区舞王俱乐部特大火灾的一篇文章，要求考生写一篇××市人民政府提交给××省人民政府的汇报。

**关于2020年××舞王俱乐部9·20火灾事故的报告**

××省人民政府：

　　2020年9月20日，我市××区舞王俱乐部发生特大火灾事故。按照省委和省政府的要求，现针对发生9·20特大火灾事故，向省政府作该事故的工作通报。

　　一、火灾发生经过及原因

　　2020年9月20日9时4分，位于我市××区××社区的舞王俱乐部发生火灾事故，截至9月22日12时，事故造成43人死亡、59人住院治疗、6人留院察看。经公安消防部门勘查分析，事故的直接原因为该俱乐部演职人员使用自制礼花弹手枪发射礼花弹，引燃天花板的聚氨酯泡沫所致。

　　二、善后处理经过

　　事故发生以后，按照省委、省政府的要求，××市政府立刻着手开展善后处理工作。

　　（一）立即组织××市各大医院抢救伤员，争分夺秒，尽最大努力挽回生命，减少伤亡。

　　（二）要求××区政府成立善后处理小组和工作组，24小时进行赔付工作。

　　（三）稳定遇难家属的情绪，对遇难家属进行精神安抚，对于病人家属提出的其他要求，承诺一定全力支持。

三、沉痛教训

（一）这次事故说明，全市各级领导、各有关部门在贯彻安全第一、预防为主的方针中，还存在一定的差距，在实际工作中未把预防放在第一位，在切实消除各种事故隐患，扎扎实实做好各项基础工作中还存在薄弱环节。

（二）这次事故说明，政府安全监督部门督促企业整改事故隐患不力。近几年来尽管政府有关部门开展安全大检查及各项专项治理的活动一直未间断，也对检查中发现的事故隐患发出了整改指令书。但是，××市政府负有不可推卸的责任。

（三）这次事故说明，全市性的安全教育不够。近年来，尽管政府有关部门每年都开展安全生产周、119消防宣传日等各种安全宣传活动，但从这次发生的特大火灾事故来看，都存在消防安全意识差、缺乏安全基本常识、不正确使用安全设施设备、逃生和自救能力差等问题。政府有关部门还需进一步加强对市民的安全教育，提高全民安全防范意识。

特此报告。

××市人民政府

2020年××月××日

# 任务二　通告

## 情境导入

最近学院的校园管理出现了一些问题：一些小商小贩进入校区内随处摆卖东西，影响校园环境卫生；在教学区内，小轿车、摩托车等机动车辆不按指定位置停放，随意鸣响喇叭，扰乱学校正常教学秩序；一些收购废旧物品的外来人员在校区内畅通无阻，影响校园安全；在学生宿舍区内，有些学生晚上不按规定关灯休息，大声喧哗吵闹，有些学生晚归超时，为逃避管理，翻越围墙返回宿舍……学院为了加强对校园的管理，作为学院后勤处的一名工作人员，你需要针对这些问题，发布加强校园管理的各项规定。那么你应该如何行文呢？运用什么应用文体才合适呢？

## 典型案例

### 中华人民共和国公安部通告

为确保国际民航班机的运输安全，决定从2014年11月1日起，在中华人民共和国境内各民用机场，对乘坐国际班机中的中、外籍旅客及其携带的行车物品，实行安全技术检查。

一、严禁将武器、凶器、弹药和易爆、易燃、剧毒、放射性物品以及其他危害飞行安全的危险品带上飞机或存放在行李、货物中托运。

二、除经特别准许者外，所有旅客及其行李物品，一律进行安全检查，必要时可进行人身检查。拒绝检查者，不准登机，损失自负。

三、检查中发现旅客携带上述危险物品者，由机场安全检查部门进行处理；对有劫持飞机和其他危害飞行安全嫌疑者，交公安机关审查处理。

特此通告。

中华人民共和国公安部

××××年××月××日

**知识点拨**

## 一、通告的概念、特点和种类

### （一）通告的概念

通告是一种适用于在一定范围内公布应当遵守或者周知的事项的公文。通告的使用面比较广泛，一般机关、企事业单位甚至临时性机构都可使用，但强制性的通告必须依法发布，其限定范围不能超过发文机关的权限。

### （二）通告的特点

#### 1. 法规性

通告所告知的事项常作为各有关方面行为的准则或对某些具体活动的约束限制，具有行政约束力甚至法律效力，要求被告知者遵守执行。

#### 2. 周知性

通告的内容要求在一定范围内的人们或特定的人群普遍知晓，以使他们了解有关政策法规，遵守某些规定事项，共同维护社会公共管理秩序。

#### 3. 广泛性

通告的告知和适用范围广泛，可在机关单位内部公布，也可向社会公布。内容涉及社会生活各方面。通告的发布方式多样，可通过报刊、广播、电视公布，也可以通过张贴布告或发文公布。

#### 4. 务实性

有的公文只是告知某事，或者宣传某些思想或政策，并不指向具体事务。通告则是一种直接指向某项事务的文种，务实性比较突出。

#### 5. 行业性

不少通告都具有鲜明的行业性特点，文中常引用本行业的法规、规章及术语。如税务局关于征粮的通告、机动车管理部门关于机动车辆年度检验的通告等都是针对其所负责的业务或技术事务发出的通告。

### （三）通告的种类

通告可分为知照性通告、办理性通告和禁止性通告三类。

#### 1. 知照性通告

知照性通告指告知应当周知与遵守相关事项的通告。如《停电通告》《关于禁止捕杀陆生野生动物的通告》等。

**典型案例**

**×× 市人民政府**

**关于做好 ×××× 年本市高考组织保障工作的通告**

×××× 年高考将于 6 月 7 日（星期四）、8 日（星期五）举行。为切实做好本市高考组织保障工作，确保高考顺利进行，现就有关事项通告如下：

一、本市各级教育、公安、交通、住房城乡建设、保密、宣传、卫生计生、城管执法、工商、电力、无线电管理等单位要按照分工，各负其责、密切配合，切实做好高考期间各项服务保障工作。气象部门要密切监测天气变化，及时为考生和考试服务保障单位提供高考期间气象信息。

二、高考期间，本市所有工程一律禁止在夜间进行产生噪声污染的施工作业；在考点周边500米范围内的建筑工地，全天不得安排产生噪声污染的施工作业，外语考试期间停止所有施工作业。各建筑施工企业要合理安排工程进度，制定并公告施工现场噪声污染防治管理措施，积极做好减噪、降噪工作。

三、为减少对考点的噪声干扰，部分线路公交车辆将分时段对考点周边公交站点甩站绕行，请广大市民给予理解，合理安排出行。

四、高考期间，全市严格控制各类大型会议和活动。市政府号召社会各界尽量减少体育、娱乐、商业促销等活动，尽量选择绿色出行方式，共同为高考创造良好环境。

××市人民政府

××××年××月××日

### 2. 办理性通告

办理性通告指公布有关单位和人员需要办理事项的通告。如《××市税务局关于小规模纳税单位年审的通告》。

## 关于疫情防控期间不动产交易登记业务办理的通告

广大市民朋友：

当前新型冠状病毒感染的肺炎疫情防控形势十分严峻，不动产交易登记大厅作为人口较为密集的公共场所，空间相对密闭，人流量较大，属人群聚集区，是疫情防控的重点区域。为了减少人员聚集，降低交叉感染风险，全力保障广大市民的健康安全，经上级同意，现对疫情防控期间的不动产交易登记业务办理方式通告如下：

一、控制现场办理人数，避免人员聚集

为做好疫情防控工作，有效切断病毒传播途径，根据省政府办公厅《关于确保重点企事业单位正常开工开业的紧急通知》，自2020年2月4日起，不动产交易登记大厅正常办公，严格控制现场办理人员数量，避免人员聚集，暂停不动产交易登记业务上门服务、周六日延时错时服务。

二、提倡网上办理业务

疫情防控期间，新建商品房合同备案、抵押合同备案实行网上办理，存量房交易在各商业银行完成培训、配合到位的前提下，尽快实行网上办理。

三、开通绿色通道

疫情防控期间，对与疫情防控有关的企业确需办理不动产交易登记业务的，开通绿色通道，请提前与交易登记大厅联系，实行"特事特办"。

四、启动预约机制

疫情防控期间，建议广大市民尽量不要到不动产交易登记大厅来办理业务。如有特殊需要，申请人可以在工作日期间进行电话预约（8：30—12：00；13：30—17：30）。预约成功后由大厅工作人员通知申请人在指定时间、指定窗口办理。预约电话如下：

登记中心：881×××××

交易中心：881×××××

区税务局：881×××××

疫情防控，人人有责！预约成功确需进入大厅的，请您自觉佩戴口罩，接受人员信息登记和体温检测等，否则将不允许进入大厅。您的理解和行动就是对我们工作的全力支持，我们坚信，在大家的共同努力下，齐心协力、群防群控，一定能打赢这场疫情防控阻击战。

特此通告。

××××城区自然资源和规划局

××××城区住房和城乡建设局

2020 年 2 月 4 日

### 3. 禁止性通告

禁止性通告指公布一些令行禁止事项的通告。如《交通运输部长江航务管理局关于禁止旅客携带易燃易爆危险品进站乘船的通告》。

#### 关于在疫情防控期间严禁一切公众聚集性活动的通告

为做好新型冠状病毒性肺炎疫情防控工作，最大限度减少人员聚集，最大力度控制疫情传播，最大程度保证人民群众生命健康，切实降低因人员流动、聚集造成的疫情防控风险，坚决打赢疫情阻击战，按照突发公共卫生事件一级响应的有关要求，现就具体事项通告如下：

一、在全县范围内，严禁举办一切公众性聚集活动。全县各基层组织、企事业单位、社会团体、社会各界人士不得举办群众聚集性活动，不聚集打牌、打麻将、下棋，不聚集跳广场舞、健身操、卡拉 OK 等活动。

二、禁止任何餐饮单位和个人举办任何形式的群体性聚餐活动（含农村自办宴席），不参加、不举办各类家庭、朋友、集体聚餐活动。

三、各镇（街道）做好联防联控工作。要加大疫情防控知识宣传，在疫情防控期间自觉做到不走亲访友、不相互串门、不扎堆聊天，不携带宠物进入公共场所，不从事其他任何形式的人员聚集性活动；要广泛宣传动员，对发现公众聚集性活动的要举报（举报电话：110）。

四、对违反上述规定，不听劝阻举办聚集性活动，甚至因聚集性活动导致疫情扩散或造成严重社会负面影响的，公安机关将依法追究相关人员的法律责任；凡发现党员干部、公职人员组织或参与聚集性活动的，纪检监察机关将严肃追究问责。

特此通告。

××县委新型冠状病毒性肺炎

疫情处置工作领导小组办公室

××××年××月××日

## 二、通告的结构

通告一般由标题、正文和落款三部分构成，如表 2-3-2 所示。

表 2-3-2　通告的结构

| 结构 | | 说明 |
|---|---|---|
| 标题 | | 发文机关＋事由＋文种 |
| 正文 | 缘由 | 发布通告的原因、目的和法律依据 |
| | 事项 | 要写明在一定范围内群众应当遵守或周知的事项 |
| | 结语 | 特此通告 |
| 落款 | | 制发机关<br>××××年××月××日 |

**（一）标题**

标题的结构形式可以分为以下四种：

（1）发文机关＋事由＋文种，如《北京市人民政府关于实施交通管理措施的通告》；

（2）发文机关＋文种，如《中国建设银行保定分行通告》；

（3）事由＋文种，如《关于居民收入普查的通告》；

（4）直接以文种名称"通告"为标题。

**（二）正文**

正文由缘由、事项和结语三部分构成：

（1）缘由：说明为什么发此通告，常以"特此通告如下"过渡到下文。

（2）事项：说明通告的具体事项或规定。

（3）结语：一般使用"特此通告"之类的用语结尾，以示强调，提起注意。结语也可以省略。

**（三）落款**

落款应注明发文机关名称和发文日期。成文日期用阿拉伯数字将年、月、日标全，年份应标全称，月日不编虚位（即1不编为01）。

## 写作指导

### 通告的写作要求

**1.通告事项应符合法律规范、具有普遍性**

通告行文应确认通告事项在自己的权力范围之内，要符合相关法律、法规和方针政策，所关注问题具有普遍性。

**2.发文目的、原因要明确，内容表达要通俗**

发布通告的目的或原因一般要在缘由部分简明简要地交代清楚，以便受文者快速了解发此通告的目的。要具体阐明需遵守或周知的事项，并且做到一事一告，便于受文者理解和执行。通告的事项涉及社会各方面内容，所以在语言表述上要通俗易懂。

**3.注意选择发布途径**

例如，向社会各界发布需要遵守的有关事宜的通告时，最好通过新闻媒体公开发布。

## 任务实施

### 一、判断题

1.通告是一种适用于在一定范围内公布应当遵守或者周知的事项的公文。（　　　）

2.通告的特点有法规性、周知性、广泛性、务实性和规范性。（　　　）

3.通告可分为知照性通告、办理性通告和禁止性通告三类。（　　　）

4.通告一般由标题、正文和结尾组成。（　　　）

### 二、写作题

××路段施工，每天只能在规定时间里通行。请你以"××市交通局"的名义拟写一份通告，向来往行人及车辆驾驶人员说明情况，并提出注意事项。

**××市交通局**
**关于××路段施工期间实行临时交通管制的通告**

我市××路段因年久失修，毁坏严重，近期要进行路面修复施工。为保证施工期间道路交通安全、有序和畅通，根据《中华人民共和国道路交通安全法》有关规定，经市政府同意，市交通局决定在施工期间对××路段实行临时交通管制。现将有关事项通告如下：

一、施工及临时交通管制的时间期限为××××年××月××日至××××年××月××日，其间每天×—×时为施工和交通管制时段，除施工车辆外，其他车辆和行人禁止通行。其他时间可单侧通行。

二、××路段禁行期间，途经该路段的车辆可绕行××路。

三、行人和车辆驾驶人员在放行期间应遵守交通管制规定，按施工路段交通指示标志通行，服从现场管理人员的指挥疏导。

望行人和驾驶员注意交通安全，遵守交通规则。由于道路施工造成的出行不便，请广大市民谅解。

特此通告。

××市交通局
××××年××月××日

# 项目四　上情下达使人知
## ——请示和批复

## 任务一　请示

### 情境导入

　　江苏省外资局拟于 2018 年 10 月 15 日派组（局长王坤等 5 人）到德国海德堡公司检验引进印刷设备。此事需向省政府请示。该局曾与对方签订过引进设备的合同，最近对方又来电邀请前去考察。在德国考察时间需 15 天，所需外汇由该局自行解决。

　　请你作为外资局的员工，根据以上材料，为江苏省外资局拟写一份请示。

#### 关于组团赴德检验引进设备的请示

江苏省人民政府：

　　我局 2017 年 1 月与德国海德堡设备公司签订过一项引进对方设备的合同。合同中有我方需组团赴德检验拟引进设备质量的条款。今德方电邀我局组团前往，经研究，我局拟派以王坤局长为团长的代表团一行 5 人于 2018 年 10 月中旬赴德履约。预计赴德检验考察时间需 15 天，所需外汇由我局按有关规定自行解决。

　　妥否，请批复。

　　附件：

　　1. 合同 1 份

　　2. 德方邀请电（或邀请函）

　　3. 赴德代表团成员简况

　　4. 赴德经费预算

江苏省外资局（章）

2018 年 6 月 8 日

　　请讨论：这是一则什么类型的公文？有何用途？

### 知识点拨

#### 一、请示的概念和种类

##### （一）请示的概念

###### 1. 请示的定义

请示是向上级机关请求指示、批准的公文。请示为上行文，具有强制回复的性质。

其行文目的是请求上级机关对本机关单位权限范围内无法决定的重大事项，以及在工作中遇到的无章可循的疑难问题给予答复。

### 2. 请示的情况

一般来讲，遇到以下几种情况时，需要请示：

（1）对现行方针、政策、法规等不甚了解，需要上级作出变通处理或予以明确或具体解释。

（2）因情况特殊而难以执行上级的现行规定，需要上级重新指示。

（3）工作中出现了新情况、新问题，而又无章可循、无法可依，或涉及面较广，把握不准，有待上级加以明确，作出指示。

（4）本单位内部意见发生分歧，一时无法统一，难以开展工作，有待上级裁决。

（5）工作中遇到了本单位人力、物力、财力范围内难以解决的问题，需要向上级请求调拨人、钱、物给予支持、帮助，以便工作顺利开展。

### （二）请示的种类

按照用途和应用范围不同，可将请示分为三种：请求指示类、请求批准类和请求审批类。

#### 1. 请求指示类

下级机关在工作中遇到了疑难问题，或是对上级机关的规范性公文有不了解的地方，可请示上级，要求上级给予明确的解释或指示，以便更好地贯彻公文精神或开展某项工作。

#### 2. 请求批准类

根据有关规定和管理权限，有些公文需经上级机关批准后才能发布，如重要法规的发布、长远规划的调整等；有些公文是由于本单位的情况特殊，难以执行上级的统一规定，需要变通处理，但必须报请上级机关同意或认可；有些问题，需要报请上级机关批准后才能办理，如人事任免、机构增减等。

#### 3. 请求审批类

下级机关在开展工作的过程中，在人、财、物方面遇到困难，自己无法解决，可报请上级机关审核、备案、批拨或调配等。如申请增加人员编制等。

## 二、请示的结构

请示由标题、发文字号、主送机关、正文、落款五部分构成，如表2-4-1所示。

表2-4-1　请示的结构

| 结构 | | 说明 |
| --- | --- | --- |
| 标题 | | 发文机关＋事由＋文种 |
| 发文字号 | | ×××〔××××〕×号 |
| 主送机关 | | 上级机关或部门名称 |
| 正文 | 缘由 | 说明请示理由 |
| | 事项 | 列出请示事项 |
| | 结语 | 以祈请语结尾 |
| 落款 | | 发文机关或部门名称（公章） |

### （一）标题

请示标题一般要写明"发文机关＋事由＋文种"，发文机关有时也可以省略，如《关于丹霞山风景名胜区列为国家重点风景名胜区的请示》。写标题要注意，不能将请示写成报告或请示报告，文中也不要重复出现"申请""请求"之类词语。

### （二）发文字号

发文字号由发文机关代字、年份和发文顺序号组成，如"环人〔2019〕50号"。

**（三）主送机关**

主送机关即发文机关或部门的直属上级机关或部门。

**（四）正文**

请示的正文包括缘由、事项和结语三部分。

**1. 缘由**

请示的缘由是请示事项和要求的理由及依据。要先把缘由讲清楚，然后再写请示的事项和要求，这才能顺理成章。缘由很重要，关系到事项是否成立，是否可行，当然也关系到上级机关审批请示的态度。因此，缘由常常十分完备，依据、情况、意义、作用等都要写上。

**2. 事项**

事项包括办法、措施、主张、看法等。请示的事项要符合法规，符合实际，具有可行性和可操作性。因此，事项要写得具体、清晰。如果请示的事项内容比较复杂，要分清主次，一条一条地写出来，条理要清楚，重点要突出。注意：事项简单的，往往和结语合为一句话。如《关于丹霞山风景名胜区列为国家重点风景名胜区的请示》的最后一句话："现申请把丹霞山风景名胜区列为国家重点风景名胜区，请审批。"请示事项应该避免不明确、不具体的情况和把缘由、事项混在一起的情况。否则，不得要领，不知要求解决什么问题。

**3. 结语**

请示的结语有"以上请示，请批复""以上请示，如无不妥，请批复"等。结语是请示必不可少的一项内容，不能遗漏，更不能含糊其辞。

**（五）落款**

文末右下方署名发文机关，写明发文日期。成文日期用阿拉伯数字将年、月、日标全，年份应标全称，月、日不编虚位（即 1 不编为 01）。

## 写作指导

### 撰写请示的注意事项

（1）明确主送机关。请示只能主送一个上级机关或主管部门，不可多头请示。

（2）不得越级请示。一般不得越过直属上级机关请示问题，而应逐级请示。因情况特殊必须越级请示时，应当同时抄送所越过的直属上级机关或主管部门。

（3）坚持一文一事。请示的内容应集中、单一，确保一事一文，而不可一文多事。若有几件事需要请示，则可呈报多份请示。

（4）理由充分，事项明确。请示的理由应充分，突出请示的必要性，切忌堆砌辞藻。

（5）用词准确、恰当。写请示时应特别注意用词的准确性，不能错用、滥用"希望""申请""请批准""要求"等词。

（6）不得送交领导者个人。除领导者直接交办的事项外，不得以机关名义将请示直接送交领导者个人。

### 知识角

### 请示和申请的区别

请示和申请的区别在于文种不同、用途不同、对象不同、作者不同、附件不同。

**1. 文种不同**

请示和申请都有请求缘由、请求事项；但请示是法定公文，申请为专用书信，属于不同文种。

申请是因业务或事务需要，按规定完成法律程序向上级或职能部门、管理机构、组织、社团说明理由，提出请求，希望得到批准的一种事务文书，也叫申请书或申请表。

**2. 用途不同**

请示用于下级机关向上级提出请求，下级只能在上级机关的职权范围内报请需要批准的事项。

申请不仅用于下级向上级请求，而且可用于不相隶属的但按规定、法律程序必须向其请求的机关、单位、部门等。如专门办理有关业务的机构部门（银行、保险、公安、海关、土地管理、工商管理等）。

**3. 对象不同**

请示的行文对象固定，而申请的行文对象不定。

请示的内容限于本系统，本部门的行政公务或政策问题，写法规范。

申请的内容不以系统、部门为限，写法不强求一律，且常以填写有关部门印制的各种表格代替。

**4. 作者不同**

请示的作者是法定的机关、团体，而申请的作者可以是机关、团体，也可以是个人。机关、团体或个人向有关方面递交申请，有时必须按有关规定出具或提交有关证明、证件、文件等，而请示则没有这方面的规定。

**5. 附件不同**

申请不带附件，请示可以带附件，附件是请示的重要组成部分，作为对正文的补充说明或参考。

## 任务实施

### 一、改错题

请找出下面请示中的错误并改正。（有多处错误，能找出 5 处即可）

**关于申请增设 ×× 派出所的请示**

×× 市公安局王局长：

我分局下属的枣阳派出所管辖战线长、地域广，近年来由于城市经济的快速发展，导致人口迅猛增多。该派出所辖区又系城郊结合部，治安情况极为复杂。

据此，我分局向市局请示，拟增设 ×× 派出所。管辖原属枣阳派出所管辖的部分地段，这样可以加大管理力度，缓解枣阳派出所警员的压力，从而提高工作效率，确保一方平安。请局长尽快研究，早日答复。

当否，请批示。

×× 分局（公章）

二〇二二年十二月五日

**参考答案：**

（1）标题中删去"申请"两字；

（2）受文单位改为"××市公安局"；

（3）正文结尾删去"请局长尽快研究，早日答复"。

（4）落款署名改为"××公安分局"；

（5）成文日期改为"2022年12月5日"。

## 二、写作题

根据某省××物流有限公司运力情况的资料，要求学生自选题材，写一篇××省交通运输厅提交给××省交通运输部关于××物流有限公司更新运力的请示。

### ××省交通运输厅关于××××物流有限公司更新运力的请示

交通运输部：

××物流有限公司为经营国内沿海省际成品油船运输的企业，其所属船舶（"茂油6轮"，船检部门核定2 774.05载重吨；"茂油8轮"，船检部门核定4 991.5载重吨）已达到老旧船舶船龄，现该司采取"退一进一"方式，申请新增2艘（分别为：4 161.075载重吨、7 487.3载重吨）成品油船运力，替代该司计划退出市场的"茂油6轮、茂油8轮"，经营国内沿海各港间成品油运输，并承诺被替代船舶"茂油6轮、茂油8轮"将报废拆解。经研究。我厅拟同意该司申请，现将有关资料报上（通过部水路运输建设综合管理信息系统上传），请审批。

妥否，请批示。

××省交通运输厅

2023年1月6日

## 任务二　批复

厦门市资源规划局向厦门市人民政府提交了《关于呈请批复厦门市城市轨道交通线网规划（2021—2035年）的请示》，后者接收到该请示后该如何批复？

**典型案例**

### 厦门市人民政府文件

厦府〔2022〕381号

### 厦门市人民政府关于城市轨道
### 交通线网规划（2021—2035年）的批复

市资源规划局：

你局《关于呈请批复厦门市城市轨道交通线网规划（2021—2035年）的请示》（厦资源规划〔2022〕432号）收悉。经研究，现批复如下：

一、原则同意你局报送的《厦门市城市轨道交通线网规划（2021—2035年）》，请做好规划统筹，并在规划实施过程中认真做好空间要素保障工作。

二、该规划是我市轨道交通建设的重要依据，要定期对规划实施情况进行总结评估，如确需变更和调整，应按规定程序报批。

特此批复。

厦门市人民政府

2022 年 12 月 1 日

## 知识点拨

### 一、批复的概念、特点和种类

#### （一）批复的概念

批复是上级机关针对下级机关的请示而制发的具有针对性和指挥性的公文。批复是下行文，是对请示的回文，没有请示，也就没有批复。

#### （二）批复的特点

##### 1. 权威性

批复发自上级机关，代表着上级机关的权力和意志，对请示事项的单位有约束力，特别是那些关于重要事项或问题的批复，常常具有明显的法规作用。

##### 2. 针对性

凡是批复，必须是针对下级机关请示事项而发，内容单纯，针对性强。

##### 3. 指示性

批复的目的是指导下级机关的工作，因此批复在表明态度以后，还应当概括地说明方针、政策以及执行中的注意事项。

#### （三）批复的种类

批复可分为肯定性批复、否定性批复和解答性批复三类。

##### 1. 肯定性批复

肯定性批复是指对下级的请示事项表示同意的批复。其中应对请示事项的落实、执行重要意见提出指示性意见。

## 典型案例

### 关于××××有限责任公司投资成立全资子公司×××的批复

××××有限责任公司：

你司报来《关于投资成立全资子公司×××的请示》（西钢集团政字〔×××5〕46号）收悉。经研究，现批复如下：

一、原则同意你司出资伍仟万元人民币投资成立全资子公司×××，占新注册×××100%的股份。

二、接此批复后，请你司按国家有关法律、法规及国资监管的规定，做好新成立子公司×××的相关工作，防范风险，确保国有资产保值增值。

特此批复。

×××

20××年××月××日

##### 2. 否定性批复

否定性批复是对下级的请示事项加以否定的批复。这种批复要说清楚否定的理由。

### 关于×××自治县物价局收取进站发班车辆安检费的批复

×××自治县物价局：

报来《关于收取进站发班车辆安检费的请示》（琼中价〔2010〕34号）收悉。经研究，批复如下：

根据国家有关规定，我省机动车辆实行定期安全技术检测、营运汽车除定期安全技术检测外，还实行定期保养和综合性能检测。省发展与改革厅《关于印发〈海南省机动车辆安全技术检测收费管理暂行规定〉的通知》（琼发改收费〔2005〕118号），省物价局、交通厅《关于颁发〈海南省营运汽车技术等级评定（检测）收费管理暂行规定〉的通知》（琼价费字〔1996〕31号）等规范性文件，分别规定了机动车辆安全技术检测和营运汽车综合性能检测的内容、收费项目、收费标准和收费的有关事项等。

×××集团琼中分公司设安全检测台对进站发班车辆检测并收取安检费，属于重复检测收费，不符合上述文件精神。因此，不同意该公司收取进站发班车辆安检费。

×××

20××年××月××日

### 3. 解答性批复

解答性批复是针对下级机关对有关法律、法规、政策、措施等的询问而进行解答的批复。法律、法规、政策、措施等的解释权在制定机关，本机关无权解答的，可以逐级向上级请示，直到有权作出解释的机关为止。这种解答对下级具有指示性，是下级开展工作的依据。

### ××市公安局
### 关于实施行政许可有关问题的批复

××市公安局：

你局《关于实施行政许可有关问题的请示》（京公法字〔686〕号）收悉。经研究，现对请示的17个事项做如下批复：

一、以下4项已涵盖在《国务院对确需保留的行政审批项目设定行政许可的决定》（国务院第412号令，以下简称《决定》）中。即：（1）申领《焰火晚会烟花爆竹燃放员作业证》；（2）组织实施焰火晚会烟花爆竹燃放工程方案审核；（3）刻制印章审批；（4）营业性射击场开设弩射项目。根据《决定》，"弩的制造、销售、进口、运输、使用审批""公章刻制业特种行业许可证核发""焰火晚会烟花爆竹燃放许可"3个项目被确定为保留的行政许可项目。其中，"焰火晚会烟花爆竹燃放许可"是由原来的"焰火晚会烟花爆竹燃放许可证""焰火晚会烟花爆竹燃放员作业证""焰火晚会燃放工程设计与组织实施方案审批"三个项目合并而成的。根据《国务院关于第三批取消和调整行政许可项目的决定》（国发〔16〕号），"非机构印章刻制单位审批"已被取消。因此，"刻制印章审批"特指"公章刻制审批"。

二、以下6项属于公安机关日常户籍管理范畴，不适用《行政许可法》。即：（1）小城镇户口迁移；（2）本市小城镇农民转为居民；（3）以夫妻投靠、老人投靠子女、子女投靠父母为由办理入京户口；（4）寄养未成年人在京入户；（5）小城镇户口登记；（6）经国务院批准的外地在京设立的驻京办事处和联络处编制内人员申报常住户口。这6个事项为公民户口登记事项，是一种事实认定，不属于行政许可事项，有关工作应继续按照现行规定执行。

三、以下3项为公安机关的一般管理手段，不属于行政许可事项。即：（1）外省市机动车进京办理《××市区通行证》；（2）易制毒化学品生产经营许可；（3）机动车号牌准产证。根据《国务院办公厅关于保留的部分非行政许可审批项目的通知》（国办发〔62号〕），"车辆进京通行证核发""易制毒化学品生产经营备案证明核发"已被明确为公安机关内部管理事项，不属于行政许可。"易制毒化学品生产经营许可"由发展和改革部门主管，公安机关通过备案掌握情况，不是审批性的。"机动车号牌准产证"也属于公安机关内部管理手段。根据××××年5月1日实施的《道路交通安全法》的有关规定，公安部将对机动车号牌生产企业实行资格认证制度，由省级公安交通管理部门负责资格认定及监制。

四、以下3项由政府其他部门主管。即：（1）新建戒毒医疗机构审批；（2）消防设备操作控制等有关人员上岗证；（3）爆炸物品服务公司审查。其中，"新建戒毒医疗机构审批"由卫生行政部门主管，涉及公安机关的事宜，有关部门要按照《新建戒毒医疗机构审批》等规定的内容执行。"消防设备操作控制等有关人员上岗证"事项将纳入劳动部门的职业资格鉴定范围，由劳动部门管理，在此之前，公安机关仍应按现行规定继续执行。爆炸物品服务公司是提供爆破作业服务的涉爆从业单位，按照《民用爆炸物品管理条例》的规定，须经主管部门审查同意并向所在地公安机关申请办理储存、使用爆炸物品等许可手续。

五、以下1项应予以废止。即：销售多色复印机设备的许可。根据《国务院关于取消第一批行政审批项目的决定》（国发〔20××〕24号），"进口彩色复印机审批"已经取消。鉴于彩色复印机目前在国内不能生产，进口的目的是销售，取消"进口彩色复印机审批"，可视为一并取消了对销售环节的审批。因此，不能根据公安部《关于加强多色复印业治安管理的通知》等对销售多色复印机设备进行审批。"销售多色复印机设备的许可"应自行废止。

×××

20××年××月××日

## 二、批复的结构

批复由标题、发文字号、主送机关、正文、落款五部分构成，如表2-4-2所示。

表2-4-2　批复的结构

| 结构 | | 说明 |
|---|---|---|
| 标题 | | 发文机关＋事由＋文种 |
| 发文字号 | | ×××〔××××〕×号 |
| 主送机关 | | 下级机关或部门名称 |
| 正文 | 批复引语 | 述来文作为批复引据 |
| | 批复意见 | 讲明批复的态度和意见 |
| | 结语 | 以惯用语结尾 |
| 落款 | | 发文机关和发文日期 |

### （一）标题

标题的结构形式可以分为以下三种：

（1）发文机关＋事由＋文种，如《国家发展改革委关于新建济南至青岛高速铁路可行性研究报告的批复》。

（2）发文机关＋事由＋受文机关＋文种，如《国务院关于唐山市住房制度改革试行方案给河北省人民政府的批复》。

（3）事由＋文种，如《关于同意设立大学生就业指导中心的批复》。

### （二）发文字号

发文字号由发文机关代字、年份和发文顺序号组成。

### （三）主送机关

批复的主送机关只能是来文请示的下级机关。如果批复带有普遍指导意义，需要发给其他下级机关，则用"抄送"的形式。

### （四）正文

#### 1. 批复引语

批复的开头通常引述请示的标题、发文字号、发文日期或主要事项作为依据，然后使用"现批复如下"作为承上启下的过渡句。

#### 2. 批复意见

批复意见是针对下级请示中的问题给予明确的答复或指示。

对请示的批复一般分三种意见：完全同意、不完全同意、完全不同意。

#### 3. 结语

结语通常为"此复""特此批复"等习惯用语。

### （五）落款

文末右下方署名发文机关，写明发文日期。成文日期用阿拉伯数字将年、月、日标全，年份应标全称，月、日不编虚位（即 1 不编为 01）。

## 写作指导

### 批复的写作要求

（1）批复内容必须针对请示事项，一份批复文件只涉及一份请示。有请必复，一请一复，不可把对多份请示的回复写在一份批复文件中。

（2）上级机关必须在批复中明确表明态度，不可含糊其辞。批复内容态度鲜明，观点明确。必须具有指挥性和可行性。

（3）及时批复，以免贻误。上级机关收到下级请示后要及时研究、讨论，然后作出批复，切忌拖延，影响工作。

## 任务实施

### 一、判断题

1. 批复是上级机关针对下级机关的请示而制发的具有针对性和指挥性的公文。（　　）

2. 批复可分为肯定性批复、否定性批复和解答性批复三类。（　　）

3. 批复的特点是权威性、针对性和及时性。（　　）

4. 批复内容必须针对请示事项，一份批复文件只涉及一份请示。（　　）

5. 肯定性批复是指对下级的请示事项表示同意的批复。其中应对请示事项的落实、执行重要意见提出指示性意见。（　　）

6. 否定性批复是对下级的请示事项加以否定的批复。这种批复要说清楚否定的理由。（　　）

7. 解答性批复是针对下级机关对有关法律、法规、政策、措施等的询问而进行解答的批复。法律、法规、政策、措施等的解释权在制定机关，本机关无权解答的，可以逐级向上级请示，直到有权作出解释的机关为止。这种解答对下级具有指示性，是下级开展工作的依据。（　　）

## 二、写作题

衡阳县船山幼儿园申办材料已提交至衡阳县教育局。请你以"衡阳县教育局"的名义拟写一份针对此材料的批复，注意格式。

### 衡阳县教育局文件

蒸教字〔2019〕161号

### 关于同意设立衡阳县船山幼儿园的批复

××××：

你们报来的《衡阳县船山幼儿园申办材料》已收悉。根据《中华人民共和国民办教育促进法》及其《实施条例》和《湖南省幼儿园设置标准》等有关规定，经考察评审并报局党委会研究，同意你们在衡阳县西渡镇春风东路120号设立"衡阳县船山幼儿园"。现将有关事项批复如下：

（1）幼儿园属民办全日制非营利性幼儿园。

（2）幼儿园实行理事会指导下的园长负责制。

（3）办学规模核定为10个教学班，在园幼儿不得超过330人。

（4）拟任法定代表人为××，拟聘首任园长为××。

（5）未经批准，不得擅自变更举办者、办园名称和办园地址，不得扩大办学规模。

衡阳县教育局

2019年12月18日

# 项目五　有心留痕可攻玉

## ——函和纪要

## 任务一　函

### 情境导入

他山之石可以攻玉，外出考察调研是提高自身能力的重要途径，通过考察可以借鉴他人的成功经验，运用到自己的工作中来。为了更好地进行考察学习，我们要提前函告对方，那么，这份请求对方接待考察调研的函应如何撰写呢？

### 典型案例

**关于赴××省××市中小企业服务中心考察的函**

××省××市中小企业服务中心：

为进一步开展好我省中小企业服务中心工作，拟于6月17日至6月18日期间我中心将组织专门人员（名单附后）赴贵中心学习考察调研，届时望贵中心在百忙之中给予协助支持，现将有关事宜函告如下：

一、考察调研学习内容

1.了解贵中心机构设置和开展工作的基本情况；

2.请贵中心重点介绍如何为中小企业开展融资服务工作、融资工作的内容和已经取得的经验；

3.对融资工作今后的设想。

二、联系方式

联系人：陈××

电话：××××××××××

××省中小企业发展中心

××××年6月10日

### 知识点拨

### 一、函的概念

《党政机关公文处理工作条例》中规定："函适用于不相隶属机关之间商洽工作、询问和答复问题、请求批准和答复审批事项。"函具有使用广泛、功能多用、篇幅精悍等特点，在日常工作中是一种常用的文种。

## 二、函的适用范围

### （一）在行文方向上

（1）适用于平行机关之间行文；

（2）适用于不相隶属的机关之间行文。

### （二）在适用的内容方面

（1）不相隶属机关之间相互商洽工作、询问和答复问题；

（2）向有关主管部门请求批准事项；

（3）向上级机关询问具体事项；

（4）上级机关答复下级机关的询问或请求、批准事项；

（5）上级机关催办下级机关有关事宜。

（6）函有时还可用于上级机关对某件原发文件作较小的补充或更正，不过，这种情况并不多见。

## 三、函的特点

### （一）沟通性

函对于不相隶属机关之间相互商洽工作、询问和答复问题，起着沟通作用，充分显示平行文种的功能，这是其他公文所不具备的特点。

### （二）灵活性

灵活性表现在两个方面：

#### 1. 行文关系灵活

函除了平行行文外，还可以向上行文或向下行文，没有其他文种那样严格的特殊行文关系的限制。

#### 2. 格式灵活

除了国家高级机关的主要函必须按照公文的格式、行文要求写外，其他一般函，比较灵活，可以按照公文的格式及行文要求写，也可以不按公文的格式及行文要求写。可以有文头版，也可以没有文头版；可以不编发文字号，甚至可以不拟标题。

#### 3. 单一性

函的主体内容具备单一性的特点，一份函只宜写一件事。

## 四、函的分类

### （一）按性质分

按性质分，函可以分为公函和便函两种。公函用于机关单位正式的公务活动往来；便函则用于日常事务性工作的处理。便函不属于正式公文，没有公文格式要求，甚至可以不要标题，不用发文字号，只需要在尾部署上机关单位名称、成文时间并加盖公章即可。

### （二）按发文目的分

按发文目的分，函可以分为发函和复函两种。发函即主动提出需办某事项所发出的函。复函则是为回复对方所发出的函。

### （三）按用途分

按用途分，函可以分为商洽事宜函、通知事宜函、催办事宜函、邀请函、请批函、答复事宜函、转办函、催办函、报送材料函等。

## 五、函的结构

函一般由标题、发文字号、主送机关、正文和落款五部分构成，如表2-5-1所示。

表2-5-1　函的结构

| 结构 | | 说明 |
|---|---|---|
| 标题 | | 发文机关＋事由＋文种 |
| 发文字号 | | ×××〔××××〕×号 |
| 主送机关 | | 受文机关名称 |
| 正文 | 开头 | 说明发函缘由，即阐明发函的原因、目的和依据 |
| | 主体 | 说明致函的事项，告知对方情况、要求或答复意见等 |
| | 结尾 | 根据函件的种类，选用不同的结语 |
| 落款 | | 发文机关名称（公章）<br>××××年××月××日 |

### （一）标题

标题的结构与形式可以分为以下两种：

（1）发文机关＋事由＋文种，如《昆山市文化局关于申请拨款维修办公室的函》。

（2）事由＋文种，如《关于商洽委托代培涉外秘书的函》。

另外，如属回复问题的函，多在"函"字前加"复"字，如《关于建设单位为动迁户建房问题的复函》。

### （二）发文字号

发文字号由发文机关代字、年份和发文序号组成，如"国办函〔2021〕6号"。

### （三）主送机关

函的主送机关即接受函件的机关或单位，应写全称、规范化简称或同类型机关的统称。大多数情况下，函的主送机关只有一个，但如果内容涉及多个部门，也可以并列多个主送机关。

### （四）正文

函的正文由开头、主体和结尾三部分组成。

#### 1. 开头

开头写致函的根据与缘由，商洽函、询答函和请批函应阐明发函原因和目的。复函应先写明来函名称、发文字号或发文日期与"收悉"两字，如"你单位××××年××月××日关于××××××的来函收悉"，然后写明答复的依据，最后用"现将有关事项函复如下"等过渡语引出下文的主体部分。

#### 2. 主体

主体写致函事项，明确地将问题、要求或答复意见告知对方。函的主体内容单一，应符合"一事一函"原则。函的行文应直陈其事，如内容较多，则可分条陈述，要求事项具体明确，语言简明扼要。

#### 3. 结尾

结尾致意，通常适宜使用致意性词语，如"谨致谢忱""特此函告（询／复）""请研究函复""如蒙慨允，函复为盼""请予批准为荷"等专用语结束。

### （五）落款

落款要注明发文机关和成文日期，加盖公章。

不同类别函的标题和结束语示例如表2-5-2所示。

表 2-5-2　不同类别函的标题和结束语示例

| 文种 | 标题示例 | 结束语示例 |
|---|---|---|
| 商洽函 | ××关于商洽×××的函 | 不知贵方意见如何，请函告为荷<br>望协助办理，并请尽快见复<br>恳请协助，函复为盼 |
| 请批函 | ××关于请求×××的函 | 当否，请审批<br>请审查批准<br>请予批准为荷 |
| 询问函 | ××关于询问×××的函 | 特此函询<br>请即函复<br>盼予函复 |
| 答复函 | ××关于×××的复函 | 特此函复<br>特此函达，即希查照 |
| 邀请函 | ××关于邀请×××出席×××的函 | 恭请光临<br>敬请届时光临 |

### 关于商洽选派员工到××大学进修的函

××大学校长：

我司为提高专业技术人员的业务水平和科研能力，拟定选派李××、王××张××去贵大学进修英语和计算机，有关进修费用及其他相关经费，我司将按时如数拨付。

如蒙慨允，函复为盼。

××公司（印章）

2022 年 2 月 20 日

### 关于催还借款的函

××化工厂：

贵厂 2020 年 1 月为筹集投产新项目经费，曾从我司借去资金 15 万元，贵厂承诺在当年内归还。目前，我司正在编制去年的财务决算，为及时做好各类款项的清理结账，望贵厂能将所借款项于 1 月 20 日前归还我司。

特此函告。

××公司

2021 年 1 月 3 日

### 市中级人民法院关于重建办公机关需划拨土地的函

××市规划局：

我院原址在市×区×街×号，因这里是老市区，居住人口众多，街面狭窄，加上原有房屋设计格局的局限等原因，已无法适应现代化办公情况的需要。经报市人民政府批准，同意我院在×区×地重建。请市规划局研究后尽快在该地划拨出××公顷土地用于我院办公机关重建。

专此函达。

××市中级人民法院

××××年××月××日

## 关于过滤器外协技术要求的函

××压缩机有限公司：

我公司于 2022 年 6 月 7 日收到贵公司的一份过滤器的询价函。在过滤器采购外协技术要求部分的第三条要求"抗硫材料一般需要提供两种材料试验报告：《抗氢诱导裂纹试验》和《抗压力腐蚀开裂试验》"，根据主材料厂商要求，每种规格过滤器的采购台数在十台以上，主材料厂商方能提供贵公司所需的资料文件。

所以，烦请贵公司尽快确定采购过滤器台数后通知我方。

特此询问！

净化设备有限公司

2022 年 6 月 12 日

## 关于 ×× 超市总公司商租一事的复函

××超市总公司：

贵公司《关于商租 ×× 商厦五楼的函》（×× 超函〔2020〕12 号）收悉，经研究，现答复如下：

贵公司欲租我商厦五楼闲置的楼面开设超市，这是方便顾客购买需求，有利于盘活我商厦闲置资源、扩大我商厦经营规模与商品种类的好事，本商厦欢迎贵公司来我商厦五楼开设超市。具体租金请贵公司来人面洽。

特此复函。

×× 商厦

2020 年 6 月 10 日

## 关于邀请研究生会同仁出席东华大学科技文化节开幕式的函

尊敬的上海高校研究生会同仁：

您好！感谢贵校对我校研究生院工作的一贯支持与帮助。兹定于 ×××× 年 ×× 月 ×× 日（周二）下午 1 点 30 分在东华大学松江校区锦绣会堂举行第 15 届东华大学研究生"经纬韵"科技文化节开幕式，诚挚邀请贵校派两名代表拨冗出席。

再次感谢您对我们工作的大力支持！谨祝贵校研究生会工作顺利！

此致

敬礼

时间：×××× 年 ×× 月 ×× 日（周二）13 点 30 分

地点：东华大学松江校区锦绣会堂

东华大学学生处

共青团东华大学委员会

东华大学研究生会

×××× 年 ×× 月 ×× 日

## 知识角

### 请示与函的区别

#### 1. 适用范围不同

《国家党政机关公文处理办法》和《党政机关公文处理工作条例》都规定了函和请示的适用范围，它们有着严格的区别，不能混淆二者的适用范围。请示适用于向上级机关请求指示、批准；函适用于不相隶属机关之间商洽工作、询问和答复问题、请求批准和答复审批事项。因此，请示的行文对象与发文机关一般属于同一系统，如同属于教育系统、财政系统、党委系统，等等，由于是系统内部行文，因此行文对象的范围较窄。而函的行文对象与发文单位通常不属于同一系统，因涉及方方面面、错综复杂的事务，所以系统间行文频繁，行文对象的范围也比较广。

#### 2. 与收文者的隶属关系不同

请示的收文机关是自己的上级机关，而函的收文机关不属于自己的上级机关，它常常是不相隶属的机关单位。

#### 3. 行文的方向不同

请示是向有隶属关系的上级行文，在行文关系上属上行文；函是向没有隶属关系的有关主管部门或职能单位行文，从行文关系上看多数为平行文。

#### 4. 行文的语气不同

请示是对上级机关行文，行文时用上行文的语气，比较恳切，函是不相隶属机关单位间的行文，语言得体，态度诚恳，语气谦和、恭敬。

#### 5. 公文格式不同

请示只采用公文格式类型中的基本格式——文件式，常用的格式项目有发文机关标识、发文字号、签发人、红色分割线、标题、主送机关、正文、附件、成文日期、印章、附注、主题词、抄送机关等。函多采用公文格式类型中的特定格式——信函式，常用的格式项目有发文机关标识、红色分割线、发文字号、标题、主送机关、正文、附件、成文日期、印章、主题词、抄送机关等。两种行文格式，不仅项目组成不同，而且标注的顺序、位置要求也不一样。最明显的是标题不同，请示的标题一般为《×××关于×××（事项）的请示》，函的标题一般为《×××关于申请×××（事项）的函》。

## 典型案例

### 关于增加技术改造项目投资的请示

×××总公司：

经总公司批准，自去年7月份开始，我司进行技术项目改造，改造经费100万元，在执行过程中资金额突破了原计划，其原因如下：

一、原计划更新和增加设备10台，预算资金35万元。因一些优质品牌设备提价，致使这项资金额达到40万元，超出预算5万元。

二、原计划60万元翻建锻造车间厂房项目，因部分建筑材料涨价，施工单位的工程预算为64万元，超出原计划4万元。

上述两项共超出资金9万元。由于在本次技术改造项目中，我司自筹资金已达20万元，此次突破计划的9万元资金，我司已无力解决，为了不影响技术改造项目实施，特请示调整计划，增加资金投入9万元。

妥否，请批复。

附：优质品牌设备价格调整前后对照表（略）

×××分公司

（印章）

2021 年 3 月 5 日

### ××市文化局关于申请拨款维修办公室的函

市财政局：

市文化局办公楼修建于 60 年代，如今很多门窗破烂，今年雨水量大，漏水现象十分严重。另有两间办公室外墙出现大面积裂痕，有坍塌危险，急需维修。经核算，共需资金 20 万元。由于我局除财政拨款外无其他的资金来源，故请予以拨款为盼，以解急需之用。

请予批准为荷。

附：维修图纸与预算

××市文化局

2022 年 9 月 5 日

## 写作指导

### 函的写作要求

#### 1. 格式规范，结构完整

函是正式公文，必须具备公文的规范格式，各组成部分也要求完整无缺。

#### 2. 目的明确，一函一事

函的行文应目的明确，开门见山，无论致函还是复函，都要尽快切入主题，切忌漫无边际。复函则要注意行文的针对性、答复的明确性。函在行文上要求一函一事，不可一函多事，如若有其他事项，则需另外行文。

#### 3. 直陈其事，言简意赅

函的内容以陈述为主，只需把商洽的工作、请求批准的事项、询问或答复的问题等写清楚即可。函的语言要朴实直接，简明扼要，无论是平行机关或者是不相隶属机关的行文，语气都要恳切真诚，态度要谦逊有礼，不能倚势压人或强人所难，也不必逢迎恭维、曲意客套。

## 任务实施

### 一、写作题

请根据下列材料，以国务院办公厅的名义，以 2002 年 31 号文件的形式，拟写一份复函。

××省人民政府在 2001 年向国务院办公厅提交《关于××海关升格为正厅级直属海关的请示》（×政〔2001〕27 号），经国务院领导讨论后同意××海关升格为正厅（局）级机构，隶属于海关总署，不增加人员编制，其他相关事宜与有关方面协商办理。

**参考答案：**

（1）题目分析：

复函是机关、单位为答复来函一方商洽、询问或联系事宜而使用的一种公文，既可用于上级机关对下级单位的答复之用，也可用于平行机关或不相隶属机关的答复。复函如属上级机关对下级机关所要求事项的答复，同时就具有某种批复、批示的性质。

（2）参考例文：

### 国务院办公厅关于同意 ×× 海关升格为正厅（局）级直属海关问题的复函
国办函〔2002〕31 号

×× 省人民政府、海关总署：

×× 省人民政府《关于 ×× 海关升格为正厅级直属海关的请示》（× 政（2001）27 号）收悉。经国务院领导同志研究，现函复如下：

同意 ×× 海关升格为正厅（局）级机构，隶属于海关总署，不增加人员编制。其他有关事宜，请你们与有关方面协商办理。

国务院办公厅

××××年××月××日

## 二、改错题

请指出下面这封函的错误并改正。（有多处错误，能找出 3 处即可）

### 关于联系教师进修的函

×× 大学教务处：

首先让我们以 ×× 市 ×× 学校的名义，向贵处表示衷心的感谢，过去为我校办学给予了很大的帮助。目前我校又面临一个很难解决的问题。

原来事情是这样的：我校开办不久，师资力量很差，决定派 ×× 位年轻教师到贵校旁听进修一年。我校与有关部门多次商量，但 ×× 位教师进修住宿问题，至今也没有得到解决。提高教学质量的关键是师资，为提高我校教育质量，恳请贵处设法在贵校解决住宿问题，但不知贵处是否有什么困难。如果需要我校给贵处办什么事情，请尽管提出，我校会竭力去办。再说一句，贵处如能解决我校进修教师住宿问题，我们以我校领导的名义向贵校领导深深地表示谢意。

致以崇高的敬礼

×× 市 ×× 学校（印章）

××××年××月××日

**参考答案**

（1）标题写联系教师进修，而文章内容的实质却是请求对方帮助解决教师进修时的住宿问题，即标题事由与发函的目的不一致。

（2）行文兜圈子，说了许多多余的话。即便感谢对方，言辞也要适当。

（3）有些语言显得庸俗、市侩。如"如果需要我校给贵处办什么事情，请尽管提出，我校会竭力去办"等。

（4）不必写"致以崇高的敬礼"。

### 关于请求解决进修教师住宿问题的函

××大学教务处：

　　我校开办不久，师资力量不足，决定派××位年轻教师到贵校旁听，进修一年。经我校与贵校有关部门协商，贵校同意我校派员进修，但××位教师进修住宿问题，较难得到解决。今特函恳请贵处设法在贵校帮助解决住宿问题。

　　过去贵校为我校办学提供了很大的帮助，这次我校进修教师的住宿问题，又给贵校增添了麻烦。敝校谨再致以深深的感谢。

　　有关进修教师住宿的解决情况，恳请函复为盼。

　　　　　　　　　　　　　　　　　　　　××市××学校（印章）
　　　　　　　　　　　　　　　　　　　　××××年××月××日

# 任务二　纪要

## 情境导入

　　在今年水稻即将收获的时候，××省农业厅组织召开了秋收工作会议，作出了今年秋收工作的具体任务布置，提出了相关要求。作为××省农业厅秘书处的你，应如何拟定一份会议纪要，供全省农业部门对照执行。

## 典型案例

### ××市××区十五届人大常委会
### 第二十六次主任会议纪要

　　××××年××月××日上午，受区人大常委会主任×××同志委托，区人大常委会副主任×××同志主持召开了区十五届人大常委会第二十六次主任会议。会议纪要如下：

　　会议讨论了人事任免事项，会议同意将该人事任免事项提交区人大常委会会议审议，并请相关工委会做好拟任命人员与常委会组成人员见面、供职发言及任前法律考试等工作。

　　会议通过了区十五届人大常委会第十六次会议增补建议议题的决定。

　　出席：×××、×××、×××、×××

　　列席：本会有关委、办的同志，区委组织部有关负责同志

　　请假：×××

　　记录人：×××

## 知识点拨

### 一、纪要的概念、特点、适用范围和种类

（一）纪要的概念

　　纪要，也称会议纪要，是指适用于记载会议主要情况和议定事项的一种行政公文。主要是对会议的目的、要求、基本精神及决定的事项加以归纳整理，以便上传下达、统一认识，进而推动工作的开展。

### （二）纪要的特点

#### 1. 内容的纪实性

如实反映会议内容和议定的事项是会议纪要首先要遵守的原则。会议纪要在书写时不能脱离会议的实际情况，不能把执笔人的主观想法和个人简介加入其中，不能进行人为的再加工、创造、深化或填平补齐。

#### 2. 表达的纪要性

会议纪要要根据会议的主旨整理、概括会议的重要情况、议定事项，反映会议主要的和重要的成果，并做简明扼要、突出、鲜明的整体表达，切忌记流水账或面面俱到。会议纪要一般应用于比较重要的会议，如工作会议、办公会议、研讨会议、协商会议等，并确定必要记载和传达时才使用。

### （三）纪要的适用范围

在行文关系上，纪要作为下行文时类似于通知，即采取转发或直接发出的形式，发送给下级贯彻执行；作为上行文时类似于会议情况报告，报送上级，向其汇报情况；作为平行文时类似于公函，发给有关平级机关，让对方知晓信息，沟通情况。

### （四）纪要的种类

纪要按会议内容与作用的不同可分为两类：

#### 1. 办公会议纪要

办公会议纪要（也指日常行政工作类会议纪要），主要用于开会研究问题，布置工作，为开展工作提供指导和依据。如《××学校工作会议纪要》《部长办公会议纪要》《市委常委会议纪要》。

 **典型案例**

**××县人民政府第六次常务会议纪要**

时间：××××年××月××日 8：30—12：00

地点：县政府常务会议室

主持：县长×××

出席：副县长×××、××、××、×××，办公室主任×××

请假：×××（出差）

列席：×××、××、×××

记录：×××

现将会议讨论及决定的主要事项纪要如下：

一、会议听取了副县长×××关于召开经济工作会议准备的情况汇报，讨论了扩大县属企业自主权的十条规定。会议同意县经济工作会准备情况汇报，并决定于×月×日召开全县经济工作会议。今年各项经济工作指标，要以市经委下达的为准，不再调整县原各公司的主要经济指标。在县经济工作会议上，由县经委与县原各公司签订经济责任书。

二、会议原则同意县民政局关于民政事业费管理使用办法的修订意见。

三、会议同意将县政府办公室提出的转交机关工作作风的规定意见（讨论方案）印发各部门，广泛征求意见，做进一步修改后，以县政府文件印发。

××县人民政府办公室

××××年××月××日印发

**2. 专项会议纪要**

专项会议纪要（也指协商交流性会议纪要），主要用于各类交流会、研讨会、座谈会等会议纪要，目的是传递信息、研讨问题、启发工作等。如《××县脱贫致富工作座谈会议纪要》。

**典型案例**

**××学院学生思想状况分析座谈会纪要**

时间：××××年××月××日上午

地点：本院××会议室

主持人：主管政治思想教育工作副院长××

出席者：各系党总支书记、政治辅导员、班主任、学生会委员

记录人：××

现将座谈会情况纪要如下：

一、××副院长传达了省教育厅领导关于要认真加强学生政治思想工作，注重分析当前学生的思想状况的讲话精神，其后，××副院长对学生思想状况做了分析，认为当前学生的思想状况总体是健康的、向上的，但也存在一些较突出的问题，如……

二、人文系党总支书记×××同志说：当前青年学生思想比较活跃，愿意思考问题，这确是学生的主流，但当前在部分学生中也存在比较严重的拜金主义、重技能轻理论、重实用轻人文的倾向。

三、××班党支部书记在汇报学生思想状况时，指出有些同学在思想上没有处理好学习与兼职的关系，严重影响了学习成绩。

四、经贸系政治辅导员×××同志谈到个别学生存在怕漏贫而不愿申请经济困难补助的心理。

（略）

## 二、纪要的结构

纪要通常由标题、正文和落款三部分构成，如表2-5-3所示。

表2-5-3　纪要的结构

| 结构 | | 说明 |
|---|---|---|
| 标题 | | 会议名称＋文种 |
| 正文 | 开头 | 介绍会议概况（会议名称、召开会议的目的和背景、会议的时间和地点、主持人、参加人、主要程程、出席会议并作出指示或讲话的领导人等） |
| | 主体 | 会议内容的摘要纪实（会议研究的问题、讨论的意见、作出的决定、提出的主要任务和措施等） |
| | 结尾 | 或提出希望和号召，或交代相关事宜，或向为会议的召开作出突出贡献的单位或者个人表示感谢；也可省略结尾 |
| 落款 | | ××××年××月××日 |

**（一）标题**

纪要标题的结构形式可以分为单标题和双标题两种形式。

**1. 单标题**

（1）由"会议名称＋文种"或"主要内容（事由）＋文种"组成。前者如《县委常委会议纪要》《县委书记（县长）办纪要》《局长办纪要》《全国农村工作会议纪要》《××乡教育工作会议纪要》等；后者如《关于解决粮食购销体制改革后遗留问题的会议纪要》等。

（2）发文机关＋事由＋文种，如《××市关于教育事业建设和发展有关问题的会议纪要》。

## 2.双标题

双标题由"正标题＋副标题"构成。正标题一般揭示会议的主旨或者意义，副标题由"会议名称＋文种"构成，如《以××精神为指导，开创××新局面——××会议纪要》。

### （二）正文

正文由开头、主体和结尾三部分构成。

## 1.开头

开头一般介绍会议概况，包括会议名称、召开会议的目的和背景、会议时间和地点、主持人、参加人、主要议程、出席会议并做指示的领导人等。如果与会人员不多，应写上职务、姓名；如果人数较多，可以写统称。另外，也可以适当评价会议效果。

会议概况可以分条写，也可以连贯写，在开头用一段文字概括，然后用"现将……综述如下"或"会议议定事项如下"提挈下文。

## 2.主体

主体是会议内容的摘要纪实，要写明会议研究的问题、讨论的意见、作出的决定、提出的任务和措施等。主体写法主要有概述式、归纳分类式和发言记录式三种。

（1）概述式：用简明扼要的文字叙述会议议题、主要讨论意见、决议事项等。这种方式大多用于办公会议或者日常工作会议。

（2）归纳分类式：将会议讨论的内容依照其内在联系归纳成几个方面再分类叙写，或者加上序码，或者冠以小标题。具体地说，如果会议有两个或者两个以上议题，则要逐一介绍议题；如果发言者较多，则只需要阐释几个主要观点；有的可以分对过去的评价、对当前形势的分析、对今后工作的要求几个部分写。写作时，一般先用"会议听取了……汇报，会议传达了……文件，传达了……会议精神，会议围绕……进行了热烈讨论"等句子铺垫；然后交代会议达成的共识或作出的决定，应用"会议认为""会议指出""会议强调""会议决定""会议要求"等专用连接语起头。这样写，条理分明，重点突出，便于阅文者掌握。这种方式多用于工作会议和专业性会议。

（3）发言记录式：将与会者的发言内容依次摘要记录，先写发言人的姓名、单位、职务或者职称，后记录其发言要点，如"××同志指出……"。这种写法反映情况更为真切，但仅用于小型座谈会和研讨会

## 3.结尾

结尾的写法多样，或向受文机关和单位提出希望和号召，或交代相关事项，或向对会议的召开作出突出贡献的单位或者个人表示感谢，也可省略结尾。

### （三）落款

落款处仅注明成文日期。成文日期或写于正文下方，居右排布；或置于标题正下方，居中排布。无须加盖公章。

---

**知识角**

### 会议纪要与会议记录的区别

## 1.性质不同

会议纪要是只记录会议要点的文章，是行政公文；会议记录是讨论发言的实录，是事务文书。

## 2.功能不同

会议纪要通常要在一定范围内传达或传阅，要求贯彻执行；会议记录一般不公开，无须传达或传阅，只作为资料存档。

## 写作指导

### 纪要的写作要求

#### 1. 看记录

起草纪要应全面搜集会议的相关文件和材料，认真阅读会议记录。这样做，一方面是为了保证纪要反映会议情况的真实性，另一方面也是为写作纪要确立主旨并选择材料。

#### 2. 抓要点

纪要是"记其要点"，应确记其要，突出重点，而不能照搬会议文件和会议记录。切忌巨细不分，以次要内容冲淡纪要主旨。

#### 3. 讲条理

纪要应对会议讨论的问题、议程、发言内容、决定等分层次、分类别、分顺序进行归纳，这样不仅能使纪要笔墨经济，而且使人感到内容明确、条理清晰。

#### 4. 以"会议"为第一人称

纪要在语言表述上有其独有的特点，即常用名词"会议"作为第一人称，并当作主语使用，如"会议认为""会议要求""会议回顾了""会议指出""会议强调""会议决定""会议希望"等。在反映发言内容时，若需指出姓名，往往用"×××指出""×××强调""×××表示"等说法。这些用语要根据表述内容灵活应用，做到恰到好处。

## 任务实施

### 一、判断题

1. 纪要，也称会议纪要，是指适用于记载会议主要情况和议定事项的一种行政公文。（　　）
2. 纪要适用于上行文、下行文和平行文。（　　）
3. 办公会议纪要也指协商交流性会议纪要。（　　）
4. 纪要标题的结构形式可以分为单标题和双标题两种形式。（　　）

### 二、写作题

下面是一次办公会议记录，请根据记录拟写一份专题会议纪要。

时间：2022年××月××日

地点：市局会议室

参加人员：局领导，渣土处、财务科、办公室负责同志

议程：专题讨论部分国有固定资产划转市

渣土处主持人：张××

记录人：××

张××（主持人）：今天召开将市城市管理行政执法局部分国有固定资产划转市渣土处专题会议，请市渣土处同志汇报有关情况。

李××（渣土处负责同志）：市渣土处为我局财务独立核算事业单位，根据国有资产管理相关规定，财务独立核算单位，固定资产应独立管理，经与市财政局对接，同意我处资产进行独立管理，并在资产系统中设立账户。

陈××（财务科负责同志）：经梳理，我局资产账中存在渣土处共计××××××元固

定资产，这部分资产实际为市渣土处使用，按照规定应由渣土处负责管理。

赵××、方××、孙××、王××四位副局长先后发言，均原则同意划转，并要求及时办理手续，部分资产必要时要服从市局的统一调配。

张××（主持人）：请市渣土处抓紧对接市财政及相关部门，办理好划转手续。同时，市渣土处要建章立制，加强对固定资产的管理，对部分单位价值高的资产需要专人负责管理，部分资产必要时要服从市局的统一调配。

### 将市城市管理行政执法局部分
### 国有固定资产划转市渣土处专题会议纪要

（2022年××月××日）

时间：2022年××月××日

地点：市局会议室

议程：专题讨论部分国有固定资产划转市渣土处

参加人员：局领导，渣土处、财务科、办公室负责同志

主持人：张××

记录人：××

会议听取的报告和议定的事项纪要如下：

一、听取市渣土处负责人李××同志将市管理行政执法局部分国有固定资产划转市渣土处有关情况汇报。根据李××同志的汇报，会议充分肯定了市渣土处为市局财务独立核算事业单位，为财务独立核算单位，固定资产应独立管理。经与市财政局对接，同意渣土处资产进行独立管理，并在资产系统中设立账户。

会议建议：市渣土处抓紧对接市财政及相关部门，办理好划转手续。同时，市渣土处要建章立制，加强对固定资产的管理，对部分单位价值高的资产需要专人负责管理。

二、会议听取了财务科负责同志陈××的建议，经梳理，市局资产账中存在渣土处共计××××××元固定资产，这部分资产实际为市渣土处使用，按照规定应由渣土处负责管理。

会议建议：市财政及相关部门应积极配合市渣土处办理好划转手续，尽早落实。

三、会议又听取了赵××、方××、孙××、王××四位副局发言，会议经讨论决定均原则同意划转，并要求及时办理手续，部分资产必要时要服从市局的统一调配。

希望市渣土处抓紧对接市财政及相关部门，办理好划转手续。同时，市渣土处要建章立制，加强对固定资产的管理，对部分单位价值高的资产需要专人负责管理，部分资产必要时要服从市局的统一调配。尽快完成会议将部分国有固定资产划转市渣土处的决定。

## 模块三

# 职场制胜的法宝——事务文书

# 项目一  凡事预则立

## ——计划

××厂为了进一步调动职工的积极性，保证完成和超额完成任务，决定在全厂内推行党风廉政建设责任制先进经验，搞好试点工作，组织职工讨论，充分发扬民主，各方面配合，从7月上旬开始，利用3个月完成任务。请根据以上情况，为该厂拟定一份工作方案。这个方案就是我们平时所说的计划。

"凡事预则立，不预则废"。预，就是事前的计划和安排。在各项工作中，计划的作用是不可忽视的。因此，不仅国家要有各种各样的计划，而且各部门、各地区、各单位以至生产班组和个人，都必须制定自己的计划。

有了计划，就有了明确的奋斗目的，就可以更好地统一思想，协调行动，增强工作的自觉性和创造性。合理地安排使用人力、物力、财力；有了计划，领导者可以随时掌握工作进程，检查任务的完成情况，取得主动权，使工作有条不紊地顺利进行。此外，计划也是检查和总结工作的依据。那么，这份计划应如何撰写呢？

### 典型案例

## ××××年党风廉政建设责任制计划

为进一步贯彻落实中央、省、州、市党风廉政建设责任制工作，加强我局党风廉政建设，根据《中共吉首市委、吉首市人民政府关于落实党风廉政建设责任制范围和反腐败工作任务的通知》的要求，明确本单位党风廉政建设应负的责任，确保上级党风廉政建设各项任务的贯彻落实，结合我局工作实际，制定本计划。

一、组织领导

实行党风廉政建设责任制，要坚持党支部统一领导，党政齐抓共管，各股室队各负其责的领导体制和工作机制，必须与领导干部目标管理、精神文明建设、机关效能建设、行风建设以及各项业务工作紧密结合，任务一起下达，工作一起检查，成效一起考核。做到谁主管谁负责。为此，成立落实党风廉政建设责任制领导小组，组长由党组书记×××担任，副组长由局长×××担任，成员由副局长×××、副局长×××、纪检组长×××、×××、×××、××组成，领导小组下设办公室，主任由××兼任，负责日常事务。实行党风廉政建设责任制，要通过召开组织生活会和民主生活会等形式充分发挥党内党外干部群众的监督作用。对面上的工作着重抓教育、抓防范、抓制度、抓管理、抓重点环节，对出现的问题，及时予以纠正；对违纪的人和事，坚决查处。

二、责任范围

1.党组书记和局长对职责范围内的党风廉政建设负总责，对局班子成员的党风廉政建设负直接领导责任。

2.领导班子其他成员根据工作分工，对职责范围内的党风廉政建设负领导责任，对分管股室队主要负责人的党风廉政建设负直接领导责任。

3.各股室队主要负责人对职责范围内的党风廉政建设负领导责任，对本股室队的党风廉政建设负直接领导责任。

三、责任内容

（一）局领导干部在党风廉政建设中承担以下领导责任：

1.认真贯彻落实上级关于党风廉政建设的各项部署和任务，坚持"一岗双责"，既要抓好自己分管的工作，又要抓好所分管部门和单位的党风廉政建设，制定适合本单位的党风廉政建设工作计划和措施，并组织实施。

2.按照标本兼治、综合治理的要求，从抓源头入手，建立和完善管理办法、管理机制和监督机制。严格实行收支两条线。预算外资金、罚没物品严格按规定管理。推行政务公开、领导干部任期审计等制度。加强对人、财、物的管理，从源头上防止可能出现的违纪腐败行为。

3.加强党风廉政教育工作。组织党员、干部认真学习邓小平同志关于党风廉政建设一系列理论，学习胡锦涛总书记关于党风廉政建设的重要论述，学习党纪政纪有关规定，学习先进典型事迹，开展荣辱观和典型案例教育。通过学习教育，进一步明确上级关于党风廉政建设的各项任务、工作重点及对党员、干部的具体要求。

4.认真履行监督职责。对分管的部门和干部群众的党风廉洁自律情况进行监督检查和考核。半年听取一次汇报，检查一次党风廉政情况，了解党风廉政建设工作的真实情况和群众反映、及时反馈和改进。

5.个人工作圈、生活圈、社交圈要清正廉洁，既要自觉接受监督，又要履行好监督责任，对配偶、子女和身边工作人员要严格教育、严格管理，推荐干部要符合标准、程序，以身作则。

6.领导干部要在廉洁自律中作出表率，按照《廉政准则》的各项规定严格要求自己，认真按制止奢侈浪费八项规定办事，认真执行重大事项报告、礼品登记和收入申报制度，定期开好专题民主生活会，认真向干部群众做好工作、思想和作风汇报，建立起融洽的干群关系。

（二）股室负责人在党风廉政建设中承担以下领导责任：

1.认真贯彻执行局党支部关于党风廉政建设的各项部署和要求，坚持"一岗双责"，既要认真抓好本部门的业务工作，又要抓好党风廉政建设。

2.认真履行监督职责。对本部门的干部群众的党风廉政自律情况进行监督检查，了解本部门党风廉政建设工作的真实情况和群众反映，及时反馈和改进。

3.个人工作圈、生活圈和社交圈要清正廉洁，既要自觉接受监督，又要履行好监督责任，对配偶、子女和身边工作人员要严格教育、严格管理，以身作则。

4.部门负责人要在廉政自律中作出表率，按照《廉政准则》的各项规定严格要求自己，认真按制止奢侈浪费八项规定办事，认真执行重大事项报告、礼品登记和收入申报制度，认真向本部门干部、群众做好工作、思想和作风汇报，建立起融洽的干群关系。

四、责任考核

1.本单位党风廉政建设考核工作在局党组领导下进行，考核工作可与领导班子和干部考核、年终工作目标考核、年度考核结合进行，必要时也可组织专门考核。考核工作原则上一年进行一次。责任制考核情况作为领导干部业绩评定、奖励惩处、选拔任用的重要依据。

2.局领导和党员干部结合民主生活会和述职报告，每年对照责任制自查一次，党组书记和局长遇到涉及党风廉政建设的重大事项应主动向上一级责任人报告。属于领导班子的重大事项由主要负责人报告，属于干部个人的重大事项由个人报告。报告一般应在事发后两天内以书面形式提出。有关责任人接到报告后应尽快向报告人提出处理意见，并负责督促落实。

3. 局党组纪检组长要按照有关规定负责对党风廉政建设责任制执行情况进行跟踪、监督、检查，定期向党组及主要领导报告执行情况。

五、责任追究

领导干部和部门负责人不履行或不正确履行党风廉政建设责任制有关规定，所分管股室队和部门出现严重违纪的人和事，根据不同情况，给予批评或作出相应组织处理，需要追究纪律责任的，依照程序给予党纪处分。具体办法如下：

1. 实施责任追究，要实事求是，分清集体责任与个人责任，直接领导责任、主要领导责任和重要领导责任，认真听取当事人的申辩，做好调查研究、集体研究决定。

2. 对违反党风廉政建设责任制有关人员需要给予组织处理的，由局党组研究上报州质监局党组。

3. 对违反责任制规定，出现重大违纪的人和事，给予质量技术监督事业造成损害，需要追究纪律责任的，视情节根据省、州局党组和吉首市委《关于实行党风廉政建设责任制规定的实施细则》有关责任追究的情况，依据程序给予党政纪处分，涉嫌犯罪的，移交司机法机关处理。

吉首市质量技术监督局

××××年××月××日

## 知识点拨

## 任务一　计划的含义和特点

大家在日常的学习生活中或者在以后的社会工作中，做任何事总得有个目标，有了目标以后，才好制定计划，照着目标去实现它！如某公司确定了年度工作目标，就需要提前编写年度工作计划。也就是说，人们在做事之前，头脑中要先有一些初步的想法，完成这个目标需要制定一个计划。

首先要明确计划是党政机关、社会团体、企事业单位和个人，在未来的一定时间内，为了实现某项目标和完成某项任务而事先做的安排和打算。

### 一、计划的含义

计划就是在未来的一定时间内，为了更好地完成工作、生产、学习等任务，根据党和国家的方针政策、上级的指示精神以及单位或个人的实际情况，提出明确的目标和具体的任务，要求制定相应的措施、方法、步骤，规定完成期限等具体内容的书面材料。它要解决和回答的是：在未来。

它是机关事务文书之一，具有规定性和指导性。上级机关下达的计划，下级机关必须遵照执行，努力完成。

### 二、计划的特点

#### （一）预见性

无论实现的条件多么可靠，计划目前还没有实现，是一种预见性的安排。因此在实施过程中，随着时间、条件的变化，必须作出一些变化和修正。

#### （二）科学性

计划虽然是一种预见性安排，但不是盲目性地安排，它是在进行调查研究的基础上，经过认真分析后的产物，其目标是切实可行的。

### （三）指导性

计划是为了达到一定的工作目标而制定的，可以用来指导本部门、本单位的工作进程。有了计划，就有了明确的奋斗目标，就可以合理地分配时间，安排人力、物力、财力，充分调动人们的积极性和创造性，为实现既定的目标而努力。

# 任务二　计划的种类和结构

## 一、计划的种类

计划是计划类文书的统称。因为计划涉及的内容和期限不同，计划文书还有不同叫法。如规划、要点、设想、打算、方案、安排等。严格说来，这些文种间都存在一定差异，写法也不尽相同。

### （一）规划

规划是计划中最宏大的一种。

从时间上说，一般都要在五年以上，时限较长，须跨年度；

从范围上说，大都是全局性工作或涉及面较广的重要工作项目；

从内容和写法上说，往往是粗线条的，比较概括，如《××省经济和社会发展十年规划》《××市社区服务业发展规划（2016—2020年）》等。

规划是为了对全局或长远工作作出统筹部署，以便明确方向，激发干劲，鼓舞斗志；相对其他计划类公文而言，规划带有方向性、战略性、指导性，因而其内容往往要更具有严肃性、科学性和可行性。

### （二）要点

要点是对一段时间内的工作作出简要的安排，要求突出重点，写得扼要。所以要点即工作计划的摘要，是一种提纲挈领的计划。一般是将计划的主要内容摘录编排，使之重点突出。很多以文件形式下发的计划，都采用要点式，它便于抓主要矛盾，抓大事。

### （三）设想和打算

设想是计划中最粗略的一种。

在内容上是初步的，多是不太成熟的想法。

在写法上是概括地、粗线条地勾勒。

一般说来，时间长远些的称设想；时间不太长、范围也不太大的，则称为打算。

### （四）方案

方案是从工作目的、工作要求、工作方式方法到工作步骤各方面，对专项工作作出全面部署与安排的计划。

方案是对将要进行的某项重要工作，从工作目的、要求、方式、方法到具体进度的实施计划，经上级批准后即可执行。如《国务院机构改革方案》。

### （五）安排

安排是对短期内工作进行具体布置的计划。

安排是工作计划中最具体的一种，是短期内要做的，且范围不大、内容单一、布置具体的一类计划。如《××系第×周工作安排》。

### （六）计划

狭义的计划是广义工作计划中最适中的一种。

这个特点表现在：时间一般在一年、半年左右，范围一般都是一个单位的工作或某一项重要工作，内容和写法要比规划具体、深入，要比设想正规、细致，要比方案简明、集中，要比安排扩展、概要。

**知识角**

注意：计划以不同的标准可分为不同的种类：
（1）按性质分，有综合性计划和专题性计划。
（2）按内容分，有学习计划、工作计划、科研计划、生产计划、财务计划、成本计划等。
（3）按时间分，有长期计划、年度计划、季度计划、月计划、周计划等。
（4）按范围分，有国家计划、地区计划、单位计划、部门计划、科室计划、个人计划等。
（5）按表达形式分，有条文式计划、表格式计划和文表结合式计划。

**典型案例**

### 2022 年 ×× 公司工作计划

为了完成公司 2022 年的总体经营管理目标，公司特制定 2022 年工作计划如下：

一、人力资源计划

根据本年度工作情况与存在的不足，结合目前公司发展状况和今后趋势，人力资源计划从 9 个方面开展 2022 年度的工作：

1. 进一步完善公司的组织架构，确定和区分每个职能部门的权责，争取做到组织架构的科学适用，三年不再做大的调整，保证公司的运营在既有的组织架构中运行；

2. 完成公司各部门各职位的工作分析，为人才招募与评定薪资、绩效考核提供科学依据；

3. 完成日常人力资源招聘与配置；

4. 推行薪酬管理，完善员工薪资结构，实行科学公平的薪酬制度；

5. 充分考虑员工福利，做好员工激励工作，建立内部升迁制度，做好员工职业生涯规划，培养员工的主人翁精神和献身精神，增强企业凝聚力；

6. 在现有绩效考核制度基础上，参考先进企业的绩效考评办法，实现绩效评价体系的完善与正常运行，并保证与薪资挂钩，从而提高绩效考核的权威性、有效性；

7. 大力加强员工岗位知识、技能和素质培训，加大内部人才开发力度；

8. 建立内部纵向、横向沟通机制，调动公司所有员工的主观能动性，建立和谐、融洽的企业内部关系，集思广益，为企业发展服务；

9. 做好人员流动率的控制与劳资关系、纠纷的预见与处理，既保障员工的合法权益，又维护公司的形象和根本利益。

二、增加人员配置

1. 前台：人员增加至 3 名，分管不同区域。

2. 车间管理人员：车间行政主管 1 人、技术主管 1 人、所需机电维修组长约 3 名。

三、强化人员素质培训

春节前完成对各区域所需人员的招聘和培训工作，认真选择和慎重录用基层管理人员，切勿滥竽充数。

四、加大人员考核力度

在人员配置、资源保证、业绩考核等方面作出实施细则规定，从制度上对此项工作作出保证。并根据各区域实际情况和存在的问题，有针对性地加以分析和研究，以督促其在短期内按

规定建立和健全管理工作。

**五、加强市场调研**

以业务部提供的信息量和公司在各区域的业务进展情况，将以专人（兼职）对各区域业务的发展现状和潜在的发展趋势进行充分的市场调研。通过调研获取第一手资料，为公司在各区域开拓新的市场做好参谋。

**六、品牌推广**

1. 为进一步打响"××"品牌，扩大××的市场占有率，2022年公司乘车间改建的东风，初步考虑以宣传和扩大品牌的方式，创造更大的市场空间，从而更上一层楼。

2. 及时制作企业新的业绩和宣传资料，进一步做好内部管理及宣传工作。在各个现场制作和安装宣传条幅或广告牌，现场展示企业实力。

3. 加强和外界接触人员的专业知识培训和素质教育工作，树立良好的企业员工形象，丰富企业文化内涵。

**七、客户接待**

客户接待工作仍是业务部工作的重点之一。做好客户接待工作是业务接洽的必要前提和基础。按照公司有关规定，要求保质保量地做好客人接待工作是业务部必须认真研究和探讨的重要课题。表面上看起来接待工作比较简单，但实质上客户接待工作是一门十分深奥的学问，因此，业务部要在方法上、步骤上、细节上下一番功夫。为了既少花钱，又不影响接待效果，需要了解客户的生活阅历、为人禀性、处事方式、办事风格、企业价值取向、管理理念、产品特色、行业地位等。仔细研究分析和琢磨推敲日程的安排，让每一位客人在最短的时间内有全面的、清晰的、有一定深度的了解，对公司的产品表现出最大限度的认同感，对公司的管理模式和企业文化产生足够的兴趣。把长期地、坚持不懈地认真对待每一批客人和每一客人，使他们对接待工作满意作为业务部每一个接待工作人员的准则。从而以此来提高跟踪的成功率，达到提高企业经济效益的根本目的。为此，业务部2022年要着重抓好以下几方面的工作：

1. 督促全体人员始终以热诚为原则，有礼有节地做好各方面客户的接待工作，确保接待效果一年好于一年。

2. 在确保客户接待效果的前提下，尽可能地节省接待费用，以降低公司的整体经营成本，提高公司的利润水平。

3. 继续做好客户的接待档案管理工作。

4. 调整部门人员岗位，招聘高素质的人员充实接待力量。随着业务量的不断扩大，为了适应公司业务发展的需要，更好地做好接待工作，落实好人员招聘工作也是一件十分重要的事情。

**八、内部管理**

1. 严格执行5S管理模式，严格实施"一切按制度执行，一切按文件管理，一切按程序操作，一切用数据说话，一次就把工作做好"的战略，逐步成长为执行型的团队。

2. 进一步严格按照公司所规定的各项要求，开展本部门的各项工作，努力提高管理水平。

## 二、计划的结构

### （一）前言

前言是计划的开头部分，简要概括基本情况，并指出制定计划的背景、根据、目的、意义、指导思想等，一般一两个自然段即可。

（1）前言部分末尾常用"现制定计划如下"或"为此，20××年××工作计划如下"等句过渡到主体部分。

（2）前言的详略长短，要根据工作的重要程度、内容的多少来确定，总体上以精练简洁为原则。

例如：《××百货大楼开展优质服务的活动方案》的前言是："为了贯彻治理整顿、深化改革的方针，结合大楼实际，开展优质服务活动，净化柜台，提高经营质量，维护消费者利益，进一步提高社会效益和大楼信誉，为争创'顾客满意最佳商店'创造条件。"

（3）前言是计划的纲领性内容，主要是说明依据什么方针、政策以及上级的什么指示精神，然后是对基本情况的分析，或对计划的概括说明、完成任务的主客观条件怎么样、制定这个计划要达到什么目的、完成计划指标有什么意义。

例如，教育部××××年工作要点的前言：

××××年教育工作的总体要求是：全面贯彻党的十八大和十八届三中、四中、五中全会精神，以邓小平理论、"三个代表"重要思想、科学发展观为指导，深入学习贯彻习近平总书记系列重要讲话精神，按照"五位一体"总体布局和"四个全面"战略布局，牢固树立和贯彻落实创新、协调、绿色、开放、共享的发展理念，全面贯彻党的教育方针，紧紧围绕提高教育质量这一战略主题，以立德树人为根本任务、以促进公平为基本要求、以优化结构为主攻方向、以深化改革为根本动力、以健全法治为可靠保障、以加强党的领导为坚强保证，加快推进教育现代化，为全面建成小康社会发挥关键支撑作用。

### （二）主体

#### 1. 主体的内容

主体部分要写明实施计划的指导思想、目标、要求、分工、程序、方法、时间等。主要回答"做什么""怎么做""分几步做""何时完成""什么时候完成""做什么""做到什么程度"等问题。

（1）一般先写总目标，再写具体任务和指标。目标是计划的灵魂，是制定计划的导因和出发点。在提出任务时，要确定重点，分清主次；列出指标时，要明确数量和质量的标准。

（2）措施和方法是落实目标和任务的具体做法，包括思想工作、人员调配、工作机构、方式手段、人力物力财力安排、后勤保证等。

（3）步骤、期限和时间安排是落实目标和任务的重要保证，科学的时间安排可以使执行者既产生紧迫感，又能有条不紊地开展工作，如期完成预定任务。这一部分要考虑全面、周到。为使条理清楚，通常采用分条列项的方法来写。

#### 2. 主体的表述方式

主体的表述方式常用的有综述式、条文式、表格式、交错式等几种。

#### 3. 主体的结构

根据不同的计划，主体部分可以采取不能的写法，常见的结构形式如下：

（1）合说式，即把任务和措施合在一起分条列项写。它适用于任务比较多，而任务间又无共同措施的情况，这种结构多用于全面的计划。

（2）分说式，即把任务和措施分成两个方面分别来写，这种结构多用于专题计划。

通常主体部分由于内容繁多，需要分层、分条撰写。常见的结构形式为：用"一、二、三……"的序码分层次，用"（一）、（二）、（三）……"加"1. 2. 3. ……"的序码分条款。具体如何分层递进，依内容的多少及其内在的逻辑性而定。

举例，独立成段，用作小标题：

一、××××，××××

（一）××××，××××

1.××××

（1）××××

有的可不独立成段，用作中心句：

一、××××，××××

（一）×××××××。××××，×××，××××。

1.××××。××××

（1）××××。××××

注：可以省略中间层次，但不能颠倒层次。

例如，某同学的大学生涯规划（节选）

第一，×××××××，××××，×××。

第二，培养一定的科研能力。作为一个工科生、一个精仪学院工程科学实验班的学生，具备一定的科研能力是必需的。虽然大学本科着重于知识的传授，但历届学长学姐们的科研成功案例告诉我，我也有可能通过实践获得一定的科研能力。为实现这一目标，我制定以下措施：首先，重视大学课程中的实验课程。例如，电路实验课、金工实习等。这些课程因为不考试等原因被大部分学生忽视，不过这些课程却能为今后的科研打下一定的基础。

×××××××，××××，×××。

### （三）结语

（1）结尾可以用来提出希望、发出号召、展望前景、明确执行要求等，也可以在条款之后就结束全文，不写专门的结尾部分。

（2）可以提出明确的执行要求，可以展望计划实现的情景给人以鼓舞，也可以提出希望或发出号召。工作要点可以不写结尾部分。

如计划中有的内容在正文里不便表述，如图、表等，可作为"附件"附在正文之后。

例如，十九大报告第四部分的结尾：

同志们！从全面建成小康社会到基本实现现代化，再到全面建成社会主义现代化强国，是新时代中国特色社会主义发展的战略安排。我们要坚忍不拔、锲而不舍，奋力谱写社会主义现代化新征程的壮丽篇章！

### （四）落款

在正文右下方署上制定计划的单位名称，在署名的下行写上日期。

如标题已注明单位名称，这里也可不署名。如果是个人计划，则不必在标题中写上名字，而须在正文右下方的日期之上署名。

## 三、计划的写作要求

### （一）目标要实事求是

制定计划时不仅要考虑到工作的需要，而且要考虑到实际的可能。计划中所提的目标、任务，不能过高，也不能过低。所撰写的计划既要有前瞻性，又要留有余地。事关全局的计划，还应该把方方面面的问题考虑周全，计划分解到部门，要处理好大计划与小计划之间的关系、整体与局部的关系，做到统筹兼顾。

### （二）内容要明确具体

计划的目标、任务要具体明确，措施、步骤要切实可行，具有可操作性，切忌目标笼统，措施含糊，职责不明，分工不清；否则，执行时不得要领，检查时也缺少依据。

### （三）语言要简明扼要

计划以叙述和说理为主，语言要简洁明了，善于深入浅出地说明复杂的事理，不作冗长的叙述和过多的议论，行文上也力求条理清楚，段落分明。

**知识角**

### 商业计划书的要素

#### 1. 计划摘要

计划摘要一般包括以下内容：公司介绍、主要产品和业务范围、市场概貌、营销策略、销售计划、生产管理计划、管理者及其组织、财务计划、资金需求状况等。

在介绍企业时，首先要说明创办新企业的思路、新思想的形成过程以及企业的目标和发展战略。其次，要交代企业现状、过去的背景和企业的经营范围

企业家的素质对企业的成绩往往起关键性的作用。在这里，企业家应尽量突出自己的优点并表示自己强烈的进取精神，以给投资者留下一个好印象。

在计划摘要中，企业还必须回答下列问题：

（1）企业所处的行业、企业经营的性质和范围；

（2）企业主要产品的内容；

（3）企业的市场在那里，谁是企业的顾客，他们有哪些需求；

（4）企业的合伙人、投资人是谁；

（5）企业的竞争对手是谁，竞争对手对企业的发展有何影响。

计划摘要要尽量简明、生动，特别要详细说明自身企业的不同之处以及企业获取成功的市场因素。如果企业家了解他所做的事情。

#### 2. 产品（服务）介绍

在进行投资项目评估时，投资人最关心的问题之一就是，风险企业的产品、技术或服务能否以及在多大程度上解决现实生活中的问题，或者，风险企业的产品（服务）能否帮助顾客节约开支，增加收入。

（1）顾客希望企业的产品能解决什么问题？顾客能从企业的产品中获得什么好处？

（2）企业的产品与竞争对手的产品相比有哪些优缺点？顾客为什么会选择本企业的产品？

（3）企业为自己的产品采取了何种保护措施？企业拥有哪些专利、许可证，或与已申请专利的厂家达成了哪些协议？

（4）为什么企业的产品定价可以使企业产生足够的利润？为什么用户会大批量地购买企业的产品？

（5）企业采用何种方式去改进产品的质量、性能？企业对发展新产品有哪些计划？等等。

#### 3. 人员及组织结构

有了产品之后，创业者接下来要做的就是结成一支有战斗力的管理队伍。

企业的管理人员应该是互补型的，而且要具有团队精神。

#### 4. 市场预测

当企业要开发一种新产品或向新的市场拓展时，首先就要进行市场预测。

首先，要对需求进行预测：市场是否存在对这种产品的需求？需求程度是否可以给企业带来所期望的利益？新的市场规模有多大？需求发展的未来趋向及其状态如何？影响需求的都有哪些因素？

其次，市场预测还包括对市场竞争的情况、企业所面对的竞争格局进行分析：市场中主要的竞争者有哪些？是否存在有利于本企业产品的市场空间？本企业预计的市场占有率是多少？本企业进入市场会引起竞争者怎样的反应？这些反应对企业会有什么影响？等等。

在商业计划书中，市场预测应包括以下内容：市场现状综述、竞争厂商概览、目标顾客和目标市场、本企业产品的市场地位、市场区域和特征，等等。

#### 5. 营销策略

1）营销是企业经营中最富挑战性的环节，影响营销策略的主要因素

（1）消费者的特点；

（2）产品的特性；

（3）企业自身的状况；

（4）市场环境方面的因素。最终影响营销策略的则是营销成本和营销效益因素。

2）在商业计划书中，营销策略应包括的内容

（1）市场机构和营销渠道的选择；

（2）营销队伍和管理；

（3）促销计划和广告策略；

（4）价格决策。

#### 6. 制造计划

商业计划书中的生产制造计划应包括以下内容：产品制造和技术设备现状、新产品投产计划、技术提升和设备更新的要求、质量控制和质量改进计划。

在寻求资金的过程中，为了增大企业在投资前的评估价值，风险企业家应尽量使生产制造计划更加详细、可靠。一般地，生产制造计划应回答以下问题：企业生产制造所需的厂房、设备情况如何；怎样保证新产品在进入规模生产时的稳定性和可靠性；设备的引进和安装情况，谁是供应商；生产线的设计与产品组装是怎样的；供货者的前置期和资源的需求量；生产周期标准的制定以及生产作业计划的编制；物料需求计划及其保证措施；质量控制的方法是怎样的；相关的其他问题。

#### 7. 财务规划

财务规划需要花费较多的精力来做具体分析，其中就包括现金流量表、资产负债表以及损益表的制备。流动资金是企业的生命线，因此企业在初创或扩张时，对流动资金需要有预先周详的计划和进行过程中的严格控制；损益表反映的是企业的盈利状况，它是企业在一段时间运作后的经营结果；资产负债表则反映在某一时刻的企业状况，投资者可以用资产负债表中的数据得到的比率指标来衡量企业的经营状况以及可能的投资回报率。

1）财务规划一般包括的内容

（1）商业计划书的条件假设；

（2）预计的资产负债表、预计的损益表、现金收支分析、资金的来源和使用。

企业的财务规划应保证和商业计划书的假设相一致。事实上，财务规划和企业的生产计划、人力资源计划、营销计划等都是密不可分的。

2）要完成财务规划，必须明确下列问题

（1）产品在每一个期间的发出量有多大？

（2）什么时候开始产品线扩张？

（3）每件产品的生产费用是多少？

（4）每件产品的定价是多少？

（5）使用什么分销渠道？所预期的成本和利润是多少？

（6）需要雇佣哪种类型的人？

（7）雇佣何时开始？工资预算是多少？等等

## ✿ 写作指导

### 制定计划的过程

#### 1. 准备阶段

学习领会党和国家的有关方针、政策以及上级的有关文件精神，了解上级主管部门对编制计划提出的各项要求。

深入调查研究，分析本单位、本部门的具体情况，收集整理有关资料。

根据上级的指示精神和本部门、本单位的实际情况，确定计划的目标、任务、要求，再制定具体的措施、步骤、办法。另外，还要预见今后工作中可能发生的偏差、缺点，遇见的障碍、困难，确定预防和克服的有效措施和办法。

#### 2. 草拟、审议、讨论阶段

在做好充分准备工作的基础上，即开始拟写计划草案。计划草案一般要经过领导班子讨论、审议，或直接交给群众讨论、审议。有的必须经过有关会议讨论、审议。

#### 3. 修改、定稿阶段

计划的起草人根据讨论审议的意见，修改计划草稿、定稿，形成正式计划。有的要报送主管部门，经审批同意后即成为正式计划。

## ✿ 任务实施

### 一、改错题

1. 请仔细阅读下列习作，然后指出不足并改正。

### 2022 年学期计划

为了顺利通过英语四级考试及期末考试，特作如下打算：

一、合理安排作息时间。每天 5：30 起床，早晚 6：00—7：00 记英语单词，其余时间作期末复习。

二、在复习过程中注意抓重点，对基础差的课，如数学、统计、应用文，要多花时间。特别是应用文写作，除了上课认真听讲以外，课后还应多去阅览室看看，增加知识，开阔视野，最后达到提高写作能力的目的。

三、对几门兴趣不大的课，如投资银行、中央银行，要强迫自己认真听课，尽量做到不在课堂上睡觉。

四、在抓重点的同时，也不能忽略其他科目，如技能课（打传票），要坚持每天练习。体育课也要积极参加。一个健康的体魄是学习所必需的。

以上几条，在整个学期都要坚持，决不放弃，以期在考试中取得良好成绩。

**参考答案：**

（1）要写明具体哪个学期的学习计划。

（2）这个学期计划要达到的具体目标只是英语四级吗？不明确。

（3）二、三、四点和英语四级无关。

2.请仔细阅读下列习作，然后指出不足并改正。

### 新海商场 2017 年下半年促销规划

为了繁荣商品市场，促进我市经济发展，特制定本商场今年下半年的促销计划如下：

一、按照市商业局下达的商品销售利润指标，国庆期间开展大规模的让利促销活动。

二、在此次促销期间，各部门要通力合作。凡成绩突出者，商场将予以精神和物质奖励。

三、全体商场工作人员必须认真遵守本商场制定的文明服务公约，使顾客满意率达到 99％以上。

望党员、团员起带头作用，全体职工共同努力，确保本计划圆满实现。

新海商场

2017 年 7 月 3 日

**参考答案：**

1.标题的计划名称不当，应改为：《××商场××××年下半年促销计划》。

2.前言缺漏了制定计划的目的和依据，把下文的"利润指标"放入前言，可修改为"为了完成全年销售任务，实现市商业局下达的商品销售利润指标，保证商场的经济效益，保证职工的良好收入，特制定本商场今年下半年的促销计划如下："

3.计划的目标任务、方法措施、时间步骤都不具体，销售利润是多少？用什么方法促销？促销分哪几个步骤进行？怎样分工？负责人是谁？均没有明确交代。此外，计划的内容不完整，既然是下半年的促销计划，就不只是国庆促销，还应该有其他的促销安排。促销计划应按照活动时间的先后，对任务、步骤、负责人一一明确落实。

## 二、填空题

1.《浙江金融职业学院 2019 年招生工作 _____ 》

2.《中国银行 ×× 分行 2022 年"双增双节"实施 _____ 》

3.《浙江省财政厅 2022 年工作 _____ 》

4.《浙江金融职业学院年终工作 _____ 》

5.《×× 学校争创文明校园的 _____ 》

6.《关于亚欧合作的 _____ 》

7.《浙江省绿化荒山十年 _____ 》

参考答案：

1.《浙江金融职业学院 2019 年招生工作计划》

2.《中国银行 ×× 分行 2022 "双增双节" 实施方案》

3.《浙江省财政厅 2022 年工作要点》

4.《浙江金融职业学院年终工作安排》

5.《×× 学校争创文明校园的打算》

6.《关于亚欧合作的设想》

7.《浙江省绿化荒山十年规划》

## 三、写作题

请根据自己的实际情况，写一份学习计划。

实训作业要求如下：

1.内容可以是大学学习的某一门课程或课外某一项学习，切入口要小。

2.正文部分应以小标题提纲挈领地标出，目标明确，措施方法应具体。

3.字数不少于 500 字。

4.具体文种名称根据写作的内容和性质选择。

参考例文略。

# 项目二　篇终接混茫

## ——总结

**情境导入**

总结年年有事事有，每到年末、季末、学期末，甚至月末，或者某个活动结束时，好多人都要忙着写总结，所以就有了"举头望明月，低头写总结，千山鸟飞绝，都在写总结……洛阳亲友如相问，就说我在写总结"的网络戏语，这些网络戏语虽然有玩笑的意味，但也说明总结是我们日常工作学习生活中的重要内容之一，学会写总结也是我们必备的技能之一。

作为大学生，每到学期末或者学年末，都要求对自己的大学生活进行总结，那么你该怎样撰写个人总结呢？

**典型案例**

### 2021—2022 学年个人总结

我是张某某，天津大学文学院20××级商务英语A班的学生，女，中共党员。一个勤奋刻苦、尊敬师长、团结同学、勇于进取的女孩，本人学习和工作勤勤恳恳、认真负责，获得了老师和同学们的好评。下面是我大二学年度的个人总结：

一、思想方面

政治思想上要求进步，积极向党组织靠拢。在大一上学期就参加了学校组织的入党积极分子培训，学习党的知识，不断提高自身的政治素养，积极参加学院及班级组织的思想政治学习活动，顺利通过了学校党组织的考察，在大二正式成为预备党员。

二、学习方面

相比大一，大二学业增加了，尤其是专业课增多了，所以我更加专注学习。课堂上，认真听讲，努力把老师讲解的知识点弄懂，做好笔记，有问题立刻找老师解决；课下，做好复习和练习题，巩固知识点。周末，为了有一个良好的学习氛围，我会去图书馆完成作业、阅读书籍、开阔视野、拓宽知识面。大二这一年，我通过了专业英语四级考试和计算机国家一级考试，并且参加了商务专业知识技能大赛，获得团体一等奖。

三、工作方面

大一时我加入了校学生会文艺部，大二已经成为学姐，开始接手管理文艺部的工作。本学年，在老师的帮助和部门成员的配合下，成功举办了中秋及迎新晚会、元旦晚会、五四青年文艺展、校园十佳歌手等活动。从撰写活动策划、组织大一学弟学妹进行宣传到最后活动开展，每一个过程我都全程参与。这不仅让我积累了举办活动的经验，也锻炼了我的活动组织能力，进步是巨大的。

四、生活方面

我的大二生活也是丰富多彩的。我保持着早睡早起的生活习惯，早上不到六点就起床锻炼，坚持早读，即使是天冷，也不曾懈怠。我性格活泼，和同学、室友相处融洽，喜欢交友，经常约朋友们一起打球、爬山……大学生活快乐而充实。

以前总觉得时间过得很慢，现在回过头想想，大二整个学年在不知不觉中已经结束。回想自己这一年的生活，颇有感慨。总体来说，进步了很多，成长了很多，但仍然存在不足，比如有些计划好的事情会因为这样或那样的原因没有完成。在今后的学习生活中，我会尽可能地安排好时间，不找借口不拖延，及时完成计划好的工作，使自己向更好的方向发展。

张某某

2022 年 6 月 28 日

### 知识点拨

## 任务一　总结的含义和作用

### 一、总结的含义

总结是对本人、本单位或本地区某一时期的工作实践经验进行分析、整理、概括，从中找出规律，用以推动工作的一种应用文体。理解这个概念，应注意以下三点：

**（一）总结一般有时间上的限制**

总结一般有时间上的限制，不能随意超过这个范畴谈论过多；

**（二）对象上有明显的自身性**

对象上有明显的自身性，不能随意超过这个范畴谈论过多其他人或单位的事；

**（三）内容上主要侧重回顾和评价**

略。

### 二、总结的作用

总结的作用主要是回顾过去，评估得失，指导将来。人们通过总结，可以全面、系统地了解工作的情况，从成功中获得经验，从错误或失败中吸取教训，从而改进工作，把工作推进到一个新的更高的阶段。

由于总结是对实际工作由感性到理性的再认识过程，因而通过总结还可以使人们提高认识，增长才干。有些总结，既要上报，又要下发，有的还在一定场合进行宣讲，因此总结又能起到互通情报、共同提高的作用。

## 任务二　总结的种类和特点

### 一、总结的种类

总结的种类很多，根据不同的划分标准可以分为以下几类：

**（一）按性质分，总结一般分为两种**

**1. 综合性总结**

综合性总结又称全面总结，是对某一时期各项工作的全面回顾与检查，如《××公司2019 年度工作总结》《××省体工委工作总结》等。

**2. 专题性总结**

专题性总结又称单项总结，是对某项工作或某方面问题进行专门的总结，尤以总结推广成功经验为多见，如《××集团 2019 年度销售工作总结》《××市 ×× 区植树造林工作总结》等。

### （二）按功能分，总结一般分为三种

#### 1. 汇报性总结

汇报性总结主要是下级向上级主管机关所作的某一时期或某项工作的情况汇报，主要目的是让上级了解情况，侧重回顾所做的工作，即"做了什么"。

#### 2. 报告性总结

报告性总结主要是领导在大会上所作的某阶段工作的总结性发言，侧重对所做工作的评价，即"做得如何"。

#### 3. 经验性总结

经验性总结主要是介绍本人或本单位工作中某些先进的有成效的做法与体会，侧重工作的做法介绍，即"怎样做的"。

### （三）按其他标准分

按内容划分，总结可分为工作总结、思想总结、生产总结、学习总结、会议总结、活动总结等；按范围划分，总结可分为个人总结、班组（部门）总结、单位总结、地区性总结和全国性总结等；按时间划分，总结可分为月度总结、季度总结和年度总结等。

总结的种类如表 3-2-1 所示。

表 3-2-1　总结的种类

| 分类标准 | 总结种类 |
|---|---|
| 按性质分 | 综合性总结和专题性总结 |
| 按功能分 | 汇报性总结、报告性总结、经验性总结 |
| 按内容分 | 工作总结、思想总结、生产总结、学习总结、会议总结、活动总结 |
| 按范围分 | 个人总结、班组（部门）总结、单位总结、地区性总结和全国性总结 |
| 按时间分 | 月度总结、季度总结、年度总结 |

## 二、总结的特点

### （一）目的的指导性

无论是个人或法人组织写总结，要达到什么目的、写作前应有什么考虑，写作时必须明白，写作后还要做鉴定。一般意义上讲，总结的目的，就是为了更好地认识世界、解释世界、寻找规律，从而能动地去改造世界。在社会中的每一个人或法人主体，从自身的实践中得到的正面经验或反面教训，最直接最主要的目的就是指导今后的实践活动。

### （二）事实的准确性

总结是从事实出发，并对客观事实进行结论式的认识，是一个从感性认识上升到理性认识的过程。事实确凿，总结出来的经验教训才能体现出客观过程的本质，才有指导意义。否则，就会把人们的认识引入歧途，用以指导实践，会给工作造成损失。事实的准确性，不仅指事实的客观存在，还指总结所依据的事实必须典型，具有普遍意义，体现出事物的本质。

### （三）概括的正确性

总结的效用不只是提出事实，告诉读者做什么，做得如何；更重要的是要揭示出为什么这样做，这样做的意义何在。这就必须在事实的基础上进行理论的概括。对于同一类事实，可以从不同角度概括，也可以就表象或本质进行概括。要保证概括的正确性，首先要从指导实践的效用角度去概括。有些总结依据的事实是真实的，沿用的方法也对，但角度不对，脱离了总结经验和教训旨在发挥指导工作的效用，概括出的观点和实际工作牵强附会，让人不知所云。如关于产品市场营销情况的总结，把概括的重点放在证明资金使用效率先进性上；写教学工作总结，却概括知识分子是我国经济建设的重要力量。这样的总结空泛无力，毫无实际效用。其次

要从揭示事物内在联系的角度去概括。也有些总结，角度正确，但没有抓住问题的实质，流于罗列事实的表面现象，导致概括观点欠深、欠全、欠佳。如总结企业提高经济效益的工作，却概括出要加强企业全体职工勤劳吃苦的思想教育经验，这虽然重要，但从全局出发，提高企业的经济效益关键点并不在此，而在于建立一个奖勤罚懒、充分调动职工积极性的竞争机制、激励机制和分配机制。由此可见，从指导工作效用入手，揭示事物的本质，才能保证总结概括的正确性，这是撰写成功的总结必须注意的。

### （四）内容的条理性

总结往往反映一个阶段的工作，时间跨度大，牵涉的工作内容繁多。所以，总结在表达内容时应层次分明、清楚明了，特别强调分门别类的条理性。它不同于记叙文讲究时间、空间协调，也不同于议论文追求概念、判断、推理的逻辑统一，而只强调事实和结论的协调统一。有些总结，虽未明确地说出条目，但各层次汇集事实、概括观点的条理性仍然是非常清楚的。

---

**知识角**

#### 总结与计划的关系

##### 1. 总结和计划的联系

总结和计划都是做好工作的重要环节，是同一工作的两个方面，它们都以实践为基础，以指导实践为最终目的，因此两者有不可分割的联系。

（1）计划与总结是互相制约、互相依赖的关系。一般说来，下一阶段的工作计划要根据上一阶段的工作总结来制定，没有全面系统深刻的总结，不可能制定出符合实际、切实可行的计划；而总结是以前一阶段的计划为依据，对前一阶段计划完成情况的检查。

（2）计划与总结是相互促进、不断提高的关系。计划→实践→总结→再计划→再实践→再总结……周而复始，循环往复，但这种循环不是简单的重复，而是不断提高、不断发展的。

##### 2. 总结和计划的区别

但两者毕竟是不同的，其区别主要在以下几个方面：

（1）从时间上看，计划是对未来行动的安排，在工作之前制定；总结是对过去所做工作的认识、评价，是须在工作进行到一定阶段或完成之后才能进行的。

（2）从内容侧重点看，计划要回答的是"做什么""怎么做""何时完成"总结要回答的是"做了什么""怎么做的""做得怎样"。

（3）从表达方式看，计划是工作前的打算、部署，重在叙述说明；总结是工作后的认识、评价，重在理论概括，它以叙述和议论为主要表达方式，叙议结合是它表达上的重要特点。

（4）从句式结构看，计划多使用动宾结构来表述"做什么，目的何在"如"增强……意识，加强……；提升……素质，打造……；完善……体系，促进……"；而总结多使用主谓结构来表述"什么怎么样，成效如何"，如"……素质不断提高，……意识增强；……体系不断完善，……成效初显；……实现新突破，……取得新进展"。

---

**典型案例**

某市年度工作计划和工作总结的小标题如表3-2-2所示。

表 3-2-2　某市年度工作计划和工作总结的小标题

| 计划的小标题 | 总结的小标题 |
| --- | --- |
| …… | …… |
| （九）提高城市管理水平 | （九）城市管理水平提高 |
| （十）提升环境保护收效 | （十）环境保护收效显著 |
| （十一）加快发展公共服务 | （十一）公共服务加快发展 |
| （十二）加大社会保障力度 | （十二）社会保障力度加大 |
| （十三）增加就业总量质量 | （十三）就业总量质量同增 |
| （十四）巩固安全稳定局面 | （十四）安全稳定局面良好 |
| （十五）全面提升控股公司实力 | （十五）控股公司实力全面提升 |
| （十六）扎实推进党的建设 | （十六）党的建设扎实推进 |
| （十七）持续加强作风建设 | （十七）作风建设持续加强 |
| （十八）不断加强廉政建设 | （十八）廉政建设不断深入 |
| …… | …… |

由此可见，总结是对计划的检验。总结以计划为依据，可以检查计划的执行情况。如果任务完成的结果与目标基本一致，则可以通过总结获得有价值的规律性认识；而两者差距较大或结果截然相反，则可以通过总结获得引以为鉴的教训。

另外，计划可以采用总结中的经验。前一轮总结中的先进经验可用来指导下一轮计划的制定，使得计划更加符合事物发展的客观规律。总结得出的教训，可作为制定计划的前车之鉴。总而言之，计划与总结相互制约、相互依赖，又相互促进。

# 任务三　总结的结构

总结一般由标题、正文和落款三部分构成。

## 一、标题

总结的类型不同，其标题也不尽相同。如综合性总结一般采用文件式标题，包含单位名称、时限和文种，如《××单位××××年度工作总结》。而专题性总结的标题则不同，大多直接以报告主题作为题目，即文章式标题，有下面几种常见方式：

（1）主题式，如《建设企业文化是加强和改进企业思想政治工作的必由之路》。

（2）问题式，如《我们是怎样在市场经济条件下坚持党管干部的》。

（3）正副题结合式，如《加速技术改造，完善宏观调控——正确处理技术改造中的七个关系》。

## 二、正文

### （一）正文的内容

总结的正文通常由前言、主体和结尾三部分组成。

### 1. 前言

前言一般用来说明相关背景、基本概况等，也可交代总结主旨并作出基本评价，其目的在于让读者有一个概括的了解。

不同内容的总结，其前言的写法也各有不同。

（1）学生个人总结，前言应首先交代个人基本信息，然后对过去一段时间的学习、社团、科研、实践等工作进行总体的自我评价，然后转入下文。

（2）社会工作总结，前言应写明个人信息和工作岗位的基本情况，然后进行自我评价，再转入下文。

（3）集体工作总结，如部门总结、单位总结、党政机关的总结等，一般前言还要写明工作依据、指导思想、总体业绩、自我评价等。

### 2. 主体

主体应包括主要工作内容、成绩及评价、经验和体会、问题或教训等，这些内容是总结的核心部分，可按纵向或横向结构撰写。

纵向结构即按主体内容所做的工作、方法、成绩、经验、教训等逐层展开，适合单一、专题性的工作总结；横向结构则是按不同内容的逻辑关系将其分成若干部分，标序加题，逐一写来，适合综合性总结，主题明确，层次分明，逻辑清晰。

总结的主体内容通过小标题可以凸显主旨内容，明晰逻辑关系。小标题是总结的纲目，好的小标题，能体现理论高度，让总结锦上添花，增添魅力。那么，怎样评判小标题的优劣呢？

（1）形式上，结构统一、工整对称、易读好记、朗朗上口。

（2）内容上，言简意赅、概括准确、中心突出、特色鲜明。

如某学生个人总结中的小标题："一、以专业学习为中心的学术大学；二、以社团锻炼为辅助的能力大学；三、以多彩生活为补充的娱乐大学"。这三个小标题形式上结构统一，字数一致，内容上使用"学术""能力""娱乐"三个关键词体现丰富多彩的大学生活，让读者一目了然。

### 3. 结尾

结尾以归纳呼应主题、指出努力方向、提出改进意见或表示决心信心等的语句来结束即可。如果主体部分没有指出工作中的缺点和存在的问题，可在结尾部分来写，并写明今后的打算和努力的方向。

### （二）正文的结构

总结的正文可以参考下面几种结构撰写：

（1）"三段式"结构，即由工作概况、经验体会、今后打算构成，这是综合总结的基本形式。

（2）"两段式"结构，即情况加体会。先集中摆情况，包括基本情况、主要做法、成绩与缺点等；后集中谈体会，包括经验的总结、教训的归纳以及对存在问题的认识等。问题比较集中的专题总结大多采用这种写法。

（3）"阶段式"结构，就是根据工作发展过程中的几个阶段，按时间先后分成几个部分来写。

（4）"总分式"结构，首先概述总的情况，然后分若干项主要工作一一进行总结。

（5）"体会式"结构，即以体会（而不是以工作本身）为中心来安排结构。

## 三、落款

总结的落款包括署名和日期，一般在篇尾，居右下角。但也不完全统一，以主要负责人的名义所做的总结，署名在标题下；以单位或党政机关名义做的总结，署名可在标题下，也可在文末；若标题上出现了单位名称或负责人姓名，则可不另署名。

**典型案例**（个人总结）

### 2020 年度工作小结

时间如梭，转眼间又跨过一个年度之坎，回首望，虽没有轰轰烈烈的战果，但也算经历了一段不平凡的考验和磨砺，使我在公司找到了自己新的定位方向和生活目标，同时也激发我以新的姿态去迎接新的生活！

一、面对现实，接受挑战

2020年3月，我到瑞丰物业公司接任仓库管理员一职，工作面临极大挑战。由于原来的仓管员突然辞职，中间有近一个月的时间无人管理仓库，不仅账目混乱，而且有大量的不良库存，部分物品还有短缺，我的心一下子就变得沉重起来，怎么办？如何来理顺这个烂摊子？我没有灰心，面对现实，接受挑战，决心凭借以往的管理经验来尽快恢复仓库的正常运营。首先整理账目；其次对所有物品大盘点，将所有货物分类有序摆放，通过一段时间的努力整顿后，瑞丰物业公司仓库进入良性循环。

二、理清头绪，细化管理

每日库存报表都由我一人负责，所以我在公司一直都很忙碌。我决定从以下几个方面进行细化管理：①重新设计制定物业公司仓储管理规范，严把出库、入库和在库三个方面的管理；②参考《仓储管理人员工作绩效考核表》，进行量化管理，每天抽盘，每周小盘点，每月配合财务大盘点，作到账目清晰，账实相符，经手货款无一差错，近段时间以来，账实相符基本达到100%，实现无库损，体现了一名仓管人员的严谨和细致；③与同事紧密配合，紧盯各物品流动，认认真真做好每月的月报表，准时发送给财务部，并结合自身岗位，先后作出进销存明细账、固定资产表、物品物资表、物资申购汇总表等，有力地配合了财务工作；④对在库物品进行分类管理，做到库存的结构合理，对工程类、办公类、清洁类、固定资产类等主要品项实施重点管理，做申购汇总表时减小在库物品的再申购，努力降低其库存量，对小品项等实行简单控制，该方案的实施做到了重点与一般的结合，降低了库存，加速了库存周转率。

三、与时俱进，实现信息化管理

随着公司业务的增长，工程部需求物资量增大，日发货、收货量也进一步增大，在物业公司领导的重视下，实现了对仓库的信息化实时管理。我每天只要把出入库情况及库存报表输入电脑，就可以准时看到库存明细。该举措大大方便了公司领导和员工的监管与查询，加强了与各部门之间的信息交流，整个2020年不良库存下降基本至零。

四、坚持学习，与公司共成长

在仓库的这段时间，我更加理解了公司领导给我讲的仓库管理的计划和控制的重要性，一直致力于仓库管理的合理化，整合进销存结构。同时，也促进了我自身的成长，最让我难忘的是李总亲自到仓库指导工作，提醒我保持学习，说公司在快速发展的同时，个人会有更大的舞台，与公司一起共成长！工作之余，我学习会计、营销、管理、电脑等知识，在工作、学习中充实和完善自己！

回首过去一年来的工作经历，我成熟了许多，也成长了许多，在深耕仓库管理合理化的同时，也深知团队合作的重要性，只有与工程、财务等部门紧密配合，才能更好地发挥仓库管理员的职能。在今后的工作中，我将继续努力，与同事竭诚合作，与公司共同成长。

瑞丰物业仓管员　李××

2020年12月29日

**典型案例**（部门总结/专题性总结）

### "安全生产月"活动总结

根据市加强安全生产管理的相关文件精神，天园一期工程项目部积极开展了"安全生产月"活动。项目部根据活动目标制定了可行的活动方案，精心组织、全面部署、认真落实、注重实效，传达国家有关安全生产法律法规、安全生产知识、公司安全生产管理制度，增强职工的安全意识和防范事故的能力。各班组积极开展形式多样、内容丰富的安全活动，加大隐患排查治理力度，进一步强化了职工对安全工作重要性的认识，完善了安全管理机制，提高了安全生产的质量水平和防范事故的能力，有效地控制了各类事故的发生，取得了显著成效，保证了安全生产。现将2020年"安全生产月"活动总结如下：

一、加强领导，提高认识，强化管理

项目部成立了"安全生产月"活动领导小组，由项目经理朱拥军任组长，项目部管理人员为成员，负责督导活动的开展。使职工充分认识加强安全工作的重要性和迫切性，提高职工的安全意识，教育职工去除麻痹侥幸心理，切实把安全工作放在第一位。

二、采取多形式、多样化、全方位宣传教育

活动期间，根据实际情况，组织全体职工进行培训教育，利用黑板报、横幅等宣传工具，广泛宣传"安全生产月"活动的重要意义，使每一名职工都能积极投入到安全活动中去，形成"人人讲安全"的良好氛围。

三、开展"反三违"工作，创建无隐患岗位

活动期间，项目部开展反违章活动，人人参与事故隐患和安全问题大排查，对查出的隐患及时进行整改，彻底消除了安全死角和盲区，坚决杜绝"违章操作、违章指挥、违反劳动纪律"的"三违"现象。

四、存在的问题

尽管项目部"安全生产月"活动开展得轰轰烈烈，卓有成效，但还存在一定的问题：①全员参与"安全生产月"活动的积极性还有待进一步提高；②部分劳务队职工对安全还不够重视，需加强安全管理等。

五、努力的方向

我们将认真总结近年来安全生产工作的经验教训，本着因地制宜的原则，努力落实安全生产管理制度。在思想认识上再提高，在整改安全隐患上再努力，确保安全生产落实到每人每时每刻。

总之，通过本次活动的开展，在项目部上下收到了良好的效果，提高了管理人员、一线职工对安全生产重要性的认识，增强了全体职工的安全意识和安全责任心，安全意识已经成为大家的普遍共识，各项安全措施得到进一步落实。

天园一期工程项目部

2020年6月7日

## 写作指导

### 总结的写作要求

#### 1. 联系实际、实事求是

联系实际、实事求是是写好总结的基本原则。总结要符合实际情况，它的第一读者应是自己单位的人，它的第一目的是指导实践主体今后的实践。所以，一要用一分为二的观点来分析实践活动，既要充分肯定成绩，又要看到存在的不足；既要看到现象，又要看到本质；二要恰如其分地评价成绩，既不夸大，也不缩小，符合客观实际。

#### 2. 抓住实质、突出重点

抓住实质、突出重点是体现总结水平的标志。写总结不能事无巨细和盘托出，应有尽有，而要经过分析，综合筛选提炼，反映工作的主流和矛盾。写总结也不能只反映工作过程，停留在工作的表象，面面俱到，浮光掠影，记流水账。而应根据本身工作的特点，在做法、效果、认识上选择突破口，抓住实质、突出重点。

### 3.精于剪裁、反映特色

精于剪裁、反映特色是提升总结价值的有效方法。总结年年有事事有，容易导致总结写作模式化，千人一面，大同小异，降低总结的实用价值。材料有本质的、有现象的、有重要的、有次要的，写作时要精于剪裁，去芜存精，反映特色。总结中的问题要有主次、详略之分，该详的要详，该略的要略。总结中的经验教训要有新意、有特色，善于在不同时期、不同单位的具体做法、具体效果、具体认识上找到差异，发现新意，才会有特色，才会有价值。

### 4.叙议结合、语言得体

叙议结合，是写作总结的主要方法。叙，就是摆情况，谈成绩，讲做法；议，就是分析原因，谈经验，记体会。不论怎样，叙、议都必须做到用观点统帅材料，用材料说明观点，使观点与材料统一。总结的语言要准确、简洁、朴实。准确，就是文如其事，恰如其分，有分寸感，不允许模棱两可、含糊其辞；简洁，就是简明扼要，不拖泥带水，不重复啰唆；朴实，就是朴素平实，不追求华丽，不过分修饰，要适当运用生动活泼的群众语言及形象化的口语，用语要得体。

任务实施

## 一、写作题

6月14日是世界献血者日，邵阳市卫生局组织开展"世界献血者日无偿献血"活动，宣传"献血有益身体健康"的理念，号召人们积极参与无偿献血。邵阳市某医院积极参与本次活动，派出10名无偿献血人员、3名义诊医护人员以及2名组织人员组成献血宣传队伍参与活动，活动后，医务部就本次活动进行总结。请根据以上信息拟写一篇活动总结。

参考例文

### 大爱无疆，献血有益健康
#### ——世界献血者日无偿献血活动总结

为了积极响应邵阳市卫生局开展的"世界献血者日无偿献血"活动，宣扬"献血有益身体健康"的正确理念，从而带动和激励更多的市民自愿加入无偿献血的队伍里来，我院于2022年6月14日集合10名无偿献血人员、3名义诊医护人员以及2名组织人员组成献血宣传队伍，来到卫生局指定地点进行献血、义诊以及宣传活动。活动取得了良好的效果，现将本次活动总结如下：

一、前期准备

在接到卫生局的活动通知之后，主管院领导十分重视，由医务部牵头，深入临床，对本院的医护人员进行宣教和动员。虽然我院于今年学雷锋日已经开展过一次全院全体职工无偿献血的活动，面临着大多数医护人员因不符合半年只能献血一次的条件而无法参与无偿献血，但也不影响我院全体医护人员对无偿献血事业的关心与热情，依然有不少符合条件的同志踊跃报名。

二、开展过程

14日早晨8：00，由我院市场拓展部负责将活动需要的宣传手册、义诊器具等相关物品以及统一穿着白大褂、护士服的参与活动人员送往市卫生局预定的活动地点，并在市卫生局相关领导的统一安排下开展义诊及无偿献血活动。

三、活动收获

本次无偿献血活动有着重大的意义，当下临床用血紧张、血源不足是根本问题。无偿献血是我国临床用血的主要来源，只有通过不断的知识宣教和以身作则的榜样行为，才能减少老百姓对于献血的恐惧以及疑惑，从而丰富血源，达到挽救更多生命的目的。

邵阳市××医院医务部

2022年6月16日

## 二、改错题

请指出下面这篇总结的不当之处并改正。（文中多处不当，至少指出5处）

### 积极进取，超越自我

——大学一年级个人总结

我是××，男，天津大学精仪学院2013级工程科学实验班本科生，是一个乐观，向上的青年。大一这一年，我由懵懂的、被老师约束的高中生走向成熟的，自主自立的大学生。这一年来，有过开心欢笑，也有过疲劳低沉，但无论如何，这一年我已然走过。

一、以学习为中心的学术大学

学生以学为重，首先谈谈学习。我是自主招生降分被录取的学生，高考分数不及天津大学的分数线。刚开学时，我经常和我的小伙伴们笑着说："我是天大第一，倒数第一。"虽然我嘴上说得这么轻松，心里却很不是滋味，但我下定决心，一定要做一个华丽的咸鱼翻身。这也决定了我这一年最大的努力方向。虽然到了大学，没有人约束，但我并没有因此放纵自己去玩、去堕落。这一年，我坚持每天晚上自习，成为大家口中的学霸，甚至成为工科班"被封神"的人。这样的坚持让我换来了第一学期加权93.77分的成绩，虽然不是很高，或者说比大神们还低了许多，但相比于我的入学成绩，算得上是一个突破了，至少突破了我自己。

尽管如此，学习的路上不是一帆风顺的，我遇到过困难，但我成功克服了它。

譬如第一学期的《经典力学》，这门课要学习麻省理工的视频资源，是全英文教学，对于英语不怎么好的我来说，简直就是噩梦。有几次我甚至想要放弃，但最后，我通过查阅资料，重复地观看视频，最终这门课的成绩是97分。

学习有苦也有甜。大一下学期非常累，但非常有收获。

下学期，是个汗水与微笑交织的时期，课程很多。但这学期，我学到了我认为最有用的两门课程——《中文沟通与写作》（以下简称《沟通》）和《科技文明史》。通过对《沟通》的学习，我学到了很多与人交往的技巧，这让我彻底告别了高中多学习，少说话的时代。我的家人也夸赞我突然变得特别有礼貌了。《科技文明史》任课老师的博学将我折服，通过这门课程，我了解了国内外科技文明的发展，当时的很多想法都深深地触动我，让我也开始产生一些奇怪的想法。

苦是什么？课程非常难，需要大量时间去消化，《高数》赶上了QC计划，既加课又加作业。不巧的是，我又参加了数学竞赛，两次选拔均入围，不得不参加竞赛的培训，还要参加社研会的骨干培训，学院的党校党课学习，有一段时间真的很累，很想放弃一个或者两个，但我还是坚持下来了，嘴上吐槽大学没有周末，但心里还是很平静的，至少这让我充实，事实证明，我的坚持是正确的。

这一年，在学习上我没有输给我自己，我再也不是那个倒数第一了。要是为我今年的学习情况打个分，我会给自己90分，因为我相信，我明年的状态将会更好，我将不断地超越自己。

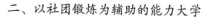

二、以社团锻炼为辅助的能力大学

大学不能只有课本学习，我一直认为，大学里最重要的是获得知识，获得能力，而社团是可以锻炼能力的地方。为了不影响我的学习，我只加入了两个社团。

第一个社团是校级社研会，这是我非常看好的社团，在这里，有很多能力非常强的伙伴。我积极参加活动，相互学习，发现了自身的好多不足，也把自己的才智发挥到这个团体中。例如，高中的我，不敢在众人面前讲话；在社研会，我主动担任见面游戏晚会的主持人，主持大家玩游戏，这次活动很成功，我的主持赢得了部员们、部长们和主席团所有七位主席的好评，也让我成了这个大家庭中的"知名人物"。最值得欣慰的是，有过这次经历，不论在多少人面前讲话，我都会镇定自若，这一点突破是非常有价值的。

这一年，为了学到课本上没有的东西，我参加了大大小小的好几个活动，譬如策划精仪学院学生科技协会项目部的见面会话剧，参与了"研途杯"场地的设计与布置，用一架摄像机为校歌校史大赛留下了美丽的回忆……了解到团队合作中可能会突然出现的一些问题，积累了宝贵的经验。

这一年，我最大的遗憾是没有成为班委一员，因为开学时我担心自己能力不足，不能胜任，毕竟当时我是倒数第一嘛，不过在一年的班级活动中，虽然我不是组织者，但我是最积极的参与者、支持者。没有关系，不管是谁，都可以为这个班级做贡献，支持班级工作就是为班级做贡献。

三、以多彩生活为中心的娱乐大学

除去学习和社团，就是大学的生活了。上学期，我学习了网球，并也迷上了它，所以我每周会抽出一小时左右的时间去打网球，愉悦身心，丰富课余生活，锻炼身体。

生活中，我最大的快乐是和我工科班的小伙伴们在一起，我们一起成就了具有工科班特色的大学生活道路。虽然我们来自全国各地，但我们仍然像亲兄弟、亲姐妹，工科班的友谊是我这一年最大的收获，也是我一生中最值得珍惜的东西。我们经常为同学举办生日庆祝会，共同经营着属于我们工科班这个温馨的家。

这一年，我很快乐。同时，我也会继续坚持，不断的积极进取，不断地超越自己，希望大学毕业后回想大一入学的自己，会认为当时是很幼稚的。

××××

2014 年 7 月 7 日

**参考答案：**

简析：这是天津大学 2013 级工程科学实验班一位同学的个人学年总结，我们能从文中看到他勤奋、好学、积极、执着的学习和工作态度。这篇总结的亮点之一是三个小标题，这三个小标题不仅通过三个关键词——学术大学、能力大学、娱乐大学清晰明确地概括了大学生活，而且结构统一，字数一致，言简意赅，朗朗上口，给这篇总结增色了许多。

但这篇总结也存在一些不足之处，还有一些细节问题需要斟酌：

首先，词语选用可推敲，遣词造句需锤炼。如下面几处：①"被老师约束"用词不太贴切，可改为"需老师管教"。"被"表示不情愿，而"需"则可表达出自己没有自我管理能力，而需要老师来管教。②"这一年，在学习上我没有输给我自己。我再也不是那个倒数第一了。要是为我今年的学习情况打个分，我会给自己 90 分，因为我相信，我明年的状态将会更好，我将不断地超越自己"，这段，"我"字出现的频率太高，可以适当删除几个，以避免重复。③"我通过查阅资料，重复地观看视频，最终这门课的成绩是 97 分"可改为"我通过查阅大量文献资料，反复地观看视频，最终这门课获得 97 分"。④"《科技文明史》任课老师的博学将我折服，通过这门课程，我了解了国内外科技文明的发展，当时的很多想法都深深地触动我的大脑，让我也开始产生一些奇怪的想法。"这句话中，"折服"不太好，"折服"的意思是使人从心里屈服或服从等，学生对老师的博学应该用"佩服"更恰当。"通过这门课程……"，有语法毛病，应改为"通过这门课程的学习"。"触动我的大脑"中的词语搭配不对。⑤"我没有输给我自己"一句可商榷，"没有输"，不一定就是赢。为什么从"输"的角度来看待呢？建议改为"我战胜了自己"，同样的意思，但是所反映出的心态不一样。⑥"我学习了网球，并也迷上了它。"关联词使用有误，应去掉"也"字。⑦"我也会继续坚持，不断的积极进取，不断地超越自己……"，助词"的、地、得"的使用有问题，可改为"今后，我会继续坚持，不断积极进取，不断超越自我……"

其次，标点符号使用要谨慎。如"一个乐观，向上的青年""走向成熟的，自主自立的大学生""多学习，少说话"等句内语段中并列词语之间应用顿号，而不是逗号。"通过对《沟通》的学习，我学到了很多与人交往的技巧"，《沟通》不是一本书，而是一门课程，使用书名号不合适，需改为"沟通"。《科技文明史》中的书名号同样要改为引号。文中还有一些标点符号使用不当的地方，这里不一一赘述。

再次，篇章结构内容可再斟酌。如前言部分最后一句"……这一年我已然走过"，有什么感受，可以用一两句话来概括。再如"尽管如此，学习的路上不是一帆风顺的，我遇到过困难，但我成功克服了它"和"譬如第一学期的《经典力学》……"这两段在语义上密切相关，不必分段。还有，在"以社团锻炼为辅助的能力大学"部分，第一段写"我只加入了两个社团"，但文中只写了"第一个社团是校级社研会"，如果第二个社团不详细写，也需提及一下，否则，文意就不完整，或者直接改为"只加入了一个社团"。

最后，总结的意义还在于总结经验教训，指导和推动下一步的学习和工作。因此，文尾还可适当增加一些内容，如战胜了曾经倒数第一的自己后，下一步的目标、如何不断超越自我，等等。

# 项目三 谋定而后动
## ——调查报告

 **情境导入**

　　××手机有限责任公司决定于××××年实施《××××年智能手机网上销售实施方案》，以扩展销售渠道。由于青年市场是需求量最大的市场，销售部经理要求张宇针对青年消费层的手机市场摸底，以便制定出更好的销售计划。为此张宇查阅大量资料，设计出一份具有针对性的调查问卷，并将此问卷分发给本市大学城的学生，然后将学生填写的问卷回收进行分析、总结。为使经理更直观地看到调查结果，张宇需要拟写一份调查报告。

　　请讨论：调查报告除了要写明调查目的、方式、结果之外，还需要写明哪些内容？

**典型案例**

关于大学生手机使用情况的调查报告

　　一、调查背景

　　随着社会信息化进程的加快，高新科技产品成为消费热点，手机作为其代表之一，受到了越来越多的消费者的关注，手机的使用情况成了研究生活方式的重要组成部分。而在校大学生作为一个特殊的消费群体，人数众多，在当前的经济生活中，尤其是在引领消费时尚、改善消费构成等方面发挥着不可替代的作用。同时，在校大学生的消费现状、消费特点在一定程度上可以折射出当代大学生的生活状态和价值取向。因此，进一步了解在校大学生的手机使用情况，对于手机行业的发展具有重大意义。在本次调查过程中，采用网上设计调查问卷、在线发布问卷、实时回收问卷的调查方式，并利用专业统计软件对搜集的信息进行整理分析，得出相关结论。

　　二、调查目的

　　通过调查了解在校大学生所使用的手机品牌、手机的价位，从而了解手机市场的行情，对在校大学生的消费倾向及消费行为进行分析，为手机生产企业制定营销策略，提供客观依据。

　　三、调查内容

　　本次调查主要针对在校大学生群体，全面了解手机在大学生中使用的状况，包括常用品牌、手机价位、每月手机消费费用、更换手机的周期及原因等。

　　四、调查对象

　　××学校在校大学生。

　　五、调查方式

　　采用网上发布调查问卷与电子邮件问卷相结合的调查方法。利用互联网络，在"腾讯问卷"服务平台上设计问卷，发布问卷，并利用新浪微博、腾讯QQ、电子邮件等方式向同学们分享问卷。

六、调查问卷

《关于××在校大学生手机使用情况的调查》（略）。

七、数据结果分析

本次关于在校大学生手机使用情况的调查问卷共收集120份有效网络问卷。其中男生62人，女生58人，具体数据如下：

（1）在校大学生目前使用的手机品牌的数据统计分析。

据调查数据显示：34%的在校大学生目前使用的手机是OPPO，21.6%的在校大学生使用的是vivo手机。总体而言，在校大学生使用的手机品牌以中端品牌为主，而高端手机品牌如苹果，所占百分比仅为总份额的11.8%，由此可见，国产手机占据了在校大学生手机消费市场的主导地位。

（2）在校大学生目前使用的手机价位的数据统计分析。

据调查数据显示：86.6%的在校大学生目前所使用的手机价位在1 000~3 000元，7.5%的在校大学生所使用的手机价位在1 000元以下，而5 000元以上手机价位的消费份额仅占5.9%。由此可见，绝大多数在校大学生所消费的手机价位并不高，大学生对于手机的需求并不追求高档，而更倾向于平民化。

（3）在校大学生每天使用手机多长时间的数据统计分析。

据调查数据显示：56.9%的在校大学生每天使用手机的时间在5个小时以上，而每天使用手机在3小时以下的在校大学生仅占9.8%。由此可见，在校大学生每天使用手机的时间都很长，一天内差不多四分之一的时间都在使用手机，可见手机对在校大学生的重要性。

（4）在校大学生一般将手机用于哪些方面的数据统计分析。

该题以多选的形式调查在校大学生经常将手机用于哪些方面，从调研数据可明显发现，在校大学生将手机用于看电影、小说等休闲娱乐的人数最多，用于日常联系的其次。一般将手机用于查阅学习资料的人数比重虽然不算很低，但从数据结果显示可得出：在校大学生将手机用于学习的只是少部分，手机充当的更多的是娱乐消遣的角色。

（5）在校大学生一个月的手机平均费用的数据统计分析。

据调查数据显示：43.1%的在校大学生一个月的手机平均费用在50~100元，37.3%的在校大学生手机月平均费用在50元以下，而100元以上的仅占据总比值的19.6%，由此可见，在校大学生手机的月消费费用总体而言并不高。

（6）在校大学生多久更换一次手机的数据统计分析。

据调查数据显示：62.7%的在校大学生都是在2~3年之间更换一次手机，15.7%的在校大学生3年以上更换一次手机，说明在校大学生更换手机的频率并不频繁，但是从2~3年之内更换一次手机的人数最多可以大致推测出，在当前市场下，一个手机的正常使用寿命期限在2~3年。

（7）在校大学生更换手机的原因的数据统计分析。

据调查数据显示：因为手机卡顿以及功能损坏而选择更换手机的人数最多，且二者人数相同，由此可见，绝大多数在校大学生更换手机的原因都是因为手机使用一段时间后出现卡顿现象或手机部分功能损坏，部分在校大学生会因为手机过时而选择更换手机。

（8）在校大学生在选择手机时最注重手机的什么的数据统计分析。

据调查数据显示：在校大学生在选择手机时最注重的是性能、价格及外形，对品牌和服务有一定的关注度，但关注度不高。由此可见手机的性能、价格及外形是决定在校大学生是否购买某一品牌或型号手机的决定性因素。

（9）在校大学生认为手机在日常生活中是否重要的数据统计分析。

据调查数据显示：86.3%的在校大学生认为手机在日常生活中占据非常重要的地位，是生活中不可缺少的存在，而认为手机在日常生活中完全不重要的仅占据3.9%，由此可见手机对在校大学生而言十分重要。

（10）在校大学生认为手机的哪些功能应该改善的数据统计分析。

据调查数据显示：在校大学生普遍认为手机的内存及运行速度需要改善；其次，还有部分大学生认为手机的音质及售后服务也需要改善。因此，足以证明，在当前的手机市场中，手机的内存及运行速度、音质、售后还存在一定的缺陷，需要进行相应的改善。

八、结论与建议

（一）结论

根据调研的一些主要数据，可以反映出在校大学生手机使用情况具有以下特征：

（1）在校大学生使用的手机以中端手机为主，价位集中在1 000~3 000元，且国产手机占据主要市场。

（2）在校大学生平均每天使用手机的时间长，基本都在5个小时以上，且手机一般都被用于看电影、小说等休闲娱乐，手机对在校大学生而言十分重要，是生活中不可缺少之物。

（3）在校大学生每月手机平均消费费用并不高，集中在50~100元，更换手机的周期相对较长，且更换手机基本都是在手机卡顿、功能损坏等实质性损坏的前提下。

（4）在校大学生在选择手机时尤其注重手机的性能、外形及价格，且性能是在校大学生在选择手机时决定是否购买该手机的主导因素。在校大学生普遍认为手机在内存、运行速度、音质及售后上还存在一定的缺陷，迫切需要改善。

（二）建议

（1）根据在校大学生的消费特征推选出适合在校大学生的手机机型，并确保手机价位适中，功能完备。

（2）在校大学生使用手机时间长，可开发支持护眼功能的手机，使大学生既能够与手机为伴，又能实时保护视力。

（3）完善手机的自身性能及售后服务，以更加完善的功能与服务吸引更多的在校大学生对手机的消费。

九、调查活动总结

本次市场调查活动总体而言比较成功，达到了预期目的，较为全面地考察了在校大学生的手机使用情况，关于手机在在校大学生生活中的地位也有了比较清晰的了解与认识。通过本次实践调研活动，我不仅积累了一系列的宝贵经验，还提高了实际动手能力和分析、解决问题的能力。虽然还是存在一定的不足，如调查还不够深入，所获得的有效数据有限，不能代表所有在校大学生的观点，但是我相信，有这一次实践经历作为铺垫，下次我一定可以做得更好！

## 知识点拨

# 任务一 调查报告的定义和特点

## 一、调查报告的定义

调查报告是指为了实现一定的目的，针对某一情况、问题、经验进行调查研究之后，将调查中收集到的材料加以系统整理、分析研究写成的书面报告。调查报告能为决策的制定、执行和调整提供重要依据。

## 二、调查报告的特点

调查报告作为调查研究的成果，兼有评论文章和新闻报道的性质，但又不同于一般的评论文章和新闻报道，它有着自己的显著特征。

### （一）真实性

客观事实是调查报告存在的基础，真实性是调查报告的本质特点。调查报告的全部写作过程，实际上是用客观事实去说明事物的发展过程。各种类型的调查报告所反映的情况都必须绝对真实。

### （二）科学性

调查报告的科学性是指调查报告要反映事物的本质和客观规律。

若调查报告只具有真实性，而不能反映调查对象的本质或被调查事物的客观规律，那它是毫无指导意义的。

### （三）针对性

调查报告是为解决实际工作中的具体问题而写的，因此必须有针对性，要及时地调查研究和整理信息，及时反映情况、揭露问题，做到有的放矢。

### （四）时限性

调查报告所反映的内容，多为现实生活中迫切需要解决的问题，其时限性较强。时过境迁，调查往往也就失去了其应有的价值。

### （五）典型性

调查报告必须回答群众关心的问题，为解决实际工作中的问题提供指导方案。

## 任务二　调查报告的作用和种类

### 一、调查报告的作用

调查报告能让相关人员及时了解新情况、新信息和新形势，从而制定正确的方针、政策，或者学到先进单位的经验、方法，或者及时发现不良倾向及存在的问题，进而解决问题。

### 二、调查报告的种类

调查报告的种类很多，从应用的范围划分，调查报告分为总结经验的调查报告、揭露问题的调查报告和反映情况的调查报告三种类型。

### （一）总结经验的调查报告

总结经验的调查报告通过反映某方面的成绩，着重介绍成功的经验，使之发挥以点带面、示范引路的指导作用。政策性、说理性是这种调查报告的基本特征。

### （二）揭露问题的调查报告

揭露问题的调查报告用大量确凿的事实揭露某方面或某项工作存在的问题，以引起社会舆论和有关部门的注意，促进问题的解决。

揭露问题的调查报告在揭露某个真相的同时，重点分析问题产生的原因，使人们明确责任，并提出解决问题的办法或处理意见。

### （三）反映情况的调查报告

反映情况的调查报告是全面、具体地反映调查对象的基本情况、发展变化过程的调查报告。这种调查报告既可以反映成绩，也可以谈存在的问题和解决问题的方案，通常以叙述情况、事实为主，分析、议论较少。其作用是为制定工作方针、政策和措施提供依据。

# 任务三 调查报告的写作流程

调查报告的写作流程大致分为前期准备和撰写调查报告两个阶段。前期准备又分为制定调查计划和搜集分析资料两步。

## 一、前期准备

### （一）制定调查计划

制定调查计划，即确定调查目的、调查主题、调查对象（范围）和调查方法。例如，如果决定写关于青少年业余活动的调查报告，就是明确了调查主题、调查对象；通过这份调查报告了解青少年业余生活并要提出改善建议，就是明确了调查目的；选用现场访谈调查、问卷调查的方法进行调查，就是确定了调查方法，接下来就可以付诸实施了。

#### 1. 明确调查目的

调查是为了解决或说明某一问题，或掌握某件事的实际情况，调查报告的目的性很强。因此，调查前必须明确调查目的。

#### 2. 设定调查主题

有的调查主题与调查目的是合二为一的，但有的调查主题需确定调查目的后设定。调查主题确定后，需要准确掌握其含义和重点，这是制定正确调查计划的前提。如果能够把调查主题做一些分解，就比较容易找到思路。例如，调查"××产品的市场需求"，可以将这一主题拆分为整体的市场需求状况和某地的需求情况、目前和未来的需求情况等问题，再具体化为销售情况、价格走势、库存趋势、关联行业等多个具体问题，进而据此来制定调查计划。

#### 3. 选定调查对象

调查对象要根据调查主题、调查目的来确定。例如，如果你的调查主题是"有意购买数码相机的消费者的购买偏好"，那么调查对象就应是"有意购买数码相机的消费者"；如果你想调查"准备买某品牌相机的消费者的心理价格底线"，则应该对"购买或关注该品牌的消费者"做调查。总之，调查对象一定要具有代表性，抽样方法要科学，样本量要足够大。

#### 4. 选择调查方法

选定调查对象之后，要依据调查主题、对象、环境等选择合适的调查方法。常用的调查方法有文献调查法、访谈调查法、实验调查法、问卷调查法等。

##### 1）文献调查法

文献调查法是指通过文献资料来搜集有关信息。在把握现行研究情况并计划设定未来研究方向时，比较适合使用这种方法。例如，企业在经营过程中常常需要了解市场行情、国民经济发展情况、行业公报等信息，这些信息很难从消费者那里得到，采用文献调查法能很好地获取这方面的信息。

##### 2）访谈调查法

访谈调查法是指在具体调查时直接进行访问的调查方法。现场访谈获取的资料真实、可信度高。访谈调查法有深入访谈、小组座谈、电话访问等形式。例如，如果需要对有坍塌危险的桥梁采取相应措施，通常由工程技术人员直接到现场访问以调查实情，具体如桥梁是否坚固、年久失修会不会坍塌、用什么方法修等，进而准确把握情况，最终拿出方案来。

##### 3）实验调查法

实验调查法是指从影响调查问题的诸多因素中选出一两个，在一定条件下进行小规模的实验，如试用会、试销会、展销会、看样订货会等。这种方法能直接搜集到反馈信息，观察到发展趋势，给决策者最实际、快捷的参考信息。

**4）问卷调查法**

问卷调查法是指用书面形式简捷搜集研究材料的一种调查方法。这种方法几乎适用于所有领域的调查。其大致结构为：被调查者的基本情况（主要包括姓名、性别、年龄、民族、文化程度、工作单位、职业、住址、家庭人口等）、调查内容（需调查内容的具体项目）、问卷填写说明（包括调查目的、调查要求、项目介绍、调查时间、被调查者填写时应注意的事项、调查人员应遵守的事项等）、编号（便于分类归档或用计算机统计管理）。

确定好调查计划之后，就可以展开调查了。

### （二）搜集分析资料

#### 1.全面地搜集资料

调查报告的资料必须真实全面。调查者可以通过网络、电视、书籍、报刊等途径或用前文所述调查方法搜集资料，尽可能地占有资料（特别是一手资料）。既有现实材料，又有历史材料；既有概括全貌的"面"的材料，又有反映典型事物的"点"的材料；既有正面材料，又有反面材料；既有直接材料，又有间接材料。这样才能全面地分析问题，防止以偏概全。

#### 2.认真地整理资料

搜集到全部资料后，要精心选材、细致分类、耐心统计，将资料整理成为具体的数据或有效的观点信息。

（1）进行有效信息和无效信息的辨别处理。辨别处理的目的是去粗取精、去伪存真。辨别数据、信息的原则有三点：以客观事实为基础；最具代表性、典型性；新近发生，体现新动向、揭示新问题。

（2）进行量化处理或分门别类的整理，量化处理需用到初步的统计学知识。

（3）将统计好的数据录入计算机系统，以便利用计算机进一步分析数据。

（4）录入的资料存档备查。

#### 3.得出调查结论

把分析资料的结果与报告的目的做对比说明，得出本次调查的结论。需要注意的是，调查结果不理想时，不能粉饰结果或向有利于自己的方向解说，更不能剽窃他人的调研结果。

## 二、撰写调查报告

撰写调查报告就要按照调查报告的结构逐一落实。调查报告通常由标题、正文、落款和附录构成，如表3-3-1所示。

**表3-3-1 调查报告的结构**

| 结构 | | 说明 |
|---|---|---|
| 标题 | | 调查对象＋调查事项＋文种 |
| 正文 | 前言 | 写明调查背景、目的、根据等<br>概括说明调查的基本情况<br>概括说明调查结论 |
| | 主体 | 叙述调查过程<br>分析调查结果<br>提出对策、建议和措施 |
| | 结尾 | 重申或概括结论 |
| 落款 | | 单位名称或个人姓名<br>××××年××月××日 |
| 附录 | | 附上调查时使用的资料、调查问卷，写作时参考的相关文献及作者声明 |

### （一）标题

调查报告的标题通常有公文式标题、文章式标题和新闻式标题三类。

#### 1. 公文式标题

公文式标题由调查对象＋调查事项＋文种构成，如《武汉市蔬菜产销体制改革调查》。有的还在前面加上调查者，用"关于""对"等连接调查者和调查对象，如《某局关于××制药厂技改情况的调查报告》。

#### 2. 文章式标题

文章式标题没有文种，或点明结论，或提出问题，或概括出全文的主要内容或中心。如《××市蔬菜的品种结构问题》《新闻纸紧张的症结何在》。

#### 3. 新闻式标题

新闻式标题多以双行标题的形式出现，正标题揭示主题，副标题用公文式标题标明调查对象或调查范围、主要问题等。如《腾飞的法宝——广州白云山制药厂调查》。

### （二）正文

正文由前言、主体、结尾三部分组成。

#### 1. 前言

前言是开头部分关于调查情况的简要说明。或采用简单交代情况的方法，把调查的目的、对象、范围、依据、时间、地点及调查的方式、主要内容和结论等情况做一个概括性的介绍；或以议论的笔调、简要概括的文字把调查报告所反映的结论或主题、主要内容表达出来，给读者一个鲜明的整体印象；或以提问引出结果或下文，边解答问题边介绍全文的主要内容；或开门见山地点出某地出现了何种新事物与情况，然后具体介绍。这些开头方式可根据内容或行文需要灵活选用。

#### 2. 主体

主体是调查报告的核心部分，叙述的事实、归纳的结论都集中在这部分。这部分内容繁多、层次复杂，要选用恰当的结构来组织。主体结构有以下三种：

（1）横式结构：这是把主要内容横向展开、平行排列的一种形式，即先把调查报告所要介绍的经验、反映的情况、揭露的问题归纳成几个方面，加上小标题并列排放，分头阐述。这种结构的优点是内容突出、眉目清楚、观点鲜明。

（2）纵式结构：即按事物发生、发展的自然顺序或事物间的逻辑关系分阶段叙述，从对象的演变过程或前后变化中去发现本质和规律。这种结构的优点是能把事件的来龙去脉、前因后果交代清楚。可以按事件的起因、发展和结局的先后顺序进行叙述和议论，还可以按成绩（变化、特点、效果）、原因（经验、做法、作用）、结论（意见、建议、启示）这一事理发展顺序层层递进地阐述。

（3）纵横式结构：这是把纵式和横式结构综合起来运用的一种形式。从全文看，是按事物的自然发展顺序来写的，但在叙述的过程中又对某一问题的几个方面横向展开，分别说明。这种结构的优点是能把丰富的内容，纵横交错而又有条不紊地表述出来。

#### 3. 结尾

结尾是调查报告的结束语，可提出建议或意见；可概括全文的主要观点；可展望前景，提出设想；也可自然收束，不写结尾。

### （三）落款

正文右下方写明调查单位（部门）名称、调查人姓名以及成文时间。调查单位（部门）名称或调查人姓名还可以像文章作者一样写在标题下，居中排布。如果标题中已经写明调查单位

（部门）名称，落款处可省略此项。

**（四）附录**

调查报告文末一般附上调查时所用的资料、调查问卷，以及写作时参考的相关文献及作者声明等。

## 写作指导

### 调查报告的写作要求

**1. 深入调查，充分占有材料**

搞好调查研究是写好调查报告的基础，因此，必须先对调查对象进行深入细致的调查，充分占有相关材料，以便全面、正确地分析问题。

**2. 研究材料，找到本质规律**

精心筛选材料，抓住典型，对材料进行分析研究，找到具有本质性和规律性的东西，进而得出正确的判断和结论，有效地启发和引导读者。

**3. 精心取舍，观点和材料统一**

材料要有力地证明观点，要选择有说服力的典型材料，使材料围绕观点展开，用观点统帅材料。

**4. 语言简洁、平实、生动**

写调查报告应言简意赅，可巧妙运用多种表达方式（如在叙述中议论），充分运用群众语言，使文章内容生动活泼，若只需阐述经验，就不必追求生动。

## 任务实施

### 一、判断题

1. 调查报告是指为了实现一定的目的，针对某一情况、问题、经验进行调查研究之后，将调查中收集到的材料加以系统整理、分析研究写成的书面报告。（　　）

2. 调查报告的科学性是指调查报告要反映事物的本质和客观规律。（　　）

3. 文献调查法是指通过文献资料来搜集有关信息。在把握现行研究情况并计划设定未来研究方向时，比较适合使用这种方法。（　　）

4. 调查报告的正文由前言、主体、落款组成。（　　）

### 二、写作题

1. 根据你熟悉的某一社会问题，拟定一个详细的调查提纲。

### ××学校在校大学生课外阅读情况调查

**一、调查背景**

读万卷书，行万里路，对于大学生来说，旅游已经成为一种颇为流行的开阔视野的方式，然而，读万卷书反而变得不易。如今，有了来自网络上的游戏、电影、追剧等的诱惑，或者面对更丰富多彩的大学生活，读书时间是否被一再压缩？在手机上看电子书变得更加容易而且方便，纸质书是否还受同学们的青睐？那么现在的大学生是否还能像过去一样读名著读到热血沸腾，还是他们有了新的更广阔的读书领域，亦或是沉浸在网络小说中无法自拔？而对于专业方面的书籍以及现在如火如荼的畅销书，同学们又秉持什么态度呢？以上这些就是我这次调查报告所调查及研究的问题。

二、调查对象

××学校在校大学生。

三、调查方法

访谈调查法和问卷调查法。

四、调查项目

在校大学生阅读量与阅读时间以及在课外活动中所占时间的比例、大学生阅读书籍的来源、大学生阅读的性别与年级差异、大学生阅读的书籍种类、大学生阅读的场所、大学生阅读的方式、动机。

五、调查结果

×××××××

六、解决措施

××××××

2.请你对身边同学的消费情况进行调查，将调查结果写成一篇调查报告。

### 当代大学生消费现状调查

由于社会上存在贫富差距现象，在校大学生的消费也就存在贫富差距现象。另外，目前社会上人们认为大学生代表高消费的观点是片面的。

××大学商学院是经教育部审批，由××师范大学利用社会投资按新的机制和新的模式举办的独立学院，属普通高等教育本科层次。目前在校生达9 000余人，学生来自全国各地，因此该校学生的消费现状基本能够代表全国大学生的一些基本消费现状。20××年5—6月，由笔者指导××等学生对本校一至四年级的学生消费现状进行调查。选取样本数为220人，回收问卷后，经过筛选，选取有效样本男110名，女90名，共200名学生的问卷，计算得出本调查报告结果。当然，比起北京、上海、广州等大城市，该校学生的消费金额可能偏低，这与××地处边疆，经济不发达有关。下面是通过本次调查得出的一些数据。

一、家庭平均月收入

经调查，家庭平均月收入在1 000元以下的学生占18%，1 000~5 000元的占66%，5 000~10 000元的占12%，10 000元以上的占4%。其中家庭月收入在1 000元以下的学生来自城市的占2%，来自农村的占98%，家庭月收入在10 000元以上的学生来自城市的占96%，来自农村的占4%……

二、月平均消费金额

月平均消费金额500元以下的占8.5%，500~1000元的占73.5%，1 000~2 000元的占13%，2 000元以上的占5%。由此可见，大部分学生的月平均消费金额为500~1 000元，每月消费金额超过2 000元的只占5%，社会上一些舆论认为大学生代表着高消费，代表着奢侈浪费的看法是片面的。

三、消费方式

大学生在消费时选择能省则省的占11.5%，有计划消费的占6.5%，想花就花的占36%，选择其他的占46%。可见许多大学生的消费方式比较随意，缺乏计划性，所以导致钱不够花。

四、平常购买学习资料的开支

大学生每学期购买学习资料的钱，10元以下的占41.5%，10~50元的占49.5%，50~100元的占6%，100元以上的占3%。可见大学生平时买书的并不多，除了买一部分考研、考各种资格证的资料外。

五、每月与谈恋爱相关的开支

在每月与谈恋爱相关的开支中，选择50元以下的占12%，50~100元的占4.5%，100~200元的占15.5%，200元以上的占22%，另外46%的学生回答没有谈恋爱。由此可见谈恋爱的学生，每月在谈恋爱方面要比其他学生平均多支出100元以上。

六、平均每月电话费

平均每月电话费支出在30元以下的大学生占1%，30~50元的占7.5%，50~80元的占43.5%，80~100元的占32%，100~150元的占10%，150元以上的占6%。大多数大学生的电话费支出在50~100元。少数学生远程恋爱，煲电话粥，导致每月话费在150元以上。

七、每月用于上网的平均消费金额

大学生每月用于上网的平均消费金额在10元以下的占38%，10~30元的占21.5%。30~50元的占29%，50元以上的占11.5%。由此可见，大部分学生都只是适当地上网，沉迷于网络游戏的学生并不多。

因此，针对大学生中存在的不合理消费，提出如下建议：①做好开支计划，控制自己的消费，养成节俭的好习惯；②生活费由父母按月给，不至于开学第一个月就"亏空"；③把握消费时机，学会利用很多大商场换季时衣服的低折扣消费；④如果自己是控制不住花钱欲望的人，出门前最好根据当天需购品的大致价格带定量的钱；⑤理性消费意识需加强，学会合理利用银行卡，相对限制住自己的盲目消费；⑥不要盲目追求所谓的"高品位"，这会引起高消费，不适合学生的实际情况。

单位名称或个人姓名

××××年××月××日

**模块四**

# 四两拨千斤的杠杆——广告文书

# 项目一　酒香也怕巷子深
## ——广告文案

### 情境导入

下面这则广告案例（宝马）是怎么以魔性短片广告征服众人的呢？

在 2023 年春节到来之际，近两年不断给用户带来新鲜感的宝马，希望通过全新贺岁片给人们送上快乐与祝福，进一步提升品牌知名度。所以，宝马在传统节日氛围中制造了与品牌有强相关性的创意话题，激发年轻群体主动进行二次创作与传播。宝马洞察到把"宝马"一词输入任意一款翻译软件，都会被翻译成"BMW"，将它放进春节祝福场景，也会产生意想不到的效果。于是，将常见的新年祝福"招财进宝马到成功"翻译成"Lucky money into BMW to success"，结合魔性 BGM（背景音乐），将快乐与年味送到世界各地人们手上，引发了年轻群体的转发扩散。

那么，这些是文案吗？

广告策划书、广告媒体计划书、广告预算等，是文案吗？

构成广告作品的图片、色彩、变形字等要素，是文案吗？

### 知识点拨

## 任务一　广告和广告文案概述

### 一、广告概述

#### （一）广告的起源

"广告"一词源于拉丁语 Adverture，意思是"大声叫喊以吸引人"。到 1300—1475 年的中古英语时，演变为 Advertise，意为"引起人们注意，告知某人某事"。18 世纪，随着英国商贸的国际化，"广告"一词广为流传，20 世纪初从西方传入中国。

> **知识角**
>
> **1. 古代广告**
>
> 公元前 1 世纪，在古希腊阿里安的玻里安，出现了一幅出租房子的广告：
>
> 广告
>
> 本人格纳维斯有一处带店铺的住宅，分上下两层，地处本地繁华地区，方便商贩经商，可供骑士居住。如有人欲租，请在 7 月 15 日前向我的奴隶 ×× 提出申请。
>
> **2. 最早的广告属于中国**
>
> 在中国，最早的广告出现在公元前春秋末期的燕国。《战国策·燕策》中的："人有

卖骏马者，比三旦立市，人莫知之。往见伯乐，曰：'臣有骏马，欲卖之，比三旦立于市，人莫与言。愿子还而视之，去而顾之，臣请献一朝之贾。'伯乐乃还而视之，去而顾之。一旦而马价十倍。"就是最早的广告。

### （二）广告的定义和特点

#### 1. 广告的定义

广告有广义和狭义之分。

##### 1）广义的广告

广义的广告其内容和对象都比较广泛，包括营利性广告和非营利性广告。经济广告是为了推销商品和劳务，获取利益，属营利性广告；非经济广告则是为了达到某种宣传目的，属非营利性广告。

##### 2）狭义的广告

狭义的广告是指以营利为目的的经济广告。即以付费的方式，通过公共媒介对其商品或劳务进行宣传，借以向消费者有计划地传递信息，影响人们对所广告的商品或劳务的态度，进而诱发其行动，从而使广告主得到利益的活动。

#### 2. 广告的特点

##### 1）诱导性

广告要抓住客户的眼球，突出信息，使客户能够一眼就看出广告的主题，从而达到宣传的目的。

例如蕉下的广告：蕉下从防晒专业领域升级拓展到"户外轻量化赛道"，从躲开太阳到拥抱"所有的太阳"，更进一步带出品牌活力、自信、热爱生活的态度。细分的市场趋势与用户需求，开始连接人与自然、人与人的所有美好，提升产品专属价值与张力。用运动与防晒的结合，引领一种生活方式。

##### 2）创造性

广告要有创造性，能产生吸引力，能够引起客户的兴趣，使客户有兴趣去了解广告的内容。

例如飞利浦手电筒广告：飞利浦发布了一则手电筒广告，大字标题"充电变身英雄"，广告主要展示了当手电筒使用飞利浦充电电池时，可以在任何情况下发挥出轻松、舒适和自信的能力，成为一个真正的"英雄"。这则广告用生动的影像来表现品牌价值，充分展现了飞利浦产品的高性能和质量。

##### 3）艺术性

上至奢侈品，下到快销品、日化品，广告要具有艺术性，而艺术跨界能形成一股愈演愈烈的营销热浪。

例如佳能相机的广告：佳能相机联手新锐导演田咖喱（Curry Tian），拍摄了一个 8K 超高分辨率舞蹈大片《双生》，以极致清晰的画面、细腻的色彩呈现、毫厘毕现的人物肤色与细节，使中国舞的力与美栩栩如生。

##### 4）思想性

广告要有精准的思想性，要有明确的定位，确定客户群体，以便把广告的内容更加精准地传达给客户，从而达到宣传的目的。

例如阿迪达斯的广告：在北京奥运会前夕，北京地铁站中阿迪达斯的招贴广告为：连绵百米的白底画面上，连续出现我国不同体育项目运动健儿的写实照片，背景则是用速写的形式表现亿万群众与写实明星运动员共同完成一个个优美的动作。简洁的文字是："与某某人（运动员名）一起 2008，没有不可能。"从这样的广告前走过，你不仅会感到震撼，还有些许的感动和自豪。

### 5）真实性

真实是广告的基础与生命，也是广告必须遵守的法律原则，为了更好地宣传产品，提高产品知名度，广告创意可以求新求变，但不能夸大产品功效，脱离产品的客观事实，欺骗消费者。

例如：一些保健品没有治病的疗效，但为了达到销售目的，在广告创意中夸大产品作用，给人药到病除的印象，误导消费者，这些广告都违背了广告的真实性原则。

### （三）广告的种类

（1）按广告内容不同分类，广告可分为商品广告、劳务广告和公关广告等。

（2）按广告传播媒体不同分类，广告可分为报纸广告、路牌广告、广播广告和电视广告等。

（3）按广告作用不同分类，广告可分为招聘广告和商品广告等。

（4）按广告覆盖范围不同分类，广告可分为国际广告、国内广告和区域广告等。

## 二、广告文案概述

### （一）广告文案的定义

广义的广告文案泛指广告作品的全部，包括广告的文字、图片、编排等内容。这是因为最初的广告作品，主要是平面广告作品。

狭义的广告文案仅指广告作品中的语言文字部分。

### （二）广告文案的构成

广告文案，通常包括标题、正文、广告口号、附文四大部分。不同媒体，其广告文案结构可能有所不同。平面广告文案一般结构最完整，电视广告文案相对灵活。

随着广告表现形式的创新，表现这些部分的形式和方法也在发生变化。根据广告策略的不同要求，有的广告标题与广告口号合而为一，有的广告正文与广告标题难以分清。

### 典型案例

**一篇完整的广告文案（I DO 婚戒广告）**

标题：用你的"I"陪我"Do"

正文：定格爱的瞬间，保持爱的温度，与你相伴的誓约，是躺在手指的温度。以 I Do 相赠，以 I Do 相许，执手白头，相守你的笑眸，与你携手相望眼，共度四季度余生。

口号：一声 I Do，一誓 I Do

附文：常熟印象城购物中心店；联系人：李经理；电话：××××××

### 典型案例

伊利巧乐兹电视广告脚本如表 4-1-1 所示。

表 4-1-1 伊利巧乐兹广告

| 景别 | 画面内容 | 镜头角度 | 音乐 | 音效 | 字幕及效果 |
|------|---------|---------|------|------|-----------|
| 全景 | 女主角面带笑容走进大自然，四处寻找着什么 | 慢推 | | 走路声，偶尔传来鸟叫声 | 台词："喜欢亲近自然，喜欢神秘快乐的气息" |
| 特写 | 女主角手背在身后，手里拿着巧乐兹坚果脆筒，继续向前寻找 | 慢推 | 《喜欢你没道理》前奏起 | | 画面和音乐结合，体现出寻找时神秘的气氛，但又充满欢乐 |
| 中近景 | 一只小松鼠突然跳出来抢走女主角手里的脆筒，然后迅速地跳到路旁的树上。女主角先是露出吃惊的表情，看到小松鼠后又开心地笑起来 | 切换 | 在女主角笑起来时，音乐起《喜欢你没道理》高潮部分 | 小松鼠跳动时碰撞树叶的声音 | 歌词：恋爱 ninety-nine 久久延续的浪漫，喜欢你没道理，好心情用不完 |
| 近景 | 女主角和小松鼠面对面吃脆筒，女主角开心地笑 | 切换 | 背景音乐音量低于小松鼠的叫声 | 小松鼠叫声 | |
| 中景 | 好多小动物向女主角和小松鼠跑来，女主角既惊喜又开心 | 切换 | 《喜欢你没道理》高潮部分音乐起 | 小动物欢乐的叫声 | 歌词：恋爱 ninety-nine 久久甜蜜在心坎，品尝你温柔宠爱超完美的口感 |
| 中近景转特写 | 小动物围着女主角吃脆筒，镜头拉近，移到女主角上半身特写，女主角开心地举着脆筒，背景音乐降低 | 拉、移 | 背景音乐降低 | | 台词：喜欢你，没道理，伊利巧乐滋 |

## 任务二　广告文案的标题

### 一、广告文案标题的作用

#### （一）有效吸引注意力

例如：帮助孩子击败蛀牙——佳洁士牙膏。

#### （二）传递主要的广告信息

例如：从现在起，就靠房地产致富——21世纪不动产。

#### （三）诱导继续阅读广告正文

例如：购买个人计算机的任何疑问，我们帮你搞定——某软件公司。

### 二、广告文案标题的类型

#### （一）直接性标题

这是一种用大字形印一个短标题就能把问题说清，根本不用其他说明的一种标题。可以说是直截了当，"一语道破天机"。

例如：时代周刊的标题："全球视野。"

百事可乐的标题："百事可乐，新一代的选择。"

雀巢咖啡的标题："雀巢咖啡，味道好极了。"

王老吉的标题："怕上火，喝王老吉。"

脉动的标题："随时随地脉动回来。"

爱好牌铅笔的标题："你的爱好我了然于心。"

东鹏特饮的标题："累了困了，喝东鹏特饮。"

### （二）间接性标题

这种标题是为了引导顾客去看广告的正文。或比拟，或影射，或夸张，或仿造，或正话反说，或一语双关，欲说又止，强调艺术性。

例如：连接世界的桥梁——机场广告。

谁能惩治腐败——新飞冰箱广告。

生来就会跑——运动鞋广告。

大西洋将缩短四分之一——国外某航空公司广告。

绿，来自您的手——植树、造林宣传广告。

祝您健康——环境保护宣传广告。

眼睛是灵魂的窗户，为了保护您的灵魂，请给窗户安上玻璃吧——眼镜广告。

### （三）复合性标题

这是一种可以直接也可以间接，或者把直接性与间接性结合起来，能使读者马上明白而产生好奇的标题。

例如：在下述两行标题中，第一行是间接性的，第二行是直接性的。

"有时候我们要向鸟儿和蜜蜂学习……

喜福牌斯诺克尔型钢笔"。

---

**知识角**

1. 复合性标题通常由引题、正题、副题三种标题组成

比如蜂花香皂广告标题：

引题　美丽离不开水和肥皂

正题　蜂花液体香皂

副题　使你头发根根柔软，令你肌肤寸寸滑嫩

2. 复合性标题也可以由两种标题组成，如引题与正题，或正题与副题

比如松下电器的广告标题：

引题——销售进入第二年

正题——松下电器变频式空调的受用者越来越多

---

## 三、广告文案标题的表现形式

### （一）新闻式标题

新闻式标题如图 4-1-1 所示。

### （二）判断式标题

判断式标题如图 4-1-2 所示。

图 4-1-1 新闻式标题

图 4-1-2 判断式标题

**（三）提问式标题**

提问式标题如图 4-1-3 所示。

**（四）号召式标题**

号召式标题如图 4-1-4 所示。

图 4-1-3 提问式标题

图 4-1-4 号召式标题

**（五）祈求式标题**

祈求式标题如图 4-1-5 所示。

**（六）情感式标题**

情感式标题如图 4-1-6 所示。

图 4-1-5 祈求式标题

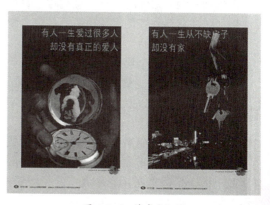

图 4-1-6 情感式标题

### （七）比喻式标题

比喻式标题如图 4-1-7 所示。

### （八）悬念式标题

悬念式标题如图 4-1-8 所示。

图 4-1-7　比喻式标题　　　　　　　　　图 4-1-8　悬念式标题

## 四、写作广告文案标题的基本要求

（1）突出精华，标出新意。
（2）既要简洁，又要明确。
（3）题文相符，互为一体。
（4）易懂好记，引人注目。

## 任务三　广告文案的正文

从文字结构来看，广告文案的正文主要由开头、中心段和结尾三部分组成。

## 一、开头的形式

### 1. 描写式开头法

以生动笔触、浓郁的文学气息对对象展开形象状写的开头法即描写式开头法。

例如：在莽莽苍苍的完达山下，烟波浩渺的兴凯湖畔，有一座青山环抱的县城——密山。

### 2. 总括式开头法

以总结的口吻、全局的眼光、高迈的气势对宣传对象进行介绍的开头法即总括式开头法。

例如：关于性能，桑普空调如是说：别人有的我都有，别人没有的我也有。超大规模集成电路、超大型计算机以及制造发电设备等尖端技术已成为我们生活中的工具。

### 3. 承题式开头法

以成熟的语言、简洁的笔触，对广告标题进行接续展开的开头法即承题式开头法。

例如"博士伦"隐形眼镜的一则广告标题是"我的眼睛信赖博士伦"，开头部分则写道：自从戴上博士伦隐形眼镜，令我摆脱了眼镜框片的沉重负担，使我重新拥有一双美丽的眼睛，增强自信心，扩展我的社交生活……

### 4. 介绍历史开头法

以介绍产品历史来做开头的方法即介绍历史开头法。

例如"汤沟特液酒"广告如此开头：汤沟大曲起源于北宋年间，成名于明末年，清著名戏剧家、诗人洪昇曾写下"南国汤沟酒，开坛十里香"之名句。

### 5. 因由开头法

以制作广告原因和事由来开头的方法即因由开头法，它常与"为了……""为……""经……""据……"等介词结构相联系。

例如这则招聘广告：经人事部全国人才流动中心批准，唐山市高新技术开发区和高新技术企业面向全国招聘新材料、微电子、机电一体化、生物医学工程……专业技术人员……

### 6. 烘托气氛开头法

以生动笔触、形象语词营造某种诗意氛围，使所介绍的对象得以宣传，此即烘托气氛开头法。

例如这则旅游广告：当黎明的曙光降临的时候，那如乳如纱的晨雾托着一轮杲杲的朝阳，从那地平线上吹来一股清新的春风，奏响了一支《春之旋律》。

### 7. 比喻起兴开头法

以艺术、科学的比喻手法引发两种事物的联系，进而指向所要宣传的对象，此即比喻起兴开头法。

例如阿迪达斯篮球鞋的广告开头：猫在捉老鼠的时候，奔跑、急行、回转、跃扑，直到捉到老鼠的整个过程，竟是如此灵活敏捷，这与它的内垫脚掌有密切的关系。

### 8. 明旨开头法

以表示企业、产品对顾客的服务姿态来开头的方法即明旨开头法。

例如兰薇儿的广告：罗曼蒂克的夜晚，兰薇儿与您共享美梦，创造温馨甜美的意境。

---

**知识角**

#### 雀巢咖啡的广告词

开头：瑞士雀巢公司隆重向您推出驰名中外的雀巢咖啡。

中心段：精选优良的咖啡豆焙烘而成，用一茶勺雀巢咖啡加热水、加糖，即刻冲成一杯香浓美味的咖啡，提神醒脑，敬客自奉，至高享受。

结尾：味道好极了！雀巢咖啡！

---

## 二、中心段的形式

### （一）理性型广告文案

理性型广告文案就是以摆事实、讲道理、提出确凿的证据和事实为诉求方式，以商品或劳务的优点、特质和特别的利益为诉求重点的广告文案。

这种类型的广告文案以理服人，让消费者用理智去判断和选择，一般比较适用于新产品、竞争性产品。常见的体式有以下几种：

#### 1. 陈诉体

这类广告的写作，重点在事实本身，适用于信息性强、特征显著的商品或劳务。

**典型案例**

一品龙井茶的广告词如图 4-1-9 所示。

图 4-1-9　一品龙井茶的广告词

### 2. 说明体

说明体的广告内容主要是对商品和劳务等实物的性质、特点、内容、成因、功用等进行详细说明，以使消费者形成明确的产品概念并学会正确的使用方法。

**典型案例**

联想的一则广告如图 4-1-10 所示。

图 4-1-10　联想的一则广告

"专业呈现，灵感随行！"

解说：ThinkPad P1 隐士的广告设计采用超便携移动工作站、Intel11t 酷睿 i9 标压处理器、NVIDIARTXA5000 专业图形显卡、双内存插槽，可扩展至 64GB 3 200MHz，支持 4TB 固态硬盘，丰富接口，满足扩展需求。Think Shutter 一划杜绝泄露隐私的风险，12 项严苛测试严酷环境，稳定运行。带上您的随身工作室，顶级性能搭配塞进 17.7mm 的机身中，让灵感始终随行。

### 3. 论说体

论说体是以议论、说理为主要表达方式的广告体。它是以概念、判断、推理的逻辑思维形式，直接阐述事理，传播信息。

邦迪创可贴的广告如图 4-1-11 所示。

图 4-1-11 邦迪创可贴的广告

"邦迪坚信，没有愈合不了的伤口。"

伤口的含义比较模糊，邦迪对其进行了挖掘，有肉体上的伤口，也有内心的、历史的、民族的伤口等。邦迪抓住自己产品愈合伤口的特点，巧妙地将肉体上的创伤和精神上的创伤联系起来，表现了人们对和平的期盼，将"愈合伤口"的概念倾注给了品牌。

### 4. 证明体

证明体是以证明为主要表达方式的广告体，主要是借助于有关权威的鉴定评语、荣誉称号、获奖情况，或各界知名人士、典型用户的见证和赞颂之辞，以及一些典型事例来证实广告内容的真实性。

汰渍洗衣粉的电视广告如图 4-1-12 所示。

图 4-1-12 汰渍洗衣粉的电视广告

通过一位家庭主妇讲述亲身体验，来证明产品的功效。

家庭主妇：要不是亲身体验，我还不相信呢！祖父 60 大寿，在我家院子大摆宴席，我丈夫的新衬衫就把各种美味一一记录，要是洗不干净，好好的一件衣服，就要泡汤了。咳！试试广告介绍的全新汰渍洗衣粉吧！真想不到，它的清新洁丽，能够那么快发挥作用，把污渍和汗味消除得如此彻底，衣服恢复干净，还有香味呢！我丈夫很高兴。谢谢！

旁白：全新汰渍洗衣粉，清洁、清爽、清香。

### （二）情感型广告文案

情感型广告文案以人们喜、怒、哀、乐的情绪和道德感、群体感、美感等情感为诉求方式；以异性的喜爱、大众的赞美、亲友的情谊、美丽的景色协调等为诉求重点，来诱发消费者的感情，在情感或情绪的影响支配下，采取购买行为。

这种类型的广告文案以情感人，追求情调的渲染和氛围的烘托，富有人情味，更容易打动消费者的心。多用于装饰品、化妆品、时髦商品，以及其他软性商品。常见的体式有以下几种：

### 1. 描述体

描述体是以描写、叙述为主要表达方式的广告体。通过生动细腻的描绘和刻画，来渲染消费者的情绪，达到促进销售的目的。

**典型案例**

台湾江南村别墅的广告词如下：

中国人忘不掉江南风味，中国人应该享受江南风味的生活。

一条清邃的仄径，垂柳依依，唐时山水地形，中国古典大门转出一地江南风味，轻托着淡淡的山岚，我们仿佛回到故园的江南山水，二十四桥、西子湖……都在脑海里涌现。

### 2. 抒情体

抒情体是以抒发情感为主要表达方式的广告体。

**典型案例**

CCTV尊老敬老公益广告如下：

"妈妈，洗脚。"（视频略）

这个广告做得太棒了，非常好的一个公益广告。其实父母是孩子最好的老师，如果大家都行动起来尊老敬老，我们的社会就会和谐美满。

### 3. 故事体

故事体即通过讲故事的形式来传递商品或劳务信息的广告体。

**典型案例**

海飞丝洗发护发水广告如下：

天真无邪的孩子竟在大庭广众之下揭了母亲的心病——"妈妈，你的肩膀上有一些白点。"头皮屑使年轻的母亲十分难堪，怎么办呢？这时，画外音响起了母亲的内心独白——"还好，我看到了海飞丝广告。"悬念把观众自然地引入正题，像是一位头皮屑的"苦主"在向人们介绍她亲身经历的故事。接着是画外音继续——"妈妈使用海飞丝洗发水后，头皮屑基本不见踪影了。"

### 4. 文艺体

文艺体就是集诗歌、散文、小说、童话、戏剧、歌曲等多种文艺形式于一体的广告体，宣传商品的性能、优点，以引起消费者的浓厚兴趣。

**典型案例**

长白山旅游景点广告如下：

"'一游'休上壁，'到此'忆中留。"

简单的两句话对游客提出了委婉的要求和幽默的建议，让游客在忍俊不禁的同时，注意保护野生环境。

### 5. 谐趣体

谐趣体即以诙谐幽默、生动风趣的手法和语言为主要表达方式的广告体。

**典型案例**

法国的克隆堡啤酒进军美国市场的广告词如下：

珍贵的克隆堡啤酒正在源源不断地流向美国，阿尔萨斯人真是舍不得，恳请美国朋友不要全部喝完。

这则广告词幽默风趣，令人回味无穷。美国人很快就喜欢上了克隆堡啤酒。

### （三）情理交融型广告文案

情理交融型广告文案是将理性诉求和感性诉求融为一体的广告文体，既动之以情，又晓之以理，双管齐下，说服消费者。

这种类型的广告文案多运用于电视机、音响、摩托车、汽车等耐用消费品和贵重商品。

**典型案例**

科龙空调的一则报纸广告如下：

如果你只想要一部普通空调，就不必往下看。科龙空调现已上市！

制冷杰出的科龙空调：能效比超群的"智能高手"。卓越的性能，令科龙空调在1992年全国空调质量检测中获得能效比（CCOP）值最高达3.34的殊荣。

宁静和谐的科龙空调：超静音设计，令科龙空调室外机的噪声比一般空调的室内机还要低，在1992年全国空调质量检测中，以噪声最低获得第一名。

赏心悦目的科龙空调：流线型机身与圆弧面相结合的轻型设计，配合恬静幽雅的色调，使之宛如一件艺术品。

勤俭持家的科龙空调：高效节能，除了翩翩的风度、恬静的性格和制冷身手不凡之外，还懂得细水长流，确是个持家好手。

## 三、结尾的形式

### （一）归纳式结尾法

以简洁精练的语言，收口所有"线头"，使之与前面行文相呼应，就像故事讲到结尾时总要做的那样，这种结尾方法就是归纳式结尾法。

例如：维护全家人的身体健康，无论居家外出还是吃喝旅游，香港保济丸随时用得着！

### （二）吁请式结尾法

以祈使、启发、鼓动、勉励、号召、呼请等语言文字结尾的方法即吁请式结尾法。它多用"请""望""敬请""请到""恭候""欢迎"等祈使语。

例如：欢迎选购、欢迎惠顾、欢迎经销。

### （三）设问式结尾法

以设问做结尾的方法即设问式结尾法。它使文脉永远延伸下去，使受众陷入思考之中。

例如：朋友，阳朔山水甲桂林。著名的碧莲峰山形如待放的莲花，山上树木郁郁葱葱、峰影倒映江中，波光翠影、秀丽异常。此生不游阳朔和桂林，岂不是枉来人间一场吗？

### （四）抒情式结尾法

以抒发情怀、点明要义为特点的结尾方法即抒情结尾法。

例如：颐和春——将使您的生命翻开新的一页，伴您步入爱河环绕的伊甸园。

### （五）展望式结尾法

以瞩目未来，使读者一同建立对未来的信心和长远目光的结尾方法即展望式结尾法。

例如：松下电器公司总是在我们实际生活的动人场面与尖端技术之间。

### （六）祝谢式结尾法

以祝愿或感谢的语言文字结尾的方法即为祝谢式结尾法。

例如：值此新春之际，××公司全体同仁谨向全国用户表示最诚挚的谢意！

### （七）服务姿态式结尾法

以向受众所能供给的服务及服务姿态来结尾的方法即服务姿态式结尾法。

例如：每期《辽宁青年》都刊有"夏令营"抽奖标志，每年的七月都将举办一次"读者夏令营"活动，愿你细心收集"标志"，祝您中奖！

### （八）描摹式结尾法

以描摹产品形象来结尾的方法即描摹式结尾法。它是将外形特征描绘移入结尾部分的一种方法。

例如：为了保持包子的造型完美，每个"狗不理"包子捏 17 个或 18 个褶，疏密适中，看上去就像一朵花。

## 任务四　广告文案的口号

广告文案的口号即广告口号。

# 一、广告口号的定义和特征

## （一）广告口号的定义

广告口号是一种较长时期内反复使用的特定商业用语，是指能够表达企业理念或产品特征的并能长期使用的宣传短句。

## （二）广告口号的特征

### 1.信息单一，内涵丰富

广告口号一般都用一两句完整的句子来表现一个信息或一个观念。信息单一，即没有过多的信息需要受众用心记忆和用心理解；内涵丰富，即广告口号是一种文化现象的表征、一种生活方式的倡导和价值体系的建立。

### 2.句式简短，朴素流畅

广告口号要在受众的心目中形成一定程度的印记，就要使之句式简短，容易记忆；要形成多频度、多层次的波及传播，在句式上，除了简短，容易记忆之外，还要容易念，容易传。而要使广告口号成为大众阶层日常生活中的流行语，广告口号同时需具备朴素的口语化风格。

### 3.反复运用，印象深刻

广告口号的特点不是变而是不变。它是企业、商品、服务在广告运作的整个过程中，在各种媒介、各个广告作品中都以同一面貌甚至是在同一位置、用同一种书写方式出现的句子。它长期不变地向受众进行同一种观念、同一个形象、同一项利益点的诉求传达。

# 二、广告口号的作用

广告口号的作用就是以最简短的文字把企业的特征或是商品的特性及优点表达出来，给人留下深刻的印象。广告口号还可以保持广告活动的连续性，使人一听到或看到广告口号就联想起商品或广告内容。具体来讲，广告口号的作用如下：

## （一）表述理念

广告口号要表述品牌的价值和品牌的理念，同时口号也可以运用到所有的传播途径中。

### （二）提升利益

广告口号时刻提醒为什么你要喜欢这个品牌。

例如："钻石恒久远，一颗永留传"这个口号极富感染性，使一颗小钻石的价值得以升华到爱情永恒。如今钻石珍贵无价，它深远的含义已超越了它自身的价值。

### （三）代表职能

好的广告口号是品牌专有的，是独一无二的，是不能为其他品牌所轻易效仿的。

例如：UPS（快递公司）独特的颜色：棕色。他们以一种谦和的姿态提供优质的服务，棕色不张扬，正好符合他们这种平和的态度。口号"What can brown do for you?"（棕色可以为你做什么？）棕色也深深印在消费者的视觉记忆里，"brown folder（棕色文件夹）"亦成为UPS在新的领域的代言词。

### （四）相互沟通

有些广告口号太过高大自满，无法使人们沟通。而当你从员工和消费者的角度出发时，问题将会得到解决。

## 三、广告口号的种类

### （一）颂扬式

这种广告口号强调商品的好处，突出其优点。

如雀巢咖啡的广告口号："味道好极了"；特步的广告口号"飞一般的感觉"；美国M & M'巧克力的广告口号"只溶于口，不溶于手"；王老吉的广告口号"怕上火，喝王老吉"。

### （二）号召式

这种广告口号以富有感召力的鼓动性词句，直接动员消费者产生购买行为。

如人头马葡萄酒的广告口号："人头马一开，好事自然来"；三菱汽车的广告口号"有朋自远方来，喜乘三菱牌"。

### （三）标题式

这种广告口号与广告标题融为一体，既起广告标题的作用，也起广告口号的作用。

如格力空调的广告口号："好空调，格力造"；百度的广告口号："百度一下，你就知道"；

### （四）情感式

广告口号以富于抒情韵味的语言构成，以便更好地激发人的联想，使人认同。

如南方黑芝麻糊的广告口号："一股浓香、一缕温馨"；波力海苔的广告口号："海的味道，我知道"；丸美的广告口号："弹弹弹，弹走鱼尾纹"；

### （五）幽默式

这种广告口号借用幽默的手法表现广告主题。

如益达的广告口号："你的益达？不，是你的益达"；余额宝广告口号："会赚钱的钱包"；美的净水器的广告口号"不要再加玻尿酸啦"；这些广告口号无不充满幽默风趣之意，使人在会意之中接受广告内容。

### （六）品牌式

这种广告口号是将广告标语或广告警句与广告品牌相结合，树立企业形象或品牌形象。尤其是在一些大型企业，尤为重视。

如维维豆奶的广告口号："维维豆奶，欢乐开怀——维维集团"，这种广告口号中突出对自己品牌的宣传，既完成了促销活动，又进行了品牌创造。

**知识角**

广告口号与广告标题的区别

广告口号和广告标题之间，虽然会出现互转现象，但两者存在着明显的区别。

**1. 表现功能不同**

广告口号是为了强调企业的商品和服务的一贯的、长期的印象而写作的；而广告标题是为了吸引受众阅读广告正文而写作的。

**2. 表达风格不同**

广告口号的语言表达风格要体现口语化特征，自然、生动、流畅，给人以郎朗上口的音韵节奏感；广告标题的语言表达风格要求新颖、有特色、能吸引人。

**3. 运用时限、范围不同**

广告口号运用的时间长、范围广；广告标题运用的时间短、范围窄。

广告口号的创作欣赏如图 4-1-13 所示。

（a）　　　　　　　　（b）　　　　　　　　（c）

图 4-1-13　广告口号

（a）向阳生长 优雅绽放 } 押韵，朗朗上口。

（b）滴滴香浓 意犹未尽 } 成语。

（c）人生中的第一辆车 父亲的肩膀 } 新颖巧妙的比喻。

**知识拓展**

**1. 强调商品的特点以及给消费者带来好处的广告口号**

（1）金嗓子喉宝："保护嗓子，请用金嗓子喉宝"；

（2）康师傅方便面："香喷喷，好吃看得见"；

（3）M & M'巧克力："只溶于口，不溶于手"；

（4）中国电信："世界触手可及"；

（5）海飞丝："头屑去无踪，秀发更出众"；

**2. 突出企业经营特点的广告口号**

（1）突出企业的历史与传统。

①大白兔奶糖："三十年好口味，大白兔与您共成长"；

②中华牙膏："四十年风尘岁月，中华在我心中"。

（2）反映企业的未来。

①联想："时间总在倒计时，而我们创造新开始"；

②哈罗出行："陪伴生活的每一天"。

（3）反映企业的国际性或其市场规模。

①大宝 SOD 蜜系列化妆品："走遍天涯和海角，人间处处有大宝"；

②三星："拥有世界，拥有我"。

（4）反映企业的技术水准。

①西门子冰箱："0℃不结冰，长久保持第一天的新鲜"；

② OPPO 手机："充电五分钟，通话两小时"。

（5）表现企业的观念、思想和活动。

①海尔："真诚到永远"；

②网易严选："直面差评，才能赢得更多好评"。

（6）反映企业的社会价值及公共服务性。

①杜邦："为了更美好的明天"；

②中国联通："情系中国结，联通四海心"。

**3.号召消费者采取购买行动的广告口号**

（1）淘宝："太好逛了吧"。

（2）京东："不负每一份热爱"。

（3）拼多多："拼着买，才便宜"。

（4）天猫："理想生活上天猫"。

（5）唯品会："品牌特卖，就是超值"。

（6）蘑菇街："蘑菇街，我的买手街"。

（7）苏宁易购："苏宁易购，专注好服务"。

**4.给人印象深刻的广告口号**

（1）高德地图："前方道路拥堵，但你仍然在最佳路线上"；

（2）中国移动："沟通从心开始"；

（3）优酷："时间拉长的不是距离，而是聚与离"；

（4）天猫："生活的理想，就是为了理想的生活"；

（5）斯柯达汽车："重要的不是什么都拥有，而是你想要的恰好在身边"。

# 任务五　广告文案的附文

## 一、附文的定义

附文（又叫随文）是跟随在广告文案最后面的附加说明，是广告文案中不可缺少的一部分，用来传递产品和企业的附加信息，是广告诉求最后的推动。

## 二、附文的内容

（1）品牌名称；
（2）企业名称；
（3）企业标志或品牌标志；
（4）企业地址、电话、邮编、联系人；
（5）购买商品或获得服务的途径和方式；
（6）权威机构证明标志；
（7）特殊信息：奖励的品种、数量，赠送的品种、数量和方法等。

## 三、附文的特点

### （一）可操作性

广告附文是对广告正文的补充，主要是将在广告正文的完整结构中无法进行表现的有关问题做一个必要的交代。

### （二）语言运用的正确性和现实性

在广告附文中，完全排斥不准确的、无现实性的语言。

### （三）表现的创意性

由于广告附文表现内容的客观规定性，需根据要传达的附文信息和广告目标受众、媒介特征，对附文进行有效的创意性表现。

## 四、附文的类型

### （一）常规性附文

常规性附文必备的几项附文项目是商品标识、企业名称、联系方式。

### （二）附言性附文

附言性附文通常就某种联系方式向受众提出某种建议。

### （三）条签性附文

条签性附文是在广告文案中制作的一张简单的条签，用虚线或方格标出。

## 五、附文的意义

### （一）附文对广告正文起补充和辅助的作用

附文对广告正文起补充和辅助的作用，这是附文最基本的作用。

### （二）附文能促进销售行为的实施

当广告的标题、正文和口号已经使目标消费者产生了消费的兴趣和渴望时，如果在广告附文中表现了购买商品或服务的有效途径，就能使消费者以最直接的方式、在最短时间之内得到商品，消费者就会乘着兴趣产生消费行为。因此，广告附文可形成一种推动力，促进消费行为的加速完成。

### （三）附文可产生固定性记忆和认知铺垫

在附文部分具体地表现品牌名称、品牌标志，使得受众对品牌的记忆固定而深刻。这个固定性记忆和认知铺垫，可以用品牌效应和企业形象来说服消费者产生消费。

## 写作指导

### 写作广告文案的基本要求

#### 1. 引人注意

为了把产品表现得更加深入人心，可以多一些介绍产品的特写镜头，通过这些特殊的表现形式使产品更加鲜活，同样是靠视觉冲击力，加上特有的表现手法，可以让消费者的注意力被深深地吸引住，可提高产品的广告效应。

#### 2. 唤起兴趣

广告文案中创意新颖的广告语不仅能彰显产品的优势，而且能够做到耳熟能详，以此来达到吸引消费者注意力的目的。

#### 3. 刺激欲望

广告文案中生动的形象和幽默的语言，可以吸引受众的注意力，激发他们的兴趣，而且会增加受众对广告及产品的好感。

#### 4. 加强记忆

相关研究资料显示，文字与图像在吸引受众注意力方面的比例分别是 35% 和 60%，因此活泼幽默的语言搭配、相辅相成的图像，可使广告所能达到的效果更好。

#### 5. 促成购买行动

广告文案要彰显品牌的优势所在，比如同一条街上有三家裁缝店，它们的广告分别是：全国最好的裁缝店、全市最好的裁缝店、本街最好的裁缝店。请问你去哪一家？

### 广告文案的语言要求

#### 1. 准确、简洁

如迪斯尼乐园的广告文案是："Be Our Guest"！

抖音的广告文案是："记录美好生活"。

#### 2. 生动、新颖

如农夫山泉的广告文案是："我们只是大自然的搬运工"。

哈根达斯的广告文案是："夏天很热，爱要趁热"。

#### 3. 风趣、幽默

如溜溜梅的广告文案是："你没事吧，你没事吧，没事就吃溜溜梅"。

自然堂的广告文案是："你本来就很美"。

#### 4. 通俗上口，便于记忆

如冷酸灵的广告文案是："冷热酸甜，想吃就吃"。

亮甲的广告文案是："得了灰指甲，一个传染俩"。

## 任务实施

### 一、改错题

找出下面广告文案中的错误并改正。（错误较多，只要找出 3~4 处即可）

### 长隆欢乐万圣节，鬼同你玩，"惊"喜翻番

2020年10月13日至11月13日，长隆"欢乐万圣节"再次载誉归来！羊城晚报《旅游周刊》读者俱乐部"悠游FUN享会"将带领幸运读者前往长隆欢乐世界畅享"惊"喜翻番的万鬼盛宴吧！这一次，长隆欢乐世界进行了全国万圣装饰，不止准备了惊奇好玩的14个大型鬼屋和开放式鬼区，还将为广大游客送上各种精彩的万圣演艺！万圣节活动还将蔓延至长隆水上乐园，游客只需要支付一个公园的门票，不仅可以畅玩欢乐世界的万圣节项目，还能前往水上乐园体验各种玩水设施，仿佛置身在一个全系的超级大公园！除了更具性价比的票价、更广阔的空间，还有更多样化的"哗鬼"体验。除了将过往几年深受鬼友们喜爱的"午夜山谷""森林神庙""监狱废墟""邪恶古堡""迷离幻境""灵异大宅"等全部进行"惊"喜升级之外，还将增加极具创意的"魂断海盗河""捉鬼敢死队""稻草人巷""闹鬼森林""南瓜丰收节"等七大鬼屋和开放式鬼区。游客除了可以在长隆欢乐世界畅玩鬼屋，与小鬼们精彩互动，在过山车上惊声尖叫的同时，还能前往水上乐园体验各项巅峰玩水设备。整个万圣节期间，水上乐园将开放温水提供给鬼友们游玩体验，畅享更加超值好玩的欢乐万圣节。

免费参与方式：读者只需用微信搜索公众号"羊城晚报微生活"或扫描二维码关注"羊城晚报微生活"微信，参与抢票活动，将活动微信分享到朋友圈，即可获得免费抽奖机会。被抽中的幸运读者可获得两个长隆欢乐世界入园名额！

参与时间：即日起至10月19日（周三）中午12：00，被抽中的幸运读者即可获得两个长隆欢乐世界入园名额（大人、小孩均占名额哦），请幸运读者于10月23日到长隆欢乐世界南门集合（具体集合时间和地点以短信通知为准），届时统一入园，过时不候哦！

**问题分析：**

1. 标题不吸引人，绕口，太长不易记忆。
2. 正文内容太多，多处卖点重复。结构混乱，读者难以把握重点。
3. 附文部分过于复杂。

### 长隆欢乐万圣节，一起鬼混吧！

2020年10月13日至11月13日，万众期待的长隆"欢乐万圣节"重磅来袭，一票畅玩两大乐园，超值优惠。

惊奇好玩的全国万圣节装饰、惊险刺激的14个大型鬼屋和开放式鬼区，更有精彩纷呈的万圣表演，带你与小鬼们亲密互动。万圣节活动期间，游客只需要支付一个公园的门票，不仅可以畅玩欢乐世界的万圣节项目，还能前往水上乐园体验各种玩水设施，叫上你的朋友来长隆，一起鬼混吧！

参与方式：读者可用微信搜索公众号"羊城晚报微生活"或扫描二维码关注"羊城晚报微生活"微信抢票，即日起至10月19日（周三）中午12：00前将活动微信分享到朋友圈参与抽奖活动，将有机会获得2张门票（以短信通知为准）。

## 二、写作题

请从自己的家乡，选择一项自己最熟悉、最具地方特色的土特产品，撰写一则广告文案。

参考例文略。

# 项目二　驰名真章铁成金
## ——策划书

　　假设你在××食品公司的销售部工作。春节临近，公司要求在今年春节期间销售成绩再创新高，销售部门要提前做好市场销售的准备工作。公司领导决定让你设计一份春节期间××巧克力的促销活动方案。

**典型案例**

### ××巧克力春节期间市场促销活动方案

　　为了迎接春节、情人节的到来，公司自1月份开始，积极准备前期的市场旺季销售工作，公司制定了一系列促销方案，以去年产品销售业绩为基础，争取从春节开始使公司销售业绩再创新高。

　　本次促销推广活动不是以单纯的销售为目标，最终的目标是为情人节过后的市场淡季树立售点信心，获取售点支持，形成销售增长，所以活动的设计更多地要考虑吸引消费者的注意，强化他们的记忆，引发消费者的好感，因此，此次活动一定要营造出红红火火过新年的热闹喜庆的市场气氛。为达到此次宣传活动的效果，公司特别设计了相应的展示挂件等宣传产品，以增添节日的喜庆气氛，以下为此次活动的具体实施方案：

　　一、活动主题

　　"精致生活，源自××"。

　　二、产品市场主要推广目标

　　1.全面提升一月份整体市场销售额。

　　2.抢占市场先机，争取最多、最好的陈列位置，不输给竞争对手。

　　3.保证春节期间产品市场销售达到预期效果。

　　三、产品诉求

　　宣传方式以海报、DM单、人员等为主，产品目标是向终端消费者传达××巧克力高可可脂含量、纯正瑞士风味的特点，让消费者感受××巧克力一流的品质、纯正的口味。

　　四、活动准备

　　1.所有的品种确保在每个销售点里有最充足的库存量。

　　2.此次活动的陈列面积必须超过历史同期的宣传陈列面积。

　　3.所有活动点安置最充足的促销导购人员。

　　4.各个部门需保证持续不断地开展买赠、折扣等促销活动，运用所有可以利用的资源。

　　五、活动时间

　　1月1—28日（1月12日开始情人节产品促销宣传，届时各个卖场都将按照"情人节××产品销售活动实施方案"同期开展情人节促销活动）。

六、参加活动产品

常规装产品：（产品规格略）。

分享装产品：（产品规格略）。

礼盒装产品：（产品规格略）。

七、活动方式

1. 买赠：以优惠促销价格，陪送精致礼品包装。赠品以75g添彩系列产品为主。

2. 陈列：延续圣诞/元旦陈列规模，扩大和补充挂网挂条的数量，主要以陈列常规装产品、分享装产品为主，货架陈列形式主要以产品＋货架贴＋春节爆竹为主，充分营造节日气氛。

八、活动因素

1. 参加活动的系列产品。

2. 气氛营造与宣传活动。

3. 促销赠品。

九、春节期间主要促销用品（略）

十、促销宣传品设计（略）

十一、春节促销活动陈列方式

陈列方式以堆头、主货架、纸架为主，必须做到一个都不能少。

主货架陈列不少于4个排面，每个单品至少有2个排面。

纸架组合中要求至少有1个纸架，用于陈列105g薄片。

十二、活动具体实施计划

春节封套礼盒均用金色与朱红色年货封套做包装，更加突出节日的喜庆色彩；货架陈列形式以封套礼盒＋春节爆竹＋海报吊牌为主，同时尽可能在卖场内以两个相连的端架集中陈列，使产品更加醒目，每个产品最少占陈列架3~4个面围及2层排面；陈列货架上面的2~3排，每层都贴货架贴及相关发布信息牌（团购信息由各个分公司自行制作）。

非重点卖场，以背靠背纸架作为主题堆头的大卖场内，则尽量将纸列陈列架摆放在其他节日品旁边，以背靠背或靠墙、柱子陈列等方式陈列。这样可以借助其他节日产品的热闹气氛，增加顾客的关注度。同时各个地区在各个店铺及卖场做节日陈列摆放时，所有产品的销售应该灵活掌握……根据卖场规模制定陈列计划（面积、形式、位置等）……并按照公司活动计划要求，随时为各个卖场店铺提供海报吊牌、货架贴、促销赠品等，陈列形式结合卖场店铺实际面积，按照公司统一设计要求布置。

重点卖场导购促销活动保证不断持续，重点卖场人员数量保证足够，所有主要重点陈列货架设导购员负责陈列面的维护与导购工作，同时，为了保证活动的效果，各卖场可根据需求增加临时促销员，一定要保证春节造势活动的圆满成功。

团购的定时拜访全面启动，随时宣传团购政策及礼品赠送活动……通过网络商店、礼品店的宣传网页为春节活动造势。

××公司行政部

2021年12月23日

## 知识点拨

### 任务一　策划书概述

#### 一、策划书的定义

策划书又称策划方案、策划文案、策划案，它是企事业单位、社会团体、组织机构或者个人为了达到一定的目的，在充分调查市场环境以及相关联的环境的基础上，遵循一定的方法或者规则，对未来即将发生的事情进行系统、周密、科学的预测，制定的富有科学性、可行性、创意性的方案。

## 二、策划书的基本要素

不同的策划书有不同的内容，但一般都需要具备以下 8 个基本要素：

（1）Why（为什么）：策划的背景、缘由；

（2）What（什么）：策划的目的、基本内容；

（3）Who（谁）：策划的相关参与人员；

（4）Where（何地）：策划实施的场所；

（5）When（何时）：策划活动开展的时间；

（6）How（如何）：策划执行的具体方法；

（7）How much（多少费用）：策划经费的预算；

（8）Effect（效果）：预测、评估策划的结果。

## 三、策划书的作用

谋定而后动，写策划书之前要先做好策划。策划是一个全方位的谋略活动，如同军事上一个大的战役的战略运作，策划书便是"战役"的书面作战计划。它关系到行事的成败，是实现目标的指路灯，是执行策划的"蓝本"，是实现策划目标的纲领。

## 四、策划书的种类

### （一）活动策划书

活动策划书侧重于计划，一般用于组织各种非营利性活动，如学生活动、企业内部活动等。

**典型案例**

### 关于××公司举办公司团建活动策划方案

在公司各级主管的领导下，公司全体员工围绕公司的奋斗目标，上下同心，在业绩上取得了一定的突破，为全面完成公司目标作出了积极贡献。为回馈员工辛勤工作，同时鼓舞士气，增强公司凝聚力，提高员工对公司的认可度，并为同事间相互交流、增进认识提供机会，培育企业团结奋进的团队精神，公司决定举行一次全体员工聚餐及文化活动。

一、活动方案

1.活动原则：玩好、吃好，让员工开开心心，安全第一，活动第二。

2.活动项目：

1）团体聚餐：

（1）在特色饭店聚餐，大包间20人；

（2）预订桌席：两桌，每桌10人标准；

（3）点菜标准：每桌600元，包括酒水，预算共计1 200元。

2）KTV唱歌：

魔方KTV唱歌，活动时间控制在4个小时内。

3.活动预算：

用餐1 200元＋唱歌1 500元＋回家出租车费用300元；总预算控制在3 000元；人均消费

预算150元。

4.活动组织事宜：

（1）活动组织负责人：黄××、李×；

（2）活动日期：2021年5月28日星期六18：00出发；

（3）饭店：××路山东老家；KTV地点：××第一国际汇一城魔方KTV。

（4）活动纪律：参加者统一接受组织人员的安排，不得擅自离开团队单独行动，有事者须向相关组织人员请假，活动期间员工自己保管好自身的钱物，小心丢失。

二、其他

1.活动结束后，员工结伴打车回家；

2.活动最终解释权归公司所有。

××公司行政部

2021年5月23日

### （二）商业策划书

商业策划书侧重于解决企业的问题，要密切结合市场、产品和企业的实际状况，所有指标都要具体化甚至量化，执行方案要严谨。商业策划书主要包括广告策划书、产品策划书、公关策划书、营销策划书、企业形象策划书、图书策划书、宣传策划书、危机策划书等，其中，营销策划书较为常用。

 **典型案例**

**产品上市推广策划文案**

一、上市的目的（前言）

二、市场背景分析

1.品类市场的总体趋势分析

2.消费者分析

3.竞争及该品类市场的区格市场占比分析

4.得出结论

（1）新品定位市场整体趋势

（2）产品选项迎合了某些市场机会

三、企业现有产品SWOT分析

四、新品描述及核心利益分析

1.新品的口味、包装、规格、箱容、价格、目标消费群等要素详细描述

2.各要素相对竞品的优势

3.新品相对竞品的诸多优势

4.最后得出结论：我们有充足的理由（优势）会赢

五、新品上市进度规划

六、铺货进度计划

七、通路与消费者促销

怎样的促销活动？具体的时间、地点、方式等细节要落实。

八、宣传活动

企业投入的广告具体播放时间、频率，各种样品的投放区域、方式及投放数据。

九、其他

新品销量预估、营销费用预算、产品损益评估等。

### 品牌策划文案

一、前言

二、行业市场环境分析

三、目标市场分析

四、竞争者分析

五、消费者分析

六、品牌分析

七、战略设计

1. 品牌战略目标

2. 近期、中期、远期发展方向

3. 近期、中期、远期发展模式

八、品牌规划

1. 品牌核心价值、文化、形象、消费群体、主要竞争对手定位

2. 品牌发展策略

3. 市场目标

4. 产品策略

5. 定价策略

6. 竞争策略

7. 市场策略

九、品牌建设

1. 形象建设

2. 渠道建设

3. 终端建设

4. 品牌传播

5. 销售整合

十、品牌维护

### 营业推广策划文案

一、前言

二、市场及产品分析

整个产品市场规模；各竞争品牌销售量的比较分析；竞争品牌的通路分析；竞争品牌市场占有率的比较分析；消费者年龄、性别、职业、学历、收入、家庭结构分析；各竞争品牌产品优缺点的比较分析；各竞争品牌市场细分与产品定位的比较分析；各竞争品牌广告费用与广告表现的比较分析；各竞争品牌促销活动的比较分析；各竞争品牌公关活动的比较分析；各竞争品牌的价格策略比较分析；本企业自身的产品与品牌分析；本企业产品品牌近五年的销售利润分析等。

三、活动传播对象（目标人群）

四、活动目的

五、活动时间

六、活动主题

七、活动策略或框架内容

八、活动信息传播计划

九、具体活动安排与开展

十、活动费用预算

十一、活动效果评估

## 公关策划文案

一、背景

二、公关的目标

根据公关调查的结果确定公关实际工作目标。

三、公关的目标群

1. 消费大众、公司员工、经销商、供应商、传播媒体等

2. 主要影响者、次要影响者、再次要影响者

四、公关的策略

五、公关的沟通媒介

1. 大众传播媒介

2. 公司传播媒介

3. 其他传播媒介

六、公关的活动方式

1. 针对消费大众的活动方式

2. 针对某一地区（或城市）大众的活动方式

3. 针对公司员工的活动方式

4. 针对经销商的活动方式

七、预算与评估

1. 公关的预算

2. 公关的成效评估

## 广告策划文案

一、前言

二、市场分析

前言应详细说明广告计划的任务和目标，必要时还应说明广告主的营销战略。

1. 企业经营情况分析

企业的历史与经营项目；企业在行业中的地位；企业给公众的印象；企业的特性与竞争的优缺点；产品在企业中的地位。

2. 产品分析

产品的生命周期；产品的品质、功能、价格、包装；产品销售的淡季与旺季；产品的替代性。

3. 市场分析

目前的市场规模；目前的市场占有率；市场未来的潜力；通路状况（铺货到达率、产品陈列占有率、产品回转率）；各竞争品牌情况。

4. 消费者研究

决策者、影响决策者、购买者、使用者、消费者的特征（性别、年龄、职业、教育程度、收入状况、家庭状况、社会阶层）；重度消费者与轻度消费者的购买量与频率；消费者购买时间；消费者购买地点；消费者购买动机；消费者购买产品的信息来源；消费者品牌转换情况；消费者指名购买率；消费者品牌忠实度；消费者使用产品状况。

三、广告战略

1. 广告的目标

2. 广告的对象

3. 广告的地区

4. 广告的主题创意及表现策略

5. 广告的媒介策略

根据广告战略中所列的重点，详细说明广告实施的具体细节。

（1）报纸媒介

（2）网络媒介

（3）电视

（4）户外电台

（5）其他媒介

四、媒介计划

五、广告预算及分配

六、广告效果预测

七、附件

## 促销组合策略策划文案

一、前言

开展促销的背景、原因、目的或必要性。

二、市场状况分析

1. 市场状况

2. 竞争分析

3. 消费者分析

4. 产品分析

5. 产品定位分析

6. 定价策略分析

三、销售目标

四、促销的策略或计划

（一）促销的目标

（二）策略

1. 广告表现策略

2. 媒体运用策略

3. 促销活动策略

4. 公关活动策略

5. 人员推广

五、行动方案或具体活动安排

六、促销预算

---

**知识角**

**商业策划书的结构**

1. 封面

封面主要包括策划书的名称、策划机构或策划人的名称、策划完成日期及本策划适用时间段。

2. 目录

按次序排列策划书中所有文本篇目、章节及其所在页码。

3. 项目说明

项目说明是对策划项目的主题、核心内容、实施目标和步骤的概括说明，内容包括项目名称、组织机构、核心内容、投资规模、发展前景等。

4. 项目的市场调查报告或可行性研究报告

略。

5. 项目的实施方案

项目的实施方案是对项目实施过程中各环节重要工作的具体安排。

---

# 任务二　策划书的结构

## 一、策划准备

成功的活动必须有一份优秀的策划书，写策划书之前要做以下策划准备，如图 4-2-1 所示。

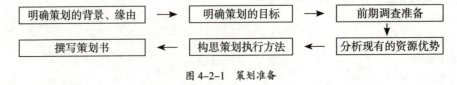

图 4-2-1　策划准备

## 二、策划书的结构

下面只简单介绍活动策划书和营销策划书这两种常见策划书的结构。

### （一）活动策划书的结构

活动策划书没有固定的内容与标准的格式，但在整体结构上，一般由标题、正文、落款和附录四部分组成，如表 4-2-1 所示。

表 4-2-1　活动策划书的结构

| 结构 | | 说明 |
|---|---|---|
| 标题 | | 单位名称＋时间＋项目名称＋文种 |
| 正文 | 前言 | 介绍活动背景 |
| | 主体 | 写明活动概况、活动流程<br>列出所需资源与经费预算<br>注明注意事项 |
| 落款 | | 策划单位名称或策划人姓名<br>××××年××月××日 |
| 附录 | | 附上数据资料、问卷样本、其他背景材料等 |

**1. 标题**

标题的结构形式可以分为以下三种：

（1）单位名称＋时间＋项目名称＋文种，如《××艺术节活动策划案》；

（2）项目名称＋文种，如《××洗衣机广告策划书》；

（3）正副双标题的形式，如《平凡岗位，传递无私关爱——2022年××医院护士节活动策划方案》。

**2. 正文**

策划书正文由前言和主体两部分组成，内容一般采用分条列项的写法。

**1）前言**

前言需要介绍活动背景，一般涉及以下内容：基本情况简介、主要执行对象、近期状况、组织部门、开展原因、社会影响以及相关目的等，可根据实际情况灵活掌握写作内容。

**2）主体**

主体由活动概况、活动流程、所需资源与经费预算、注意事项组成。下面简要介绍前两种：

（1）活动概况。活动概况包括活动目标及意义、活动主题、活动组织要素等内容。

活动目标及意义：活动目标要具体化，并需要突出重要性、可行性和时效性。在陈述目标时，应明确写出该活动的核心构成或策划的独到之处及由此产生的意义。

活动主题：主题是整个策划的灵魂，是统领整个活动，连接各个项目、步骤的纽带，所以要用简明扼要的语言概括出专题活动的创意点。

活动组织要素：包括时间、地点、负责人、主要参与者及相关资源等，文字要简明扼要，一目了然。

（2）活动流程。活动流程在表达上不局限于文字，可适当加入统计图表、数据等，以便统筹。活动流程大致可以分为三个阶段：

一是活动准备阶段，包括海报宣传、前期报名、赞助经费筹备等。

二是活动举办阶段，包括人员的组织配置、场地安排情况等，须注明活动的开展阶段负责人、指导单位、参加人数等信息。

三是活动后续阶段，包括结果公示、活动开展情况总结等。

**3. 落款**

落款应注明策划单位名称或策划人姓名及成文日期。

**4. 附录**

若有与策划相关的数据资料、问卷样本或其他背景资料，可以附件的形式附在文后。

**（二）营销策划书的结构**

营销策划书一般由标题、正文、落款和附录四部分构成，如表4-2-2所示。

表 4-2-2 营销策划书的结构

| 结构 | | 说明 | |
|---|---|---|---|
| 标题 | | 单位名称＋时间＋项目名称＋文种 | |
| 正文 | 前言 | 说明策划的缘由、背景、问题、意义等 | 策划任务 |
| | 界定问题 | 明确策划的具体主题与目标 | 策划依据 |
| | 环境分析 | 做宏观环境分析、市场分析 | 提出问题 |
| | SWOT 分析 | 分析企业或产品的优势与劣势、机会与威胁 | 总体策略 |
| | 营销战略 | 产品策略、价格策略、渠道策略、广告宣传策略等 | 具体对策 |
| | 行动方案 | 人员组织安排、设备安排、时间计划、地点选择等 | 执行蓝本 |
| | 预期预算 | 做费用预算、效果评估 | 可行性分析 |
| | 方案调整 | 做风险预测，制定应急方案，说明注意事项 | 保障成功 |
| 落款 | | 策划单位名称或策划人姓名<br>××××年×月×日 | |
| 附录 | | 附上数据资料、问卷样本、其他背景材料等 | |

### 1. 标题

标题参考活动策划书标题的写法。

### 2. 正文

营销策划书的正文一般由以下内容构成：

（1）前言。前言部分需要说明本次策划的缘由、背景、问题、意义等内容。

（2）界定问题。界定问题部分提出本次策划的任务，明确策划方案的具体主题与目标，如"营销策划方案执行期间，经济效益目标达到：总销售量为 ×× 万件，预计毛利 ×× 万元，市场占有率达到 ××%。"

（3）环境分析。对产品等所处的宏观环境和市场进行分析。

（4）SWOT 分析。SWOT 分析即分析企业优势（Strength）、劣势（Weakness）、机会（Opportunity）和威胁（Threats），从问题中找到劣势予以克服，从优势中找出机会以发掘其市场潜力。

（5）营销战略。营销战略包括产品策略、价格策略、渠道策略、广告宣传策略等内容。

（6）行动方案。根据策划期内各时间段特点，制定各项具体活动的行动方案，内容要包括人员组织安排、设备安排、时间计划、地点选择等。行动方案要求细致、周密，操作性强又不乏灵活性，以较低的费用取得良好的效果为原则。

（7）预期预算。预期预算包括费用预算和效果评估。费用预算指整个营销方案推进过程中的费用投入，包括营销过程中的总费用、阶段费用、项目费用等，其原则是以较少投入获得最优效果。效果评估是指充分考虑内外环境的变化对策划方案执行所带来的不利影响，预估可能会造成的损失。正确的效果评估有助于组织者了解策划的实现程度，评价活动的实际效果。

（8）方案调整。方案在执行中可能出现与现实情况不相适应的地方，因此，必须随时根据市场反馈及时对方案进行调整。方案调整作为策划方案的补充部分，可以做风险预测、制定应急方案或者说明注意事项。

营销策划书的正文根据企业产品不同、营销目标不同，各项内容在写作上可有详略取舍。

### 3. 落款

在文末的右下角写清楚策划单位名称或策划人姓名，另起一行写年、月、日俱全的完整日期。

**4. 附录**

若有与策划相关的数据资料、问卷样本或其他背景材料，可以附件的形式附在文后。

## 写作指导

### 写作策划书的原则

为了提高策划书的准确性与科学性，撰写策划书时应遵循以下三个主要原则：

**1. 逻辑清晰，主题单一**

策划的目的在于解决将要面对的问题，因此，要按照"发现问题—分析问题—解决问题"的思路来编写策划书。首先要设定情况、交代背景、分析现状，然后明确写出策划的中心目的，详细阐述具体的策划内容，明确提出解决问题的对策。策划主题应单一、重点突出，抓住所要解决的核心问题。

**2. 结合实际，灵活变通**

策划书要用于指导活动实施，指导活动中每个人的工作及各环节关系的处理，因此其可操作性要强。同时，策划书要能结合实际情况进行灵活调整，以避免因不易操作而耗费大量人力、物力和财力，导致效率低下。

**3. 创意新颖，手法多样**

新颖的创意是策划书的核心。策划不拘泥于表格和文字，提倡图文并茂，要做到点子新、内容新、表现手法新。

### 写作策划书的注意事项

**1. 写策划书要先写基本构想**

策划书是一个写作难度较大的文种，策划的基本构想是策划书的核心，包括活动背景、活动目的和意义、活动主题、活动目标几部分内容，要体现策划者的独特创意，决策者也最关注这部分内容。因此，一定要先将这部分描述清楚，再写作其他部分，这样更利于把握写作过程。

在策划活动的时候，首先要根据企业本身的实际问题（包括企业活动的时间、地点、预期投入的费用等）和市场分析的情况（包括竞争对手当前的广告行为分析、目标消费群体分析、消费者心理分析、产品特点分析等）作出准确的判断，并且在进行认真分析之后，扬长避短地提出当前最重要的，也是当前最值得推广的一个主题，而且也只能是一个主题。在一次活动中，不能做所有的事情，只能把一个最重要的信息传达给目标消费群体，正所谓"有所为，有所不为"，这样才能把最想传达的信息充分地传达给目标消费群体，引起受众关注，并且比较容易记住你所要传达的信息。

**2. 拿出草案征询领导意见**

制作策划书时，不要苛求完美，首先要拿出草案，跟上级多次汇报，与团队研究讨论，得到反馈意见后再进行修改和补充，这样更容易提高效率，并保证进度。

**3. 策划书的活动不宜太多**

很多策划方案在策划活动的时候往往希望执行很多的活动，认为只有丰富多彩的活动才能够引起消费者的注意，其实不然。活动太多，易产生以下问题：

（1）容易造成主次不分。很多市场活动搞得很活跃，也有很多人参加，似乎反响非常热烈，但是在围观或者参加的人当中，有多少人是企业的目标消费群体，而且即使是目标消费群体，他们在参加完活动之后是否纷纷购买产品？目前一些策划者经常抱怨的一个问题就是围观者的参与道德问题，很多人经常是看完了热闹就走，或者是拿了公司发放的礼品就走。其实这里的问题就在于活动的内容和主题不符合，所以很难达到预期效果，在目前的市场策划活动中，有一些活动既热闹，同时又能达到良好的效果，就是因为活动都是紧紧围绕主题进行的。

（2）提高活动成本，执行不力。在一次策划中，如果加入了太多活动，不仅要投入更多的人力、物力和财力，直接导致活动成本增加，而且有一个问题就是，容易导致操作人员执行不力，最终导致策划失败。

### 4. 可行性强

策划书要有较强的针对性和可行性，对问题的分析要准确到位，需要决策者判断的内容一定要写清楚，提出的方案应具体、细致、缜密，便于实施。

一个合适的产品、一个良好的创意策划，再加上一支良好的执行队伍，才是成功的市场活动。而执行能否成功，最直接或最根本地取决于策划书是否具有可行性。策划书要具有良好的可行性，除了需要进行周密的思考外，详细的活动安排也是必不可少的。活动的时间和方式必须针对活动地点和执行人员的情况进行仔细分析，在具体安排上应该尽量周全，另外，还应该考虑外部环境（如天气、民俗）的影响。

### 5. 变换写作思维、写作风格

一般来说，策划人员在写作策划书的过程中往往会积累自己的一套经验，当然这种经验也表现在策划书的写作风格上，所以每个人的策划书都可能有自己的模式。但是这样的模式往往会限制策划者的思维，所以应该变换写作思维、写作风格，因为如果同一个客户三番五次地看到你的策划书都是同样的模子，就很容易在心理上产生一种不信任的态度或者疲劳的感受，而这种效应有可能影响创意的表现。

### 6. 切忌主观臆断

在进行活动策划的前期，市场分析和调查是十分必要的，只有通过对整个市场局势的分析，才能够更清晰地认识到企业或者产品面对的问题，找到了问题，才能够有针对性地寻找解决之道，主观臆断的策划者是不可能写出成功的策划书的。同样，在写作策划书的过程中，也应该避免主观臆断，切忌出现主观类字眼，因为策划书没有付诸实施，任何结果都可能出现，策划者的主观臆断会直接导致执行者对事件和形势产生模糊分析，而且，客户如果看到策划书上的主观字眼，会觉得整个策划书都没有经过实际的市场分析，只是主观臆断的结果。

### 7. 语言要准确简洁

写策划书尽量不用难词、偏词，不用难以理解的专业用语；不用修辞和客套话；句子不可过长，语言要准确简洁。另外，可适当加入图表，如时间表、流程图等，减少繁冗的陈述，使策划书的结构、内容清晰明了。

### 8. 制作规范美观

既然称之为"策划书"，说明其要求不仅停留在写作上，还要注重文字编辑、形式美化。小型活动策划书可以直接填充到成熟的结构模板之中，大型活动策划书则要力求内容详尽，页面美观，一定要有封面和附件。

## 任务实施

### 一、判断题

1. 活动策划书侧重于计划，一般用于组织各种非营利性活动，如学生活动、企业内部活动等。（　　）

2.活动策划书没有固定的内容与标准的格式，但在整体结构上，一般由标题、正文、落款和附录四部分组成。（　　　）

3.撰写策划书时要注意三个原则：逻辑清晰，主题单一；结合实际，灵活变通；创意新颖，手法多样。（　　　）

## 二、写作题

××大学为了展现青年大学生奋发向上的精神风貌，营造文明和谐的校园文化氛围，彰显校园文化特色，决定在全校开展文化艺术节，请你根据所学知识，通过查询资料，拟写一份策划书。

### 第××届"××之春"文化艺术节策划书

一、指导思想

为坚持贯彻党的二十大精神，我校以习近平新时代中国特色社会主义思想为指导，以社会主义核心价值观为导向，以立德树人为根本任务，围绕学校"一体两翼"中心工作，推进校园精神文明建设。为秉承"×××××"校训，培养具有创新创业精神和能力的高素质复合技术技能人才，引领青年大学生做先进文化的倡导者和实践者，展现青年大学生奋发向上的精神风貌，营造文明和谐的校园文化氛围，彰显校园文化特色，我校特举办第××届"××之春"文化艺术节。

二、活动主题

多彩校园，放飞梦想。

三、组织机构

（一）主办单位

1.××职业技术学院学工处；

2.共青团××职业技术学院委员会。

（二）承办单位

各二级院（部）、各部门、各团总支、校学生会、社团联合会等。

四、领导小组

组长：×××

副组长：×××

成员：×××　　×××　　×××　　……

五、工作小组

组长：×××

副组长：×××

成员：×××　　×××　　×××　　……

六、职责分工

（一）领导小组

策划本届文化艺术节活动内容，审定活动方案，确定其他相关重要事项。

（二）学工处、团委

1.起草本届文化艺术节的活动总方案；

2.负责本届文化艺术节各项活动开展期间的统筹和协调工作；

3. 在本届文化艺术节举办期间，负责与承办单位之间的联系，并检查督促各项活动按计划开展，最终对各项活动进行评定；

4. 拟定活动宣传方案；

5. 主办开幕式和闭幕式。

（三）各二级院（部）、各部门

1. 做好本部门内的宣传、发动和组织工作；

2. 拟定本单位对本届文化艺术节相关活动方案（包括活动负责人、指导老师、目的、时间、地点、对象等），并及时申报项目；

3. 做好相关活动的具体实施工作；

4. 积极承办开幕式和闭幕式。

（四）教务处、信息中心

1. 协调因本届文化艺术节冲突的课程；

2. 为开展本届文化艺术节的各项活动提供必要的实验实训器材，如网络、机房保障等。

（五）后勤、保卫处

1. 督促物业公司为开展本届文化艺术节的各项活动提供保障工作，如水、电、桌椅、场地保障等；

2. 维护本届文化艺术节活动期间的安全工作，做好活动期间突发事件的预防工作。

七、参与对象、活动时间

参与对象：以在校学生为主，教职工自由参与。

活动时间：××××年5月8日至6月12日。

××××年5月11日举办开幕式（初定）。

××××年6月15日举行闭幕式（初定）。

八、本届文化艺术节活动项目内容及上报时间

本届文化艺术节活动的内容，要紧紧围绕主题，要具有鲜明的专业特色、时代特征和学生特点，充分反映我校大学生爱校、爱专业、乐观开朗、积极向上的精神面貌，展示大学生的青春风采，表现大学生的高雅、健康的审美追求。

各承办单位上交申报表（详见附件1）及方案的截止时间：××××年5月10日。

学工处、团委将会对各部门上报项目进行评定审核。审核通过的给予资金支持，最终以校内网公布项目为准。

报送地点：××××办公室。

九、报名方式

各团总支、团支部负责按照各承办单位要求组织学生报名，并按规定填写报名表（详见附件1），统一上交各承办单位。

十、评比表彰

1. 本届文化艺术节各承办单位设立评审委员会，负责聘请有专业、有经验的专家和教师担任比赛评委，为保证比赛的公平、公正、公开，比赛现场打分，现场公布成绩和名次；

2. 各单项比赛按照所参赛项目人数设定比例，评出一、二、三等奖；

3. 奖品由承办单位颁发；

4. 学工处、校团委负责对本届文化艺术节所有开展项目进行等级评定，并在全校公示。

十一、活动要求

（一）提高认识，加强领导，精心组织

为丰富校园文化和专业技能展示，以此为契机，各承办单位一定要高度重视本届文化艺术节，根据文化艺术节活动的要求，及时上报拟定开展的活动项目，并制定相应的活动实施细则和具有本单位专业特色的文化艺术节活动方案，突出文化艺术节活动的宗旨和主题。

（二）注重专业，提升素养，力求创新

各承办单位要坚持"注重专业，提升素养，力求创新"的原则，结合自身专业特色，在重视专业技能比赛的同时，广泛接收外来资源，各学院申报项目至少有一项要有企业冠名，以彰显我校校企合作广泛开展的良好局面。

（三）广泛发动，加大宣传，营造氛围

各单位要充分利用校园网、微信公众号、校园广播、宣传橱窗、横幅等，加大对本届文化艺术节的宣传，努力营造良好的校园文化艺术氛围。广泛发动、组织和充分调动全校师生的参与热情，确保本届文化艺术节取得圆满成功。

×× 职业技术学院

×××× 年 4 月 17 日

**附录：**

第 ×× 届"×× 之春"文化艺术节项目申报表如表 4-2-3 所示。

表 4-2-3 第 ×× 届"×× 之春"文化艺术节项目申报表

| 申报部门 | | 项目名称 | |
|---|---|---|---|
| 活动时间 | | 活动形式 | |
| 参与人数 | | 项目类别 | |
| 项目负责人及联系方式 | | | |
| 项目总体方案简介<br>（可附纸） | | | |

**模块五**

# 生活必需的宝杖——日用文书

# 项目一 万事留心见真情
## ——条据

### 情境导入

日常生活以它的平凡、实在使我们人类的生活充实丰富、灿烂多姿。在所有的人类生活里，大起大落、风雷激荡的英雄式生活方式毕竟只为少数人所有，而众多的生灵所见所思，所必须面对的，仍然是日常的、平凡的生活方式。因此，我们必须学会在平凡中享受生活，在平淡中享受生活。也因此，我们更应学会在日常生活中合理地与他人交往，尤其是以文字为媒介的交往。下面这件事，涉及生活中的各种条据，请大家仔细阅读。

2022年3月8日（星期二）早晨，长丰医疗器械公司财务部助理陈小刚于8:30准时到公司上班，他先到行政部领取了10本18栏明细账本和两个印台，刚回到财务部，接收完下属营业部的年度财务报表，这时，他接到妈妈的电话：爸爸突然中风入院了，妈妈正在省人民医院等他拿钱去办入院手续。

于是，陈小刚把去××审计师事务所取审计报告的事委托给同事曾×，然后经领导同意向公司出纳借了10 000元钱，并写了请假条给财务部张经理后，到银行取出了自己仅有的15 000元存款，就直奔省人民医院。到了医院才知道，要交30 000元钱，于是他想到了离住在医院不远的表哥。等他赶到表哥家时已经是11点了，不巧的是表哥已经外出了。他匆匆写下一张请表哥帮忙筹钱的纸条后，又回到医院。陈小刚在城里没有什么亲戚，表哥又一时联系不上，他急出了一身汗。这时他突然想起该医院主管财务的陈×副院长和他曾经开过一次研讨会，而且与他是同乡。在陈副院长的帮助下，陈小刚终于为父亲办理了入院手续，不足的那5 000元钱则由陈副院长担保，由陈小刚向医院写下欠条。

请根据以上情况，列出陈小刚需要写作的条据，并作分类（凭证类和说明类）。

陈小刚需要写作的条据如下：

（1）凭证类：领条、收条、借条、欠条。

（2）说明类：托事条、请假条、留言条。

### 典型案例

#### 领条

今领到公司行政部发的18栏明细账本拾本，印台两个。

此据。

经手人：陈小刚<br>2022年3月8日

#### 收条

今收到营业部××年度财务报表壹份（共五页）。

此据。

经手人：陈小刚<br>2022年3月8日

借条

今借到长丰医疗器械公司人民币壹万元整，半年内归还。

此据。

立据人：陈小刚

2022 年 3 月 8 日

欠条

本人因所带现金不足，尚欠医院住院费伍仟元整，准于两日后，即 3 月 10 日如数付清。

此据。

立据人：陈小刚

2022 年 3 月 8 日

**知识点拨**

## 任务一　日用文书概述

### 一、日用文书的定义

日用文书也叫日常应用文，日用文书是一个内涵非常丰富的概念，一般来说，它是指人们在日常工作、学习或生活中，办理公务、处理私事时所使用的一种实用性文书。它主要用以处理事务、沟通感情、增进友谊、表达意愿、改善关系等。

在人们的社会交往活动中，有许多事情需要通过一定的文书形式来进行，所以学会写这类相关的应用文，对于增进友好关系、促进事业成功、获得和谐生活等有着非常重要的意义。

### 二、日用文书的特点

#### （一）实用性

日用文书是人们在生活、工作、学习中经常使用的文书，是为某一特定事情或某种需要而使用的文书，具有很强的实用性。

#### （二）礼节性

日用文书的交际色彩非常浓厚，具有礼节性，其内容要关注到对方的需要和感受，措辞要敬重、委婉、亲切、优美、大方等。

#### （三）书信性

日用文书大部分属于书信体，承载传达信息、表达情感、记录凭证的功能，从内容到形式上都具有浓厚的书信体色彩。

### 三、日用文书的种类

日用文书一般包括以下几类：

#### （一）条据类日用文书

条据类日用文书包括借条、收条、欠条、请假条、留言条等。

#### （二）启事类日用文书

启事类日用文书包括启事、告示、声明、海报等。

### （三）申请类日用文书

申请类日用文书即申请书，包括结婚申请、困难补助申请、开业申请等。

### （四）书信类日用文书

书信类日用文书包括一般书信与专用书信，专用书信包括介绍信、证明信、感谢信、慰问信、推荐信、邀请信、求职信等。

## 任务二　条据概述

写作日用文书，要遵循日用文书约定俗成的规范性特点，力求写得恰如其分、规范、得体。另外，措辞要严谨礼貌，符合对象、场合。

条据类日用文书简称条据，下面重点围绕条据介绍：

### 一、条据的定义和特点

#### （一）条据的定义

条据是单位或个人之间为说明涉及钱财、物品或某种情况而留下的作为凭证或告知的字条。作为某种凭证的便条，条据是日常生活中最常见而又最简便的应用文。常用的条据有请假条、留言条、收条、借条、领条等，它们都有一个固定的格式。

#### （二）条据的特点

##### 1. 凭证性

条据的主要功能就是凭证作用，条据作为钱物借还的重要凭据，应该严加保管，供日后核对情况，甚至可以作为档案保存起来。

##### 2. 说明性

条据内容涉及钱物的名称、用途、时间、数目、去向等重要信息，具有说明事实的性质，其语言要遵守说明文语言的规范性。

##### 3. 简便性

条据一般在熟悉的人员之间使用，使用起来灵活、方便，文小功能大。

典型案例

#### 请假条

郑老师好：

　　我因感冒发高烧，身体乏力，经医生诊断为重感冒。需要休息三天（4月12—14日），不能上课。特此请假，恳请批准！

　　附：医院证明一张

　　此致

敬礼！

高护班：张三

2023 年 4 月 11 日

【评析】

该假条简洁明了，又符合规范，标题、称呼、正文、致敬词和落款一目了然，请假理由充分，期限清楚，用语礼貌得体。

**借条**

今借到××公司三洋牌8080双声道收录机贰部、海鸥牌DF205照相机叁部。约定于2023年5月7日前送还。

××学校（公章）

经手人：××

2023年5月2日

## 二、条据的种类

### （一）说明类条据

说明类条据如请假条、留言条、托事条、留言条等。

**1. 请假条**

**1）请假条的定义**

请假条是指因故需要请假而写给有关当事人的便条。主要说明请假的原因和时间，请假的原因（即理由）必须充分并符合有关规章制度。请假条应由机关单位妥善保存，以作为今后考勤的依据。

**请假条**

××经理：

昨天晚上我发烧咳嗽，今天上午去南方医院看病，诊断为重感冒，医生建议我卧床休息，特请假两天，（××××年××月××日至××××年××月××日）恳请批准！

　　此致

敬礼

李××

××××年××月××日

**2）请假条的结构**

请假条由标题、称谓、正文、落款和日期五部分构成。

（1）标题：写于条据正上方居中，如"请假条"。

（2）称谓：即收条对象的姓名及称谓，不同的对象有不同的称谓，要保证礼貌。

（3）正文：写需要说明和告知的事项，包括请假原因、请假起止时间、祝颂语等，要求叙述简明扼要、具体完整。

（4）落款：请假人姓名写于正文后，另起一行右下角处。

（5）日期：即请假时间，位于落款人姓名下方。

**2. 留言条**

**1）留言条的定义**

在日常生活中，在专程拜访他人时，有事情要通知对方，或有事托付对方，对方不在，却又没时间等候对方回来，写个便条留给对方，这种文体就是留言条。注意用语礼貌，简明得体。

留言条大多在联系工作、交代任务或访问不遇时使用，要交代清楚自己的意图和要求。具名和时间比较随便，熟悉的人，写上姓，加上"即日"就可以了，不大熟悉的人，要写出全名和具体日期。可用标题，也可不用标题。

### 留言条

王经理：

　　我来京办事，顺便看望您，不巧您不在，不能久等，明天上午10时我再来，请等我。

张宇

2019 年 12 月 18 日

**2）留言条的结构**

留言条的结构包括标题、称谓、正文、落款和日期五部分。

（1）标题：即"留言条"，也可省略不写。

（2）称谓：即收条对象名称及称谓，用语要礼貌，可在姓名之后加"女士""先生""老师"等称呼。

（3）正文：包括留言事由、再次联系的方式，注意叙述要简明清晰、用语礼貌得体。如果是第一次拜访，要先介绍自己，说明自己的真实姓名、单位和具体联系方式，注意语气恭敬。

（4）落款：即留言人的真实姓名。

（5）日期：留言条的具体成文时间。

**（二）凭证类条据**

凭证类条据如借条、欠条、收条、领条等。

**1. 借条**

**1）借条的定义**

借条又叫借据，是指借个人或公家的现金或物品时写给对方的条子。钱物归还后，打条人收回条子，即作废或撕毁。它是一种凭证类文书，通常用于日常生活以及商业管理。如果没有借条，别人就能赖账或者违约。

### 借条

原因：今日由于个人财务紧张，特向张三借1 000元人民币（壹仟元人民币）。

借款日期：2019 年 4 月 1 日；还款日期：2019 年 8 月 1 日。

借款人：×××（签名）

2019 年 4 月 1 日

**2）借条的结构**

借条由标题、正文、落款、日期四部分构成。

（1）标题：写于条据正上方居中，即"借条"。

（2）正文：正文写需要证明的事项。借条不需要写收条人称谓，正文一开始用"今借到"等固定用语表明条据性质，然后具体写清楚财、物的数量，以及相关时间要求等内容。最后还可以用"此据"一词作为尾语结束，有时也可省略。

（3）落款：当事人姓名写于正文后，另起一行右下角处。

（4）日期：成文日期位于落款人姓名下方。

## 知识角

### 注意借条写作的六个陷阱

**1. 打借条时故意写错名字**

**案例：** 王某父子向朋友张宗祥借款 20 万元，并打下借条，约定一年后归还欠款及利息。想不到王某父子在写借条署名时玩了个花招，故意将"张宗祥"写成"张宗样"。张宗祥当时也没有注意。到了还款期，张宗祥找到二人催要借款，谁知二人却以借条名字不是张宗祥为由不愿归还。无奈之下，张宗祥将王某父子告到法院。尽管法院最后支持了张宗祥的主张，但张宗祥也因在接借条时的不注意付出了很大代价。

**2. 是己借款，非己写条**

**案例：** 王某向张某借款 10 000 元。在张某要求王某书写借条时，王某称到外面找纸和笔写借条，离开现场，不久返回，将借条交给张某，张某看借条数额无误，便将 10 000 元交给王某。后张某向王某索款时，王某不认账，说借条不是自己所写。张某无奈诉至法院，经法院委托有关部门鉴定笔迹，确认借条不是王某所写。

**3. 利用歧义**

**案例：** 李某借周某 50 000 元，向周某出具借条一份。一年后李某归还 5 000 元，遂要求周某把原借条撕毁，其重新为周某出具借条一份："李某借周某现金 50 000 元，现还欠款 5 000 元"。

**4. 以"收"代"借"**

**案例：** 李某向孙某借款 7 000 元，为孙某出具条据一张："收条，今收到孙某 7 000元。"孙某在向法院起诉后，李某在答辩时称，为孙某所打收条是孙某欠其 7 000 元，由于孙某给其写的借据丢失，因此为孙某打了收条。类似的还有，"凭条，今收到某某×××元"。

**5. 财物不分**

**案例：** 郑某给钱某代销芝麻油，在出具借据时，郑某写道："今欠钱某芝麻油毛重800 元。"这种偷"斤"换"元"的做法，使价值相差 10 倍有余。

**6. 自书借条**

**案例：** 丁某向周某借款 20 000 元，周某自己将借条写好，丁某看借款金额无误，遂在借条上签了名字。后周某持丁某所签名欠条起诉丁某归还借款 120 000 元。丁某欲辩无言。后查明，周某在 20 000 元前面留了适当空隙，在丁某签名后便在前面加了"1"。

**7. 借条不写息**

**案例：** 李某与孙某商量借款 10 000 元，约定利息为年息 2%。在出具借据时李某写道："今借到孙某现金 10 000 元。"孙某考虑双方都是熟人，也没有坚持要求把利息写到借据上。后孙某以李某出具的借条起诉要求还本付息，人民法院审理后以《民法典》"自然人之间的借款合同对支付利息没有约定或约定不明的，视为不支付利息"的规定，驳回了孙某关于利息的诉讼请求。

### 2. 欠条

#### 1）欠条的定义

欠条是指由于所借财物到期未能归还，收回原借条后，另向对方书写的其余所欠财物数量和归还时间的文书。欠条和借条有所不同，前者是在已还清一部分所借财物基础之上，另外书写的约定归还的证明性文书；后者是指初次所借时所写的证明性文书。

欠条是借了个人或公家的财物，归还了一部分，还有部分拖欠，对拖欠部分所写的条据；或是借了个人或公家的钱物，事后补写的条据。

欠条的写法与借条基本相同。

**典型案例**

## 欠条

原借杜小刚同志人民币伍仟元整，已还叁仟伍佰元整，尚欠壹仟伍佰元整，两个月内还清。特立此据。

刘强

××××年×月×日

**2）欠条的结构**

欠条由标题、正文、落款和日期四部分构成。

（1）标题：一般在正文上方中间以较大字体写上"欠条"两字。

（2）正文：欠条的正文包括债权人、债务人、欠款内容以及归还时间。

注意事项：

①钱款数字要大写。欠条是付还欠物、欠款或索要欠物、欠款的凭据，书写时不可潦草从事，要字迹清晰，不可涂改。若不得不改动的，则需由改动方在改动处加盖公章（私章）或个人签名。同时要妥善保存，以防丢失。

②不要把"欠条"变为"借条"，有些公司拖欠民工工资，向民工出具借款"借条"而非公司拖欠工资的"欠条"，如此一字之差，劳资纠纷瞬间转变成民事借贷纠纷，民工对于企业长期拖欠工资的行为，便难以到劳动仲裁部门举报、申诉，只能向法院起诉。

③最后以"特立此据"或"此据"结尾。

（3）落款：要署上欠方单位名称和经手人的亲笔签名，是个人出具的欠条，则需署上欠方个人的姓名。

（4）日期：欠条的日期位于落款单位、个人姓名的下方。是单位的，要加盖公章，是个人的，要加盖私章。

---

**知识角**

下面这些场合应该使用欠条而不是借条？

（1）借了单位或个人的钱物，到时不能归还或不能全部归还时，用欠条。

（2）购买物品时，不能支付或不能全部支付时，用欠条。

（3）借了单位或个人的钱物，当时没有写借条，需要事后补写时，用欠条。

---

**3. 收条**

**1）收条的定义**

收条是指收到别人或单位送到的钱物时写给对方的一种凭据性的应用文。收条也称收据，收条也是日常生活中常见的一种应用文样式。

原来借钱物或欠钱物一方将所欠、所借的钱物还回时，借出方当事人不在场，而只能由他人代收时可以写收条。如果当事人在场，则不必再写收条，而只是把原来的欠条或借条退回或销毁即可。

典型案例

**收条**

今收到 ×× 房产公司 2019 年度财务报表两份。

×× 会计师事务所

经手人：×××

×××× 年 × 月 × 日

代收到刘晓红同学还给张琼老师的网球拍一副，完好无损。

代收人：李群

×××× 年 × 月 × 日

个人向单位或某一团体上缴有关费用或财物时，对方需开具收条，以示证明。

单位和单位之间的各种钱物往来，均应开具收条。当然，在正式场合下，一般都有国家统一印制的正式的收条，这属于另一类情况。

2）收条的种类

收条分为两类：一类是写给个人的收条，一类是写给某一单位的收条。

单位出具的收条通常是由某一个人经手，而以单位的名义开具。

3）收条的结构

收条由标题、正文、落款和日期四部分构成。

（1）标题：写于条据正上方居中，即"收条"或"收据"。

（2）正文：包括五个要件："今收到""现收到"等固定用语、交纳人、收取人、交付内容（钱物的数量、物品的种类、规格等情况）以及交付时间。数字最好用大写。收条写作"务去陈言赘语"，该说则说，越简越好。

（3）落款：收财物人姓名写于正文右下角，是某人经手的，一般要在姓名前署上"经手人："的字样，单位要加盖公章；是代别人收的，则要在姓名前加上"代收人："字样。

（4）日期：成文日期位于落款人姓名下方。

知识角

**出具欠条、借条、收条的注意事项**

1. 内容要相对完善

欠条要写清欠款的数额币种，或者物品的数量、名称、品质、规格、型号等基本自然属性，以及拖欠的原因、返还的日期、逾期未还的法律后果，还要写清债权人、债务人的准确名称或者姓名，最后要由债务人署名或者签章并写清出具的日期。借条除了要写清上述事项外，还要写清借期、利息（或者租金）及逾期不还的罚息（或者违约金）等事项。收条除了要写清上述相关事项外，还要特别写明法律后果，比如"至此，双方债务结清""至此，双方委托代理合同终止"等。

2. 用语要准确

杜绝使用模糊用语，如"大概""估计""可能""差不多""算是""或许"等，含义要清晰明确。

**3. 条据最好一式两份，双方各执一份**

作为一种快速、便捷的确认方式，一般情况下，条据都是手写的，出具者具有特定性，即由欠者、借者、收者撰写并签章，但现实中也不乏由债权人、出借人、送给人撰写，再由欠者、借者、收者签字的情况。遇到这种情况，如果欠者、借者、收者手里边没有一张同样的条据，撰写者对在仅存的一张条据上作手脚，比如加了借款的数额，就会产生纠纷；相反，如果存在两张完全一样的（一式两份）条据，双方作手脚不但是徒劳的，而且会因此伤了感情。

**4. 主体身份要确认**

如果是公司，查一查公司是否已经注销，公司名称是否准确（公司名称差一个字就是另一个公司了，比如"北京志诚科技公司"和"北京市志诚科技公司"就是两个不同的公司），自然人是否成年（判断是否具有完全民事行为能力），自然人的姓名是否与身份证相符合（特别注意：同音异字也会留下麻烦）。此外，主体的基本身份信息也要留下，比如自然人的年龄、住址、工作单位等。

**4. 领条**

**1）领条的定义**

领条是指从个人或单位处领取物品的一种文字根据，它是在发放和领取物品的过程中时常使用的一种凭据性文书。

**典型案例**

**领条**

现领到《实用文案写作》教材 350 册。

领取人：×××

××××年×月×日

**2）领条的结构**

领条由标题、正文、落款和日期四部分构成。

（1）标题：写于条据正上方居中，即"领条"。

（2）正文：写需要证明的事项，包括"今领到""现领到"等固定用语，表明条据性质，然后具体写清楚财、物的数量。

（3）落款：收财物人姓名写于正文右下角。

（4）日期：成文日期位于落款人姓名下方。

 **写作指导**

**条据的结构及写法**

**1. 凭证类条据的结构及写法**

凭证类条据的结构为：标题＋性质、关系语＋正文＋尾语＋落款与日期。

**1）标题**

在条据正文上方，居中写明条据的名称。如"收条""借条""代收条"等。

**2）性质、关系语**

凭证类条据一般不写称谓，在标题下第一行空两格直接写明条据的性质、关系。如"今收到""现收到""代领到"等。

3）正文

正文紧接性质、关系语，写明钱物名称、数量、归还日期。

4）尾语

凭证类条据的尾语可在正文的下一行写明"此据"二字，亦可不写。

5）落款与日期

写明当事人的姓名、日期。

## 2. 说明类条据的结构及写法

说明类条据的结构为：标题＋称谓＋正文＋落款与日期。

1）标题

在条据正文上方，写明条据名称，如"留言条""请假条"。

2）称谓

在条据标题下的一行顶格写收条者姓名或称谓，如"××同志""××老师"等。

3）正文

另起一行，空两格，写明告知、说明的事项。

4）落款与日期

落款与日期写在正文的右下角。

## 任务实施

## 一、写作题

1. 张三因私事借好友李四人民币 5 000 元，为期一年，并向其写欠条一份。

参考答案：

欠条

今欠李四人民币伍仟元整，一年之内还清。

特立此据。

张三<br>2020 年 3 月 24 日

2. 王力海同学因参加海尔集团组织的家电商品促销活动，周五至周日共三天，周五要耽误学校上课一天。根据材料写一张请假条。

参考答案：

请假条

吴老师：

海尔集团将于本周五至周日举行家电商品促销活动，这是我专业营销课程的重要学习内容，是一次重要的实践活动。我希望能全程参加，周五不能到校上课，特此请假一天。请予批准为盼！

此致

敬礼

学生　王力海<br>2020 年 2 月 28 日

## 二、简答题

条据的写作要求有哪些?(至少写出 4 条)

**参考答案:**

1. 文字要简明。(写明事实,不用讲道理)

2. 数字要大写,用汉字壹、贰、叁、肆、伍、陆、柒、捌、玖、拾、佰、仟、万。(一般不用阿拉伯数字或汉字一、二、三、四、五、六、七、八、九、十。数字后面要用"整"或"正"字表示到此为止,以防篡改或添加)

3. 结尾用"此据"作为结语,以防添加内容。

4. 具名应是亲笔签的真实姓名。慎重的条据,姓名前要写单位或地址,签名之后还要盖章或按手印,以示负责。

5. 要写明日期,包括年月日。

6. 书写时要用黑色钢笔或签字笔,字迹要端正、清楚。

## 三、改错题

请指出下面文种的错误并改正。(有多处错误,能指出 3 处即可)

××派出所:

我收到本人丢失的票夹 1 只,内有本人工作证 1 张,单位介绍信 1 份和 500 元钱。

王怀德

2020 年 10 月

**解析:**

1. 这是收条,眉头要写标题,即"收条"二字。不需要写称谓。

2. 数字应该大写。

3. 钱数前应加币种,钱数后要写"整"。

4. 落款处应写明日期。

# 项目二　三寸之舌动风云

## ——演讲稿

### 情境导入

在现代社会，演讲能力已经成为人们必备的一项基本能力。公司开会、竞争上岗，甚至朋友聚会都需要我们做一个小型演讲。如果同学们走上创业的道路，需要演讲的时候就更多了，创业路演、在不同的场合介绍自己的企业和产品，都是考验你的演讲能力的关键时刻，而要完成一场精彩的演讲，首先要有一篇出色的演讲稿。

### 典型案例

#### 科学的春天

郭沫若

亲爱的同志们：

我们民族历史上最灿烂的科学的春天到来了。我是上一个世纪出生的人，能参加这样的盛会，百感交集，思绪万千。

在旧社会，多少从事科学文化事业的人们，向往着国家昌盛，民族复兴，科学文化繁荣。但是，在那黑暗的岁月里，哪里有科学的地位，又哪里有科学家的出路！科学和科学家，在旧社会所受到的，只不过是摧残和凌辱。封建王朝摧残它，北洋军阀摧残它，国民党反动派摧残它。

我们这些参加过"五四"运动的人，喊出过发展科学的口号，结果也不过是一场空。大批仁人志士，满腔悲愤，万种辛酸，想有所为而不能为，真是英雄无用武之地。我们不少人就是在这种暗无天日的岁月中，颠沛流离、含辛茹苦地度过了大半生。伟大领袖和导师毛主席领导中国共产党进行了艰苦卓绝的斗争，建立了新中国，人民得到了解放，科学得到了解放。毛主席和周总理又亲自为我国规划了建设社会主义现代化强国的宏伟蓝图，对科学事业和科学工作者给予了无微不至的关怀。我国的科学事业有了突飞猛进的发展。

回忆起这些情景，一桩桩、一件件的往事都涌上心头，好像就在眼前一样。饮水思源，我们怎能不万分感激和无限缅怀伟大领袖毛主席和敬爱的周总理呢！万恶的"四人帮"对科学工作百般摧残，对科学工作者横加迫害，妄图重新把我们的祖国拉回到愚昧、落后、黑暗的旧社会去。但是，"蚍蜉撼树谈何易"。党中央一举扫除了这伙祸国殃民的害人虫，使我们得到了第二次解放。现在，我们可以扬眉吐气地说，反动派摧残科学事业的那种情景，确实是一去不复返了！科学的春天到来了，从我一生的经历，我悟出了一条千真万确的真理：只有社会主义才能解放科学，也只有在科学的基础上才能建设社会主义。科学需要社会主义，社会主义更需要科学。看到今天这种喜人的情景，真是无比感慨和兴奋。"老夫喜作黄昏颂，满目青山夕照明"。敬爱的叶副主席的光辉诗篇，完全表达出了我们这一代人的心情。

科学是讲求实际的，科学是老老实实的学问，来不得半点虚假，需要付出艰巨的劳动。同时，科学也需要创造，需要幻想，有幻想才能打破传统的束缚，才能发展科学。科学工作者同志们，请你们不要把幻想让诗人独占了。嫦娥奔月、龙宫探宝，《封神演义》上的许多幻想，通过科学，今天大都变成了现实。伟大的天文学家哥白尼说：人的天职在勇于探索真理。我国人民历来是勇于探索、勇于创造、勇于革命的。我们一定要打破陈规，披荆斩棘，开拓我国科学发展的道路，既异想天开，又实事求是，这是科学工作者特有的风格，让我们在无穷的宇宙长河中去探索无穷的真理吧！

我们中华民族在人类文明发展史上，曾经有过杰出的贡献。现在，在共产党的领导下，我们民族正在经历着一场伟大的复兴。恩格斯在谈到16世纪欧洲文艺复兴时曾经说过，那是一个需要巨人而且产生了巨人的时代。今天，我们社会主义祖国的伟大革命和建设，更加需要大批社会主义时代的巨人。我们不仅要有政治上、文化上的巨人，我们同样需要有自然科学和其他方面的巨人。我们相信一定会涌现出大批这样的巨人。

我祝愿我们老一代的科学工作者老当益壮，为我国科学事业建立新功，为造就新的科学人才作出贡献。

我祝愿中年一代的科学工作者奋发图强，革命加拼命，勇攀世界高峰。你们是赶超世界先进水平的中坚，任重而道远。古人尚能"头悬梁，锥刺股"，孜孜不倦地学习，你们为了共产主义的伟大理想，一定会更加专心致志、废寝忘食、刻苦攻关。赶超，关键是时间。时间就是生命，时间就是速度，时间就是力量，趁你们年富力强的时候，为人民作出更多的贡献吧！

我祝愿全国的青少年从小立志献身于雄伟的共产主义事业，努力培育革命理想，切实学好现代科学技术，以勤奋学习为光荣，以不求上进为可耻。你们是初升的太阳，希望寄托在你们身上，革命加科学将使你们如虎添翼，把老一辈革命家和科学家点燃的火炬接下去，青出于蓝而胜于蓝。

我这个发言，与其说是一个老科学工作者的心声，毋宁说是对一部巨著的期望。这部伟大的历史巨著，正待我们全体科学工作者和全国各族人民来共同努力，继续创造。它不是写在有限的纸上，而是写在无限的宇宙之间。

春天刚刚过去，清明即将到来。"日出江花红胜火，春来江水绿如蓝。"这是革命的春天，这是人民的春天，这是科学的春天！让我们张开双臂，热烈地拥抱这个春天吧！

**鉴赏：**

有道是：感人心者，莫先乎情。大凡优秀的演讲作品无不以情动人、以理服人。这篇《科学的春天》就是融议论与抒情为一体的佳作。它发表于十年浩劫刚刚结束不久的1978年，是郭沫若在全国科学大会闭幕式上的讲话。

粉碎"四人帮"后，中国共产党在百废待兴之际，召开了全国科学大会，这预示着崇尚科学的新时代又将来临，这一切怎不令人"百感交集，思绪万千"。所以，作者在文章起始就热烈欢呼科学的春天来到了。

随即，作者用了两组对比来表达喜悦之情。一组是新旧社会的对比：科学和科学家在旧社会受到的只不过是"摧残和凌辱"；新社会人民得到解放，科学得到解放。另一组是粉碎"四人帮"前后的对比："四人帮"对科学工作"百般摧残"，对科学工作者"横加迫害"；"四人帮"垮台后，科学和科学家得到了第二次解放。由此，作者得出结论："只有社会主义才能解放科学，也只有在科学的基础上才能建设社会主义。"

接着，作者又表示，社会主义祖国的伟大革命和建设，需要大批社会主义时代的巨人，需要人们的探索与创造。为此，他勉励老中青三代科学工作者发奋图强，谱写一部科学事业的伟大历史巨著。

这是一篇热情洋溢的抒情演讲，又似一篇催人奋进的檄文，读罢回味无穷。具体说来有以下三个亮点：

一是结构严谨，紧扣主题。

作者既以《科学的春天》为题，整个演讲就紧紧围绕这一命题展开。演讲起首，作者点题："我们民族历史上最灿烂的科学的春天到来了"。继而，作者在做了新旧对比后，再次由衷地感叹道："反动派摧残科学事业的那种情景，确实是一去不复返了，科学的春天到来了。"最后，又是在对春天的一系列讴歌之中结束。首尾呼应，构思精巧。

二是技法多样，表现丰富。

作者充分运用了比拟、排比、对偶的写作技法，使整个演讲富有节奏感和美感。全国科学大会的召开正逢初春时节，而"四人帮"的垮台，则表明禁锢科学的严冬已经过去，这里以春天为喻就非常妥帖。在谈到旧中国时，一连用了三个摧残，说明科学和科学家的艰难处境，令人扼腕痛惜。在对老中青三代人寄语时，分别使用了三个"祝愿"："祝愿"老一代的科学工作者，"祝愿"中年一代的科学工作者，"祝愿"全国的青少年。语气逐渐加强，希冀逐渐增大，恰似长江波浪，层层推进，大有一浪高过一浪之势。

三是文字优美，充满浪漫主义色彩。

郭老不愧是一代宗师，遣词造句十分讲究。同时他又是一位诗人，诗人的浪漫与学者的博识集于一身。

"让我们在无穷的宇宙长河中去探索无穷的真理吧！""它不是写在有限的纸上，而是写在无限的宇宙之间。"这些绝妙佳句，演讲中比比皆是。尤其结尾，浪漫主义气息尤为浓厚，作者用诗一般的语言，热情呼唤春天："这是革命的春天，这是人民的春天，这是科学的春天！让我们张开双臂，热烈地拥抱这个春天吧！"文章在高潮处戛然而止，给人以极大的感染力和号召力，可谓"余音绕梁，三日不绝"。

此演讲真切地反映了十年动乱之后人们扬眉吐气、大展宏图的心声。所以一经面市，便好评如潮，广为传诵。

## 知识点拨

# 任务一　演讲概述

## 一、演讲的定义

演讲，又称讲演、演说，是指在公众场所，以有声语言为主要手段，以体态语言为辅助手段，针对某个具体问题，鲜明、完整地发表自己的见解和主张，阐明事理或抒发情感，进行宣传鼓动的一种语言交际活动。

## 二、演讲的特点

### （一）针对性

演讲要有鲜明的主题，这个主题往往针对现实生活中的某一事件、某一现象、某一问题，是被人们广泛关注、引人深思、发人深省的一些问题。

比如：2021 年 10 月 28 日晚，第四届鲁迅文学奖颁奖典礼，在鲁迅先生的故乡——浙江绍兴举行。中国作家协会主席铁凝有感而发，热情致辞，既切合当晚的场合，又鲜明地表达了主题。她这样讲道："一踏入鲁迅先生的故里，我就真切地感到文学的气场、气韵生动起来，鲜活起来。鲁迅先生的风骨，穿越了 70 年的时光，在这个庄重而清明的夜晚，与我们每个人的内心相对。云山苍苍，江水泱泱；先生之风，山高水长……鲁迅文学奖给作家带来的，不仅是荣誉，更重要的是责任。"针对鲁迅文学奖颁奖典礼这一主题引发致力于文学对社会现实的关怀与担当，当代作家就应该像鲁迅先生那样，用极富创造性的艺术形式表现一个时代、一个民族的精神品貌。

### （二）鼓动性

演讲的主要目的是通过阐述个人见解与听众交流认识、沟通思想，产生情感上的共鸣，从而让听众心悦诚服地接受演讲者的观点。好的演讲常常能够影响听众的情绪，听众的喜怒哀乐都受到演讲者的感染。

比如：奥巴马2009年的就职演讲，由于美国当前正面临严重的经济危机，他演说的重要目的是鼓舞美国人民，积极面对当前的危机。他首先回顾选举历程，感谢所有为此付出努力的人，表达自己寻求变革的决心，呼吁所有美国人民共同努力，一起面对困难。然后以106岁老人为例，讲述美国的百年荣辱，鼓励美国人民坚信自己可以做得到，引导民众去展望下一个百年后美国应有的改变，再次激励人们团结起来，让"美国梦"重放光芒，始终强调"美国应该是什么样子，希望美国人民应该怎么做"，并且层层推进，令人鼓舞。奥巴马的这次精彩演讲无疑坚定了所有选民的信心，使全民共同努力一起度过经济危机。

### （三）艺术性

要使演讲具有强烈的感染力，常常要借助一些艺术的表现手段，如富有文学色彩的语言、有声有色的口头表达能力、丰富的表情、恰如其分的动作等。演讲深刻的思想性是通过艺术的形式表达的。

比如：卓别林的第一部有声电影《大独裁者》在1940年上映，电影结尾处有一段经典演讲。当时德国纳粹占领法国，正是希特勒最为嚣张得意的时候，卓别林为了完美再现希特勒的形象，他观摩了很多遍德国电影《意志的胜利》，模仿着希特勒的语气和表情，却在一本正经地胡说八道，里面夹杂了德语、英语，还有连他自己都不知道意思的"外星语"。你可以听到德语的"炸小牛肉片"（schnitzel）、"泡菜"（sauerkraut）和"肝泥香肠"（leber wurst）和英文词组，例如"cheese'n'crackers"（奶酪蛋糕）和"larger beer"（大啤酒），卓别林竟然用这些可爱的词语发表严肃的政治言论，无法想象希特勒后来看完后是什么样的表情。卓别林创作了《大独裁者》，大肆讽刺希特勒的独裁统治，用许多夸张的艺术的表现形式呈现了在现实中真正的大独裁者希特勒本人的丑恶与纳粹政党上层对民众的限制与犹太族群的压榨，表达了犹太人被迫害的悲惨状况。

### 典型案例

大家早上好！今天我讲话的主题是：增强法制观念，创建平安校园。

时光飞逝，转眼已到了××××年的最后一个月。12月4日是我国一年一度的法制宣传日，常言道：没有规矩，不成方圆，国无法不治，民无法不立。让我们一起来学法、守法、用法、宣传法。

我们每一位同学只有学习了法制知识，才能知道什么是合法，什么是违法，学会分辨是非，识别善恶，从小养成遵纪守法的良好习惯。我们每一个公民必须具备基本的法律素养，只有懂法守法，才能依法办事，远离犯罪。法制法规无处不在，它时刻保护我们，也时刻警示我们。我们应该合理地运用法律知识来保障我们应有的权利，履行应有的义务。我们不仅用法制知识武装头脑，还要用法制意识武装中国。我们更应该鼓励身边的人，一起学习法制知识。

国有国法，校有校规。学校里的法律既包括国家的各种法令法规，也包括学校的各项规章制度、纪律条令。有的同学对校纪校规视而不见，忽视学校对学生仪容仪表、待人接物、行为言语等方面的要求，不爱护公物、乱扔垃圾，等等，这些违反学校规章制度的不文明行为会严重破坏我们美丽校园的和谐氛围。也许此刻同学们并没有发现它的严重性，但一个人的行为久而久之会成为一种习惯，一种习惯久而久之会形成一种性格，一种性格久而久之会造就一种命运。勿以善小而不为，勿以恶小而为之，积小成大，最终必然自食恶果。希望同学们在校内能遵守校纪校规，在校外能遵守法纪法规！

以史为鉴，可以知兴衰，以法为鉴，可以晓规则。让我们从现在做起，从身边做起，做一个学法、守法、守纪的合格小学生，创建平安和谐的校园。平安校园最重要的就是安全。在增强法制意识的同时，我们还要提高自己的安全防范意识，学会自我保护。特别提醒以下几点：

（1）注意食品安全，不吃卫生不合格的食品。

（2）注意消防安全，提高防火的安全意识。

（3）注意交通安全，上下楼梯靠右行走，不要拥挤。教学楼内严禁喧闹、追逐。过马路时要严格遵守交通规则。

（4）注意活动和运动安全。随着冬季长跑运动的展开，希望全校师生在感受快乐和健康的同时，也注意做好运动前的准备活动，运动中量力而行，防止运动创伤。

最后祝全体老师和同学们安全、健康、快乐地度过每一天。谢谢大家！

×××

××××年12月4日

## 任务二　演讲稿概述

### 一、演讲稿的定义和特点

#### （一）演讲稿的定义

演讲稿也叫演说辞、演说稿，是人们在公开场合发表讲话的书面文，它包括演讲前准备的完整文稿和演讲后整理的文字记录。

#### （二）演讲稿的特点

因为演讲要求具有针对性、鼓动性和艺术性，这也就要求演讲稿相应地有以下几个特点：

##### 1. 激励性

"一人之辩，重于九鼎之宝；三寸之舌，强于百万之师。"

如：美国黑人运动领袖马丁·路德·金的《在林肯纪念堂前的演说》，用他的几个"梦想"激发广大黑人听众的自尊感、自强感，激励他们为"生而平等"而奋斗。

##### 2. 情境性

演讲稿要顾及听众的心理、时间效应和地点环境等，演讲者还要具备应变能力，随时调整自己的演讲内容。

##### 3. 社会性

演讲稿要力求提出和回答人们所关注和瞩目的焦点问题，根据听众的文化层次、生存环境、品位修养、爱好愿望来确立选题，选择恰当的表达方式。

如：恽代英的演讲《怎样才是好人》，不仅告知人们哪些人不是好人，也提出了三条衡量好人的标准，通过一系列的道理论述，改变了人们以往的旧观念。它的特点是观点独到、正确，论据翔实、确凿，论证合理、严密。

### 4. 号召性

演讲是通过有声语言来表情达意的,因此注意语言要有号召性。把语言转换为有气势,易产生听觉效果的短句、排比句等,并力求做到抑扬顿挫、清晰流畅。

如:法国前总统戴高乐"二战"期间在英国伦敦做的演讲《告法国人民书》,以呼吁式的语言号召法国人民行动起来,投身反法西斯的行列。

## 二、演讲稿的种类和写作要求

### (一)演讲稿的种类

目前划分演讲稿种类的标准(角度)主要从演讲的方式、演讲的专业内容和演讲的目的趋向三方面入手。

#### 1. 从演讲的方式上看

从演讲的方式上看,演讲稿可分为命题演讲稿、即兴演讲稿和论辩演讲稿三种。

#### 2. 从演讲的专业内容上看

从演讲的专业内容上看,演讲稿可分为政治演讲稿、生活演讲稿、法律演讲稿、学术演讲稿、教育演讲稿、军事演讲稿、商业演讲稿等。

#### 3. 从演讲的目的趋向上看

从演讲的目的趋向上看,演讲稿可分为立论性演讲稿、排他性演讲稿、礼仪性演讲稿和阐释性演讲稿。

##### 1)立论性演讲稿

这类演讲稿的目的是确立某种观点,用论证的方法使听众了解、赞同和接受,并进而使听众产生一定的行动。

如:毛泽东的《反对党八股》、马寅初的《北大之精神》、朱自清的《论气节》、彭德怀的《我们一定能够打胜仗》等。

##### 2)排他性演讲稿

这类演讲稿的目的在于排除某种观点、行为等的正确性和可行性,常用反驳、辩论的方法使听众排斥、拒绝和反对它,并付诸一定行动。

如:苏格拉底的《法庭上的申辩》、季米特洛夫的《在德国法西斯蒂法庭的面前的演说》等。

##### 3)礼仪性演讲稿

这类演讲稿旨在对人、对事、对活动表示一定的看法和态度,以达到加深理解、认识或建立、加强彼此的情意为目的。

如:恩格斯的《在马克思墓前的演说》、爱因斯坦的《悼念玛丽·居里》、周恩来的《为庆祝朱德总司令六十大寿的祝词》、尼克松的《在答谢宴会上的祝酒词》等。

##### 4)阐释性演讲稿

这类演讲稿是为了解释和说明一个道理或一个过程,揭示一个新发现或一个秘密,从而使听众了解、明白到底是怎么一回事。

如:罗素的《为什么我不是基督教徒》、卡斯特罗的《历史将宣判我无罪》、蔡畅的《一个女人能干什么》、秋瑾的《演说的好处》等。

### (二)演讲稿的写作要求

演讲稿往往要把叙述、议论、抒情等表达方式结合在一起,做到以情动人、以理服人、以事感人。

**1. 精心选题**

选择恰当的主题是成功演讲的第一步。选题就是选择演讲的话题，确定具体从什么方向入手，谈哪一方面的话题。演讲稿的题目不是随意对待的，选题是演讲准备的重要环节，必须确定一个核心话题，才可以围绕这个话题进行阐述、分析、论证。否则，即使你有优美华丽的辞藻给听众带来美的享受，即使你有幽默风趣的语言让听众开怀大笑，但演讲完了后，也不会在听众的脑海里留下什么，既不能令其信服，也不能令其思考。所以，要重视选题、精心选题、确定主题，主题是演讲的灵魂，是选题的具体化、明朗化。没有主题的演讲，就如同没有灵魂的木偶，即使讲得天花乱坠，也让人不知所闻，不得要领。

那么如何选题呢？选题应注意哪些方面呢？

**1）选择具体、集中的话题**

例如：1946年10月19日，周恩来的《在上海鲁迅逝世十周年纪念会上的演讲》，选取了鲁迅逝世十年来的中国形势这一重大题材，用短短五六百字，就讲清了当时重大的政治问题，达到了政治性、现实性、战斗性的高度统一。

**2）选择适合听众兴趣和水平的话题**

例如：1951年9月29日，周恩来应北京大学校长马寅初之邀作《关于知识分子的改造问题》的演讲，听讲对象为京津地区高等学校的教师和学生代表。演讲中，周恩来多次现身说法，讲到自己也和大家一样受过旧教育，后来看到民族危亡、山河破碎而思想觉悟参加了革命；革命胜利了，又如何抵制各种旧传统势力的袭击，正确地处理个人、家庭和革命的关系。他进而指出，知识分子要过好民族关、阶级关、家庭关。最后，他亲切地鼓励大家要从爱国的立场发展到人民的立场，发展到共产主义的立场，这才是一个革命知识分子应有的归宿。

**3）选择体现时代精神的话题（人们普遍关心和感兴趣的）**

例如：厉励的《当今的时代精神是什么》讲了什么是时代精神，当今的时代精神是什么，这是哲学工作者始终关心并努力捕捉的课题，时代精神是反映社会历史前进的趋势和发展规律的。

**4）选择适合自己情况和特长的话题（考虑自己的年龄、身份、气质）**

例如：1994年在新加坡举行的第二届全国华语演讲大赛中，印度姑娘鲁巴沙尔玛一举夺魁。她在复赛和决赛中的演讲分别是《汉学在印度》《我与汉学》。因为她出生在印度，父母都是高级知识分子，从小又跟父母到了中国，从小学到大学都是在中国上学，她既熟悉印度，又特别了解中国文化。因此，做这方面的演讲，就特别得心应手。

**2. 了解对象**

演讲稿是讲给人听的，因此，写演讲稿首先要了解听众对象，了解他们的思想状况、文化程度、职业状况如何；了解他们所关心和迫切需要解决的问题是什么。要通俗易懂地演讲，要让听众听懂，列宁说过："应当善于用简单明了、群众易懂的语言讲话，应当坚决抛弃晦涩难懂的术语和外来的字眼，抛弃记得烂熟的、现成的但是群众还不懂的、还不熟悉的口号、决定和结论。"鲁迅也说过："为了大众力求易懂。"

**3. 以情动人、以理服人、以事感人（入情入理，情理交融）**

在演讲稿中，情、理至为重要。动之以情、晓之以理，是演讲成功的基石。演讲稿中的理，通常是反映客观规律的真理，或是高尚的人生哲学和伦理道德观念，或是科学文化知识以及获取知识的方法，或是有益于推动社会改革的工作经验，等等。这些既是演讲稿的精髓、灵魂和支柱，也是吸引听众的魅力所在。演讲稿中的道理应该给人以新鲜感，所阐述的道理最好是听众闻所未闻的真理；如果所讲的道理听众并不陌生，就应该作出独到的分析；或者紧密联系实际，以新鲜的材料作出富有意义的阐发。

演讲稿中的情，一是"笔下常带感情"，笔端渗透着对听众的殷殷深情；二是对所叙述的人、事、物以及道理的情感。干巴巴地说教是演讲的大忌。

情和理的自然交融更为可贵，情感有了理性的渗透，就不至于泛滥；理性有了情感萌动，就不致冷漠。许多成功的演讲，无一不是情理渗透的结合物，情是有理的情，理是有情的理，二者"合则双美，离则双伤"。

演讲稿中的情感表达和道理阐发，都不可太直接，要善于借助具体生动的事例或其他感性材料来进行。从表达方式上说，就是要把叙述、议论、抒情等方式结合起来，从而做到以情动人、以事感人、以理服人。

例如：闻一多是我国现代著名诗人、学者和演讲家，他的《最后的演讲》无人不知。在一次五四纪念活动大会上，他说："我们的会举行得很成功。朋友们，你们看，他指着从云中钻出来的月亮。月亮升起来了，黑暗过去了，光明在望了。但是乌云还等在旁边，随时会把月亮盖住……"闻一多用月亮正好从云中出来的景象来比喻学生运动的光明前途，同时暗示反动势力会随时破坏。此景此情，使演讲者与听众可谓情相通、心相连。这种借景抒情、以情说理的方法，比喻恰当，寓意深远。

郭沫若的《科学的春天》、闻一多的《最后一次演讲》，都是情理结合的佳作。闻一多的《最后一次演讲》，其情感如火山爆发，似惊雷落地，强烈的感情溢于言表。

### 4. 行文变化，富有波澜

构成演讲稿波澜的要素很多，有内容、有安排，也有听众的心理特征和认识事物的规律。要掌握听众的心理特征和认识事物的规律，恰当地选择材料，安排材料，内容要有起有伏，有张有弛，有强调、有反复、有比较、有照应，才能使演讲在听众心里激起波澜。

### 5. 语言流畅，深刻风趣

要把演讲者在头脑里构思的一切都写出来或说出来，让人们看得见，听得到，就必须借助语言这个交流思想的工具。因此，语言运用得好还是差，对写作演讲稿影响极大。要提高演讲稿的质量，不能不在语言运用上下一番功夫。

### 6. 结构要完整、新巧

因受时空限制，演讲稿一般篇幅不宜太长，要在有限的时间内牢牢地吸引住听众，使他们自始至终关注整个演讲的内容，因此写演讲稿要充分注意其结构形式，结构要完整、新巧。

德国著名的演讲学家海茵兹·雷德曼在《演讲内容的要素》一文中指出："在一次演讲中不要期望得到太多。宁可只有一个给人印象深刻的思想，也不要给人一堆前听后忘的思想。宁可牢牢地敲进一根钉子，也不要松松地按上几十个一拨即出的图钉。"

### 典型案例

各位老师、同学：

大家好，今天我演讲的题目是：热爱读书！

有人说："读书足以怡情，足以博彩，足以长才。"书使人开茅塞，除鄙见，得新知，养性灵。因为书中有着广阔的世界，书中有着永世不朽的精神，虽然沧海桑田，物换星移，但书籍永远是新的。所以，热爱读书吧！像饥饿的人扑到面包上那样，热爱读书，阅读撼人心弦的高贵作品，吸收超越生老病死的智慧精华，让目光投向更广阔的时空，让心灵沟通过去和未来、已知和未知。

在祖国和平的蓝天下，我们比先辈拥有了更优越的学习条件，能夜以继日地遨游学海，向书山攀登。我们成了新一代读书人，志存高远，只争朝夕，我们要在学好课本知识后，博览群书，在书中读李白的潇洒，读苏轼的豪放，思索鲁迅的冷峻深邃，感受冰心的意切情长。历经苦难的高尔基说："书籍使我变成了一个幸福的人。"我们又何尝不是呢？读书带给我们最隽永的乐趣、最恒久的动力；读书带给我们心灵的和平、精神的慰藉。朋友可能离去，书却是最忠诚的伙伴，时光不断流逝，阅读却让我们永葆青春！

世纪老人冰心说过："读书好，好读书，读好书。"这是一句至理名言。读一本好书，可以使人心灵充实，使人明辨是非，使人有爱心和文明行为，礼仪规范；而读一本坏书，则使人心胸狭窄，使人不知羞耻，使人自私残暴。

读书是一种"静趣"，是一种"心趣"。当自己一个人时，静静地坐在书桌前，她会娓娓动听地向你讲述一些新鲜故事来，讲述一些大的道理或小的道理，于是，翻不上几页，我就会忘却自己，翩翩飞进书的世界中。

有的书如风尘仆仆的流浪汉，又像走南闯北的旅行家；肚子里装满稀奇古怪的风土人情和美丽诱人的风光。正是他，教我认识了伟大的祖国、冰封雪地的南极……同时我也懂得了这样一个道理："忘记了祖国的历史，就意味着背叛！"有的书像陈年佳酿，百读不厌；有的书如倒啖甘蔗，渐入佳境；有的书却像一枚青青的橄榄，苦涩后现清香……

夏夜里，与李白坐在凉席上，听着旷野的风声，追忆着唐朝的月亮。冬夜中，窗外飘着大雪，拥被而坐，倾听着俄罗斯文学大师们忧郁的诉说，书中西伯利亚的大雪与窗外的大雪一起纷飞……夜深了，沉浸在天文书里，遨游于广袤的宇宙空间，遥想地球的命运、银河的命运、宇宙的命运、万物的命运……倾听过去，触摸现在，叩响未知。那颗被凡尘的喧嚣折腾得疲惫不堪的心也随之平静下来了。

我爱书，她伴我走过了无数风雨，同时让我感受到：读书之趣、藏书之趣、买书之趣。书是我的良师益友，她向我描绘气象万千的景色，教我大的道理或小的道理，教我受益无穷的知识……

"半亩方塘一鉴开，天光云影共徘徊。问渠哪得清如许，为有源头活水来。"同学们，让我们畅饮这"源头活水"，攀登这人类进步的阶梯，成为知识的富翁、精神的巨人，成为祖国21世纪高素质的建设者。

## 写作指导

### 演讲稿的结构

演讲稿的结构分标题、开头、主体、结尾三个部分，其结构与一般文章的结构大致一样。

1. 标题

"题好一半文"，新颖、独特的标题是一篇演讲稿成功的主要组成部分。演讲稿的标题通常有以下几种作用：

（1）直接揭示主题，如孙中山的《中国决不会灭亡》、彭德怀的《我们一定能打胜仗》、曲啸的《心底无私天地宽》、马寅初的《北大之精神》。

（2）提出问题、发人深思，如蔡畅的《一个女人能干些什么》、鲁迅的《娜拉走后怎样》、奥斯特洛夫斯基的《生活万岁》、陈独秀的《妇女问题与社会问题》。

（3）形象地概括主题，如林肯的《裂开的房子》、郭沫若的《科学的春天》。

（4）概括演讲的内容，如鲁迅的《对左翼作家同盟的意见》、朱自清的《论气节》、道格拉斯的《谴责奴隶制的演说》。

（5）交代场合和背景，如卢森堡的《在帝国议会讲坛的反战演说》、孙中山的《在东京中国留学生欢迎大会上的演说》。

### 2. 开头

演讲的开头，也叫开场白。它在演讲稿的结构中处于显要的地位，要力求抓住听众，要有较强的吸引力。常见的开头方式如下：

（1）幽默式：即幽默又风趣，能够很快吸引听众的注意力。

比如：第一位能讲流利汉语的西方领导人、澳大利亚前总理陆克文在北京大学的演讲："尊敬的北京大学校长——"一开口，陆克文标准的普通话着实让已经有心理准备的同学们惊讶不已，场内掌声不断。"校长说我说流利的普通话，客气了，我的汉语是越来越差。"陆克文谦虚道，并调侃说起了中国古话："中国有句话叫，天不怕，地不怕，只怕老外说中国话。"

陆克文的一句调侃，让气氛活跃轻松，同学们又一次对他报以热烈的掌声。

（2）直入式：一开口就说明主题，直接表明自己的目的。简单明了，不会乏味、繁冗。一般政治性的或者学术性的演讲稿都是开门见山，直接揭示演讲的中心。

比如：宋庆龄的《在接受加拿大维多利亚大学荣誉法学博士学位仪式上的讲话》的开头："我为接受加拿大维多利亚大学荣誉法学博士学位感到荣幸。"

运用这种方法，必须先明确把握演讲的中心，把要向听众揭示的论点摆出来，使听众一听就知道讲的中心是什么，注意力马上集中起来。但这种方法容易显得过于平淡、冷静，很难吸引人。

（3）提问式：演讲稿的开头，可根据听众的特点和演讲的内容，提出一些激发听众思考的问题，以引起听众的兴趣。这种问题应该新颖、独特，确实能促使听众去思考。

比如约翰库提斯在他的演讲中如此开头："你们都可以看到我的残疾，那么，你的残疾是什么呢？世界上的每一个人都有自己的残疾，请问你的残疾是什么呢？"

开场直白有力，这样的质问直指人的心灵，足以让所有健康的人自省。

（4）引用式：引用名人名言、歇后语、故事等，尤其是要阐释哲学观点，这种引用方法很适用。

比如：朱炳旭在《弘扬长征精神，追寻金色理想》这篇演讲稿中，开头引用一位小女孩天真地问父亲的话："红军爷爷长征时为什么不喝健力宝，为什么不吃巧克力呢？"对于他们，长征已成为一个老外婆的传奇故事。长征精神以越来越深刻的魅力，吸引着众多的人到长征路上去追寻，去思考。

（5）抒情式：用一些修辞方法，直接表达感情。

如下面这篇关于奥运会的演讲稿开头：

敬爱的老师、亲爱的同学！

一个民族，一个国家，是要有一种精神的—— 一种能鼓舞人奋发进取的精神。中国奥运精神，正是顺应时代的潮流应运而生。它是以往精神珍宝的继承和发扬，是融入亿万人心血的新力作。

### 3. 主体

演讲稿在开头后要迅速转入主体，这是演讲的正文和核心部分，也是演讲稿的高潮所在，能否写好，直接关系到演讲的质量和效果，主体内容的安排，应注意以下几个问题：

#### 1）确定结构形式

演讲稿的形式比较活泼，或旁征博引、剖析事理，或引经据典、挥洒自如，或层层深入，或就事论事。结构形式不管怎样变化，都要求内容突出、问题说透、推理严密、层次清晰、情理交融。

**2）认真组织材料**

演讲稿的理论依据和事实论据的组织安排要适当。首先必须保证例证的真实性、典型性。演讲稿不能太长，一般30分钟左右最好。内容要求言简意赅、起到画龙点睛的作用。

**3）构筑演讲高潮**

一次成功的演讲，不可能没有高潮。要构筑演讲高潮，需注意以下几点：

（1）思想深刻、态度明确，最集中地体现演讲者的思想观点。

（2）感情要强烈，演讲者的爱恶、喜怒在这里得到尽情宣泄。

（3）语句要精练。

**4. 结尾**

结尾是演讲内容的自然结尾，是演讲稿的有机组成部分。结尾给听众的印象，往往代表整个演讲给听众的印象。结尾要言简意赅、余音绕梁，能够使听众精神振奋，并促使听众不断思考和回味。

常见的结尾方式如下：

（1）总结式：以简明的语言点明演讲主题或概述演讲的主要内容，使听众得其要而悟其旨。

如：梁启超的《为学与做人》："诸君啊，醒醒罢！养足你的根本智慧，体验出你的人格人生观，保护好你的自由意志。你成不成人，就看这几件事哩！"

（2）号召式：以激情的语言发出号召和希望，使听众受到鼓舞。

如：朱洁的《一位纪委书记的小家和大家》结尾就用了提希望的号召式："同志们、朋友们，我们正处在一个伟大变革的黄金时代，经济的发展、国家的富强、民族的振兴，需要全体人民的艰苦奋斗，特别是共产党人的模范带头作用。如果每一个共产党员都能正确处理好小家和大家的关系，严格地按党性原则要求自己，用党的纪律约束自己，用党旗下那神圣的誓言激励自己，那么我们党的形象将会更加光彩照人，我们党将会更加坚强伟大！"

这种结尾的方式是演讲者用深刻的认识和独到的见解向听众提希望、发号召，能使听众精神为之一振，具有动人情、促人行的作用。

（3）警策式：以哲理性的名言作结，给听众以思考和回味。

如：萨达特（埃及共和国前总统）的《在以色列国会的演说》："我引用珍贵的睿智的古兰经中的一段话，它说：'你说相信真主吧，相信真主对我们的启示吧……我们不歧视他们中间的任何人，我们是信仰真主的穆斯林。'"

---

**知识角**

**如何构筑结尾的演讲高潮**

首先，要注重思想感情的升华，必须对某个问题有较为深刻全面的分析、论证，演讲者的思想倾向要逐渐明朗，听众也能逐渐领会演讲者的思想观点，并与演讲者的思想感情产生共鸣，从而构筑高潮。其次，要注意锤炼语言，使用排比、反问等句式增加气势，也可借助名言警句揭示更深刻的思想。

---

## 任务实施

**一、判断题**

1. 演讲，又称讲演、演说，是指在公众场所，以有声语言为主要手段，以体态语言为辅助

手段，针对某个具体问题，鲜明、完整地发表自己的见解和主张，阐明事理或抒发情感，进行宣传鼓动的一种语言交际活动。（　　）

2.演讲稿的特点是针对性、鼓动性、艺术性。（　　）

3.演讲稿也叫演说辞、演说稿，是人们在公开场合发表讲话的书面文，它包括演讲前准备的完整文稿和演讲后整理的文字记录。（　　）

4.阐释性演讲稿是为了解释和说明一个道理或一个过程，揭示一个新发现或一个秘密，从而使听众了解、明白到底是怎么一回事。（　　）

5.演讲稿常见的结尾方式有总结式、号召式、警策式。（　　）

## 二、写作题

中华人民共和国成立以来，人民生活发生了翻天覆地的变化。70 年前的中国一穷二白、内忧外患。中国人民克服一切困难，发奋图强。近 40 年来，中国经济发展迅速，各行各业都取得了令世人瞩目的成绩。2020 年，中国 GDP 总量 14.7 万亿美元，仅次于美国的 20.9 万亿美元，排名世界第二。国家越来越富强，人民越来越富裕，很多行业都已经赶上甚至超过世界最先进水平。

神州大地发生的翻天覆地的变化离不开无数中国人民的辛勤付出和劳动，背后饱含着华夏子孙对祖国深沉的热爱。作为新时代的青年，你能为祖国的繁荣和发展做些什么？

请以"祖国在我心中"为题撰写一篇演讲稿。要求感情真挚，逻辑清晰，1 000 字左右。

# 项目三 半瓣花上说人情
## ——申请书和倡议书

## 任务一 申请书

### 情境导入

尊敬的校领导：

你们好！

我是本校机电工程学院机电一体化专业 2018 级学生曹强。在 2020 年 12 月份，我积极响应祖国的号召参军入伍，戍边卫国。

如今，两年的军旅生活悄然结束，我经过两年军营的锤炼，培养了坚强意志，树立了规矩意识，懂得了集体观念，增强了良好体质，学到了在学校里接触不到的东西……在短短的两年军营生活中，我时常想起校园的点滴，我发现我的文化知识和专业技能还有待提高，所以我选择归校继续复读，这是我深思作出的决定，复学后我将做到努力学习文化知识，增强自身文化素质，团结同学服从管理，熟练掌握专业技能，为今后的路奠下基石。

这两年来，我虽未在校学习，但并未停止学习，我读了不少提高个人修养方面的书，因此，请领导考虑我的复学申请。

此致

敬礼

学生：××

2022 年 12 月 7 日

思考：这是一种什么类型的应用文？

### 知识点拨

#### 一、申请书的概念

申请书（简称申请）是个人、单位、集体向组织、领导提出请求，要求批准或帮助解决问题的专用书信。

#### 二、申请书的种类

申请书的使用范围相当广，种类也很多。按作者分类，可分为个人申请书和单位、集体公务申请书。按解决事项的内容分类，可分为入团申请书、入党申请书、困难补助申请书、调换工作申请书、建房申请书、领证申请书、承包申请书、贷款申请书等。

下面介绍几种常见的申请书：

##### （一）政治生活方面的申请书

这种政治申请一般是指加入某些进步的党派团体，如申请加入中国共产主义青年团、中国共产党、少先队、工会、参军等。

### （二）工作学习方面的申请书

这是在求学或实际工作中所写的申请书，如入学申请书、带职进修申请书、工作调动申请书等。

### （三）日常生活方面的申请书

在日常生活中，柴米油盐、吃穿住行，我们常常会遇到一些问题，需要个人申请才可以被组织、集体、单位考虑、照顾或着手给予解决，诸如申请福利性住房、申请结婚、个人申请开业或困难补助等。

## 入党申请书

敬爱的党组织：

经过一段时间的学习，我对党的性质、宗旨、纲领、路线、方针和政策有了较深的认识，认识到中国共产党是伟大、光荣、正确的党。因此，我怀着十分激动的心情向党组织提出申请——我志愿加入中国共产党，愿意为壮丽美好的共产主义事业奋斗终生。

正如党章所指出的：中国共产党是中国工人阶级的先锋队，同时是中国人民和中华民族的先锋队，是中国特色社会主义事业的领导核心，代表中国先进生产力的发展要求，代表中国先进文化的前进方向，代表中国最广大人民的根本利益。党的最高理想和最终目标是实现共产主义。我们党以马克思列宁主义、毛泽东思想、邓小平理论、"三个代表"重要思想、科学发展观、习近平新时代中国特色社会主义思想作为自己的行动指南。

中国共产党之所以是"两个先锋队"、是"三个代表"和"领导核心"，这是经过长期斗争考验形成的。在中国大地上，从来没有任何一个政治组织像我们党这样集中了这么多先进分子，组织得这么严密，与社会联系得这么广泛，为中华民族作出了那么多的牺牲，同人民群众保持着密切的血肉联系，始终代表最广大人民的根本利益；从来没有任何一个政治组织像我们党这样勇于追求真理、修正错误，善于总结经验、不断提高自己，在各个不同的历史时期，提出科学的理论、路线、方针和政策，领导人民不断夺取革命、建设和改革的伟大胜利。

在新民主主义革命时期，党领导全国人民进行了艰苦卓绝的斗争，建立了中华人民共和国。在社会主义建设时期，党又领导人民进行社会主义现代化建设道路的探索，经过长期的艰苦努力、摸索实践，中国共产党领导广大人民终于在20世纪的最后20多年里，在邓小平理论的指导下，找到了一条符合中国实际的社会主义道路。"三个代表"重要思想是对马克思列宁主义、毛泽东思想、邓小平理论的继承和发展，始终做到"三个代表"，是我们的立党之本、执政之基、力量之源。科学发展观是马克思主义同中国实际和时代特征相结合的产物，是马克思主义中国化最新成果。在实践中，我们党领导全国各族人民团结拼搏，开拓进取，在经济、政治、文化、外交、军事等各方面都取得了伟大的成就。在20世纪末，我们实现了现代化建设的第二步战略目标，实现人均国民生产总值翻两番；基本消除贫困现象，人民生活达到小康；加快现代企业制度建设，初步建立社会主义市场经济体制。进入21世纪，我们党已经明确了进入新世纪完成中华民族伟大复兴历史使命必须抓好的三大任务，即继续推进现代化建设、完成祖国统一、维护世界和平与促进共同发展。党的二十大强调，"中国特色社会主义是实现中华民族伟大复兴的必由之路"。这一重大论断深刻揭示了中国特色社会主义是当代中国发展进步的根本方向，是改革开放以来党的全部理论和实践的主题以及取得一切成绩和进步的根本原因。当然，在我们前进的道路上还有许多困难和艰辛，但我坚信：有中国共产党的正确领导，任何艰难险阻都能克服。我决心要在党组织的培养和帮助下，努力工作，积极进取，为实现现阶段目标和最高理想而贡献一切。

今天，我虽然向党组织提交了入党申请，但我深知，在我身上还有许多缺点和不足，距离一名共产党员的标准还有差距。作为一名共产党员，不仅要做一个解放思想、实事求是的模范，更重要的是要在不断改造客观世界的同时，努力改造主观世界，树立共产主义远大理想，做一个彻底的唯物论者和无神论者。因此，希望党组织从严要求我，以使我更快进步。今后，我将按照党章规定的共产党员标准严格要求自己，自觉接受党员和群众的帮助与监督，努力克服自己的缺点和不足，争取早日在思想上进步，在组织上入党。如果党组织认为我符合条件，吸收我进入党员队伍，我将把入党作为一个新起点，不断严格要求自己，为共产主义奋斗终身；如果党组织认为我还不能达到党员的标准，我也不会气馁，我会不断在实际行动中完善自己，坚定不移地向党员标准迈进。

请党组织考验我！

申请人：×××

××××年××月××日

### 工作岗位调动申请书

市人民政府办公室党组：

我叫××，女，彝族，中共预备党员，大学文化，1998年1月19日生于××。

我于20××年7月毕业于××民族学院中文系，××××年8月—××××年1月，在××县一中工作，担任高一年级的语文教师，负责两个班的语文教学，并担任一个班的班主任。

20××年1月后，在××县人民政府办公室工作。先后做信息工作和农口工作，并先后担任信息股股长和农业股股长职务。同年参加××省、市、县、乡四级机关统一公开招考国家公务员考试，被顺利录取成为一名国家公务员。

20××年7月至今，在州人民政府办公室秘书四科挂职学习。在州政府办公室学习期间，在办公室领导的关心和帮助下，自觉坚持基本理论和基本知识的学习，尽职尽责、尽心尽力地努力工作，认真做好办公室的日常公文处理和会务工作的准备，保证了公文准确、及时、有序地运转和各种会议的有序进行；做好领导的参谋和助手，努力完成领导交办的各项工作任务。几个月来，通过认真学习，本人在业务工作能力和综合素质上都有了质的提高，较快地转变了工作角色。

本人从参加工作以来，勤勤恳恳、兢兢业业、团结同事、爱岗敬业，在工作中不断加强学习，具备了办公室工作的基本能力。为了便于组织的管理和本人更好地投入工作，特向组织提出申请调入州政府办公室工作，恳请组织批准为盼。

此致

敬礼！

申请人：××

20××年××月××日

### 福利住房申请书

尊敬的领导：

您好！

我叫××，结合本人实际情况，同时考虑到单位的难处，经再三深思熟虑后，决定向单位申请福利住房。申请原因如下：

1.因单位进行旧房改造，将所居住的旧房拆除，本人需在外租房居住。虽拆迁办已解决部分房屋租金，但是由于大环境的影响，本人仍需负担一定金额的房屋租赁费用。

2.本人一家老少三代，孩子已经成年，老人年岁已高。现在家庭经济困难，在承担能力上有一定的困难。

除以上所述两条为特殊情况外，其他均可克服。本人现月收入仅2 000余元，承受能力实在有限，无力承担高昂的房租开销。为了能让自己安心工作，特此向单位申请福利住房，请领导酌情解决！

此致

敬礼！

申请人：×××

20××年××月××日

### 写作指导

#### 申请书的结构

申请书主要由标题、称谓、主体、结尾、落款五部分构成，如表5-3-1所示。

表5-3-1　申请书的结构

| 结构 | | 说明 |
|---|---|---|
| 标题 | | 一是直接写"申请书"，二是在"申请书"前加上内容 |
| 正文 | 称谓 | 尊敬的××（职务）： |
| | 主体 | 提出申请的具体事项、要求及申请的理由 |
| | 结尾 | 写希望批准或表示致敬的话 |
| 落款 | | 申请人姓名或申请单位名称 |
| | | ××××年××月××日 |

**1.标题**

标题有两种写法：一是直接写"申请书"，二是在"申请书"前加上内容，如"入团申请书""入党申请书""复学申请书"等。

**2.称谓**

称谓即顶格写明接受申请书的单位、组织或有关领导。

**3.主体**

申请书的主体，写明申请的理由与事项，理由要写得客观、充分，事项要写得清楚、简洁。

**4.结尾**

结尾用惯用语"特此申请""恳请领导帮助解决""希望领导研究批准"等，也可用"此致""敬礼"礼貌用语。

**5.落款**

落款在右下角，个人申请要写清申请者姓名，单位申请要写明单位名称并加盖公章，注明日期。

**知识角**

### 申请书和申请函的区别

申请书是个人对组织的某种事项的申请，比如某人向单位团组织申请加入共青团的申请书。

申请函属于公文的范畴，是单位与单位之间使用的文书，而且两个单位之间还互不隶属。

## 任务二　倡议书

**情境导入**

各位同学：

大家好，我代表学生会全体成员向同学们发起倡议，打造低碳校园生活。低碳生活，就是指生活作息时所耗用的能量要尽力减少，从而减少二氧化碳的排放量。"低碳"似乎是大人们的事，我们这些学生为什么也要做到低碳生活呢？因为二氧化碳的增加不仅会使全球变暖，还会使许多地区的气候异常，气温升高更会引起并加剧传染病流行，这影响的是我们每个人的生活。低碳生活，节能环保，有利于减缓全球气候变暖和环境恶化的速度。减少二氧化碳排放，选择低碳生活，是我们每位公民应尽的责任。而且，低碳生活对于我们中学生来说是一种态度，而不是能力，我们应该积极提倡并去实践低碳生活。下面，我想给大家提几点建议，希望大家能够用实际行动来做到低碳生活。

1. 少用纸巾，重拾手帕，保护森林，做到低碳生活。

2. 每张纸都双面打印，相当于保留下半片原本将被砍掉的森林。使用作业本时，可以在正面写字，反面当演草纸，既方便又环保。

3. 随手关灯，减少不必要的用电。在我们排队吃早饭和晚饭的时候，教室里的灯完全可以关掉，仅仅十几分钟，也会排放许多二氧化碳，所以，一定要记住随手关灯。

4. 少买不必要的衣服。一件普通的衣服从原料到成衣再到最终被遗弃，都在排放二氧化碳。少买一件不必要的衣服，就可以减少 2.5 千克二氧化碳的排放。另外，棉质衣服比化纤衣服排碳量少，多穿棉质衣服也是低碳生活的一种。

5. 节约用水。有的同学认为把水龙头开到最大才能把手洗得更干净，其实那只是心理作用；在涮拖把的时候，也不必把水龙头开得太大，这样既节约水，又避免脏水溅到身上。

6. 在室内种植些花草。这样既改善空气，又使教室更加富有生机。

7. 合理使用电脑。如果短时间内不用计算机，就将它转为睡眠模式；如果长时间内不用计算机，就将它关机，这样既省电又维护电脑。

8. 少吃零食。我们在学校餐厅里吃饭就要吃饱，不要买一些零食来填饱肚子，其实有些零食不仅对身体有害，还会排放过多的二氧化碳，污染环境。

同学们，作为一名大学生，只要我们凝聚每一分力量，再小的努力也可以汇聚成巨大的力量。为了你、我、他，为了我们这个赖以生存的地球大家庭，更为了明天的美好生活，请立即行动起来：从现在开始，从自身做起，践行低碳生活吧！

谢谢！

×××

××××年×月×日

思考：这是一种什么类型的应用文？有何用途？

## 知识点拨

### 一、倡议书的定义和特点

#### （一）倡议书的定义

倡议书是为倡议、发起某项活动而写的具有号召性、提议性的专用书信，它是由某一组织或社团拟定，就某事向社会提出建议或提议社会成员共同去做某事的书面文章。它作为日常应用写作中的一种常用文体，在现实社会中有着比较广泛的应用，比如《节约用水倡议书》《保护益鸟倡议书》等。

#### （二）倡议书的特点

##### 1. 广泛的群众性

倡议书不是针对某个人或某一小集体而发的，它的受众往往是广大群众，或是部门的所有人，或是一个地区的所有人，甚至是全国人民。所以，其对象十分广泛，广泛的群众性是倡议书的根本特征。

##### 2. 响应者的不确定性

倡议书的对象范围往往是不确定的，即便是在文中明确了倡议的具体对象，但实际上，有关人员可以表示响应，也可以不表示响应，它本身不具有很强的约束力。但是，即便是与此无关的别的群众团体，也可以有所响应。

##### 3. 倡议书的公开性

倡议书就是一种广而告之的专用书信。它是要让广大人民群众知道了解，从而激起更多的人响应，以期在最大的范围内引起共鸣。

### 二、倡议书的种类

#### （一）从发文角度来分

##### 1. 个人倡议书

在日常生活中，有些事关大家的生存环境、生活方式的事情或问题，由某一个人首先发起倡导，以引起人们的注意或建议人们采取什么样的措施加以解决，这种形式的倡议书就是个人倡议书。

##### 2. 集体倡议书

由群众团体，或一群人发出某种倡议的倡议书称为集体倡议书，这是由多数人参与发起的。

##### 3. 企事业单位、机关部门倡议书

这种倡议书是由一定的组织单位发起的，它所倡议的内容一般来讲具有较强的针对性，其活动的开展也会在一定的领导下有步骤地逐步展开。

#### （二）从针对的内容来分

##### 1. 针对某一具体生活事件或问题的倡议书

这种倡议书往往由某一具体的事件或问题引起。由此发出的倡议能够引起相关人员的注意，同时也会引起其他人的警觉和关注。如《关于少给孩子压岁钱的倡议书》。

##### 2. 针对某种思想意识、精神状况的倡议书

这种倡议书不是由某一具体的事件或问题引起的，而只是作为一种希望掀起某种新时尚而发起的倡议。如《重新开展向雷锋同志学习的倡议书》，这种倡议书是直接服务于社会主义精

神文明建设的。

## 写作指导

### 倡议书的结构

倡议书一般由标题、称呼、正文、结尾、落款五部分组成，如表5-3-2所示。

表5-3-2 倡议书的结构

| 结构 | 说明 |
| --- | --- |
| 标题 | 一是直接写"倡议书"三个字，二是在"倡议书"前加上内容 |
| 称呼 | 依据倡议的对象而选用适当的称呼 |
| 正文 | 写明倡议书的背景、原因和目的<br>写明倡议的具体内容和要求 |
| 结尾 | 表示倡议者的决心和希望或者写出某种建议 |
| 落款 | 发出倡议的单位、集体或个人的名称或姓名 |
|  | ××××年××月××日 |

#### 1. 标题

倡议书标题一般由文种名单独组成，即在第一行正中用较大的字体写"倡议书"三个字。另外，标题还可以由倡议内容和文种名共同组成。如《保护濒危动物倡议书》。

#### 2. 称呼

称呼一般顶格写在第二行开头。

倡议书可依据倡议的对象而选用适当的称呼。如"广大的青少年朋友们""广大的妇女同胞们"等，有的倡议书也可不用称呼，而在正文中指出。需要特别指出的是，倡议书像其他专用书信一样，不写问候语。

#### 3. 正文

一般在第三行空两格写正文。

倡议书的正文需包括以下一些内容：

##### 1）写明倡议书的背景、原因和目的

倡议书的发出贵在引起广泛的响应，只有交代清楚倡议活动的原因，以及当时的各种背景事实，并申明发布倡议的目的，人们才会理解和信服，才会自觉地行动。这些因素交代不清，就会使人觉得莫名其妙，难以响应。

##### 2）写明倡议的具体内容和要求

这是正文的重点部分，倡议的内容一定要具体化。开展怎样的活动、做哪些事情、具体要求是什么、它的价值和意义有哪些，均需一一交代清楚，倡议的具体内容一般是分条开列的，这样写往往清晰明确，一目了然。

#### 4. 结尾

结尾要表示倡议者的决心和希望或者写出某种建议。在正文之后，一般不写"此致""敬礼"一类的敬词。

#### 5. 落款

落款即在右下方写明发出倡议的单位、集体或个人的名称或姓名，署上发倡议的日期。

## 争创"文明网站"倡议书

互联网是公众精神文化活动的重要空间，是社会主义精神文明建设的重要阵地。中央文明办、中央外宣办、工业和信息化部、公安部、文化部、广电总局、新闻出版总署在全国组织开展创建"文明网站"活动，符合我国互联网健康发展的客观需要，顺应广大群众的迫切愿望，是加强网络文明建设的实际行动。我们百家网站坚决拥护和积极参与创建活动，并向全国网站发出如下倡议：

一、坚持依法办网、守法经营，严格规范网站建设与管理，自觉遵守国家关于互联网发展和管理的法律、法规和政策，接受行政管理和业务指导，不违法违规开展业务。

二、完善内部教育管理体系，全面提高从业人员素质，增强责任意识、职业素养和道德水平，培育遵纪守法、爱岗敬业、诚实守信、服务人民、奉献社会的行业风气。

三、规范网上传播秩序，建立健全有害信息的发现、监督和处置机制，遵守信息发布和新闻传播有关法规，确保网上信息安全流动，营造良好网上舆论氛围。

四、净化网络文化环境，坚决清理淫秽色情及庸俗、低俗、媚俗等信息，始终把社会效益放在首位，引领网络道德风尚，为广大青少年提供健康的网上空间。

五、增强网上舆论鉴别能力，坚决抵制非法网络公关等现象，拒绝为恶意炒作、操控舆论等非法牟利行为提供便利与平台，自觉维护网络舆论环境和市场经济秩序。

六、切实履行社会责任，不造谣、不传谣、不信谣，杜绝虚假信息，保护公民隐私等合法权益，增强网络媒体公信力，为网民建立真实、可信、可靠的互联网使用环境。

七、强化行业自律，恪守行业规范，主动开展自查自纠，对违反法律法规、违背社会公德的有害内容不链接、不发送、不登载，抵制一切有悖于网络文明、有碍社会稳定的行为。

八、真诚接受社会监督，建立举报受理机制，畅通网站举报渠道，对各方投诉反映的问题及时处置反馈，以理性开放的心态对待各界意见建议，让人民群众放心满意。

九、开展网络文明实践活动，努力创作积极向上、喜闻乐见的网络文化产品，引导广大网民树立正确的网络观，养成科学、文明、健康的上网习惯，为提高全社会文明程度做贡献。

十、全面提高网站文明服务水平，改善服务社会的能力，热心参与公益事业，塑造良好文明的形象，并不断总结经验、扩大网民参与，推动"文明网站"创建工作制度化、规范化、常态化。

从"蹒跚学步"到蓬勃发展，中国互联网走过了不平凡的岁月。回顾发展历史，我们倍感自豪；面对亿万网民的殷切期盼，我们责任重大。让我们携手并进，不辱使命，着力传播网络先进文化，树立网络道德风尚，提高网络服务质量，为建设文明、健康、安全、和谐的网上精神家园而共同努力。

人民网、新华网、中国网络电视台、

中国网、光明网、新浪网、

搜狐网、网易、百度、

开心网等全国百家网站

××××年××月××日

**典型案例**

## 捐款倡议书

尊敬的同事们：

人有旦夕祸福，月有阴晴圆缺。只要人人都献出一点爱，世界将变成温暖的人间。

我公司××部的××同事在×月×日的事故中不幸受伤入院，这一如晴天霹雳突来的消息让他的所有亲人、朋友、同事都万分难过。××同事平时在公司思想进步、尊敬领导、关心同事、乐于助人，在岗就敬业、尽职尽责，是一名优秀的员工。××同事因工入院，目前每天的医药费就要上千块，仅仅靠其家庭收入实在无力承受。现××同事怀着对生命的珍惜、对生活的热爱、对未来的憧憬，正奔走在艰辛的康复之路上。

滴水汇成河，碎石堆成岛，只要人人都能献出一份爱心，美好的生命必会得到挽救！您的爱心和真情，将如春风一般为他的生活送去一缕最温暖的阳光，将像星星之火点燃人们心中希望的曙光，愿你我的点滴付出汇成爱心的暖流，让暗淡的生命重新迸发出灿烂的霞光，让希望的光芒照亮人生前程，相信你我的行动必将带动更多的人加入捐款的行动之中。

××公司

××××年×月×日

**典型案例**

## 倡议书

全校师生：

今年我国长江流域和嫩江流域，产生了中华人民共和国成立以来的特大洪水，给国家造成了巨大的财产损失，给灾区人民的生活带来极大不便。

在社会主义大家庭里，"一方有难，八方支援"是共产主义精神的体现。我们倡议全校师生捐款捐物，来帮助灾区人民渡过难关。"一分钱、一件衣"，钱物有价，情义无价，贵在大家的支持。希望大家尽己所能，热情地伸出友谊的双手，为灾区人民作出贡献，愿意捐款的师生请到学生会办公室捐款。

××学校学生会

20××年4月5日

**任务实施**

## 一、改错题

1. 请将下面申请书中 5 个错误的地方改正过来。

### 入团申请书

（A）我通过团章、团组织以及团员同学的教和帮助，认识到作为时代的青年，（B）应该积极争取加入共青团组织。

如果我被批准了，（C）我决心遵守团的章程，执行团的决议，履行团员义务，（D）争取早日成为一名共青团员；（E）如果我一时未被批准，绝不灰心，（F）争取继续努力入团。为此，（G）强烈要求团组织考验我。

此致

敬礼

申请人：×××

2022 年 3 月 5 日

**参考答案：**

格式上应补上的部分是：标题下一行顶格写"尊敬的学校团委："。

（A）句搭配不当，应改为"我通过对团章的学习，通过团组织以及团员同学的教育和帮助"。

（D）句是多余的，应删除。

（F）句语序不当，应调整为"继续努力争取入团"。

（G）句语言表述不得体，应改为"我请求团组织考验我"。

2. 请将下面倡议书中 5 个错误的地方改正过来。

鸟是人类的好朋友。在我国辽阔的土地上，有一支庞大的义务灭虫队伍，这就是常年守卫在森林、果园和田野之中的食虫鸟类。它们为捕捉各种害虫而奔波，是一批称职的"天兵天将"，为保护庄稼和森林作出了很大的贡献。

目前，春回大地，正是百鸟做窝的季节。喜鹊、燕子、啄木鸟和山雀等许多鸟都要在树上或屋檐下做窝、下蛋、孵小鸟。为了保护益鸟，给它们创造一个安全生存的环境和气氛，维护自然生态平衡，我们向全市小朋友发出以下倡议：

一、不掏鸟窝，不摸鸟蛋，不捕捉益鸟。

二、多栽树，多种草，为鸟类创造适宜生活繁殖的良好环境。

三、向人们宣传保护益鸟的重要意义。

四、认真观察和研究鸟类的生活习性，学习保护益鸟的知识。

此致

敬礼

×× 市 ×× 学校全体同学

**参考答案：**

（1）加写标题：关于保护益鸟的倡议书。

（2）开头顶格加写称呼，如：全市的小朋友。

（3）正文后加写：小朋友们，让我们行动起来，保护益鸟，保护生态，为建设美好的家园做出自己的贡献。

（4）删去"此致""敬礼"。

（5）在署名下面加写倡议时间。

## 二、写作题

阅读下面的材料，根据要求写作。

"赠人玫瑰，手有余香。"志愿服务，是新时期弘扬雷锋精神、书写雷锋故事的重要载体，是社会主义核心价值观落细、落小、落实的体现。志愿者要"弘扬奉献、友爱、互助、进步的志愿精神，坚持与祖国同行、为人民奉献，以青春梦想、用实际行动为实现中国梦作出新的更大贡献"。截至目前，我国已实现 31 个省区市志愿服务组织区域全覆盖，覆盖志愿者超过 1 亿人。1 亿多平民英雄在志愿领域一砖一瓦的搭建过程，就是传递爱心、奉献自我的过程；就是呵护良知美德、光大核心价值观的过程；就是构筑公序良俗、守护主流价值的过程；就是推动社会进步、实现中国梦的过程。

请结合材料内容，面向 ×× 校师生写一篇倡议书，倡导大家弘扬志愿精神，积极参与到志愿者行列中来，体现你的认识与思考，并发出呼吁，提出希望。

# 力做志愿者，共圆中国梦
## ——弘扬志愿精神倡议书

尊敬的老师、亲爱的同学们：

志愿者只是一个简单的名字，却蕴含着不同寻常的意义。他们用自己微小的善意感动着我们，用自己微弱的力量助力着国家的发展。而作为新时代圆梦人的我们，更应该向他们学习。力做志愿者，共圆中国梦。

力做志愿者，提升自我价值。

鲁迅先生曾经说过："将血一滴滴滴在别人身上，虽自觉渐渐消瘦，也以为快活。"虽然志愿者不需像鲁迅先生那样牺牲自己的生命，但我们仍需有奉献友爱、互助进步的精神。就像郭明义一样，他努力奋斗，顽强拼搏，只为多资助一个贫困学子。他捐的每一个硬币、每一滴血都滚烫火热。他越平凡，就越发不凡；越简单，越显得不简单。正是他简单又坚定的志愿精神帮助了许多被贫困困扰的学生，同时也提升了自身的价值。人生的长短用时间计算，人生的价值用贡献衡量。我们应该弘扬志愿精神，提升自我价值。

力做志愿者，推动社会进步。

"来的时候我们许下诺言，走的时候不要留下遗憾。"南京工业大学研究生志愿协会毅然走进大山，向孩子们讲述大山以外的世界。他们的行动向社会各界展示了青春的另一种演绎方式，激励了更多青年人了解志愿服务，践行志愿精神，争当志愿者。还有许多志愿服务"润物细无声"，如志愿者打造阡陌学堂在线支教平台，邀请各行各业精英在线支教；创办宝贝回家志愿者协会，帮助宝贝们回家；在城市与农村参与社会治理，共创文明新风……志愿者们用他们的实际行动，照亮了他人和世界，推动着社会不断前行。

力做志愿者，助力国家前行。

正如材料所说："赠人玫瑰，手有余香。"这句简单的话却是中国梦内涵的一部分，而在国家身后，也有许多为国家默默奉献之人。就像两弹一星功勋人物程开甲扎根戈壁大漠，无私奉献；黄旭华为研制核潜艇，甘做隐姓埋名人30年，"水下长征"无怨无悔；还有黄大年也加入献身者的滚滚洪流中，为我国科研作出贡献……他们不也是为国为党、为社会、为人民的志愿者吗？

老师们、同学们，我们是新时代的圆梦人。让我们用自己的一分力量，书写新时代的雷锋精神，书写新时代的雷锋故事。为实现中国梦，有一分热，发一分光。力做志愿者，共圆中国梦。

倡议人：×××

2022 年 10 月 5 日

## 模块六

# 步入职场的试金石——专用文书

# 项目一　成败萧何一信间

## ——求职信和求职简历

### 任务一　求职信

**情境导入**

　　刘伟是一名职业技术学院的学生，专业是计算机科学与技术。临近毕业，他看到很多同学收到了多份录用通知，很多同学签订了心仪的工作单位，很多同学收到了多份面试邀请，但是自己却没有参加过一次面试。这样的情况让他万分着急，但又不知道从哪里入手，他找到同学王惠诉苦。王惠告诉他：想要找工作，想要求职，首先应该准备好求职信和简历，这样在遇到心仪的单位的时候就可以先投简历，才有可能获得面试的机会。王惠的话，如醍醐灌顶一般，惊醒了刘伟，于是，他在老师和同学的指导下，制作好了求职信和求职简历，积极投简历，参加各种招聘会，终于收到了几个面试邀约，并签订了较为满意的工作。所以，求职信，是打开求职大门的钥匙。

**典型案例**

### 求职信

尊敬的领导：

　　您好！

　　我是×××，是××大学经济学院会计系国际会计专业的学生，于2022年6月毕业。

　　四年的大学生活，本人在学业上不断进步，全面系统地掌握了工业会计学、商业会计学、银行会计学、国际会计学、西方财务会计学、管理会计学等会计知识及相关的经济理论，具有独立分析问题、解决问题的能力。在学好专业课的同时，自身一贯注重英语与计算机能力的锻炼培养，通过了全国计算机二级水平考试，有较强的上机操作能力，能熟练运用OFFICE、VFP进行业务处理。顺应时代发展，本人英语有较高的读、写、听、说能力，能熟练阅读各类文章，口语表达流利，顺利通过英语四、六级考试。

　　本人积极参加社会实践活动，达到学以致用的目的。在校组织的××房地产开发公司的实践活动中，独立设计问卷，深入社会，对市场信息进行大量、周密的调查，在实践中锻炼自己，成绩显著，受到该公司的一致好评。

　　在大学浓郁的学习氛围中，在母校飞速发展的今天，本人圆满完成学业，成为一个知识面广、能力突出的优秀毕业生，接受国家和社会的挑选。敬请贵单位领导对我诚恳的求职行为给予充分理解和支持，在翔实调查、考核的基础上，作出您最满意的抉择！

　　此致

敬礼

求职人：×××

2022年4月5日

附件：

1. 学历证书
2. 成绩单
3. 获奖证书
4. 技能证书

## 知识点拨

## 一、求职信的定义和特点

### （一）求职信的定义

求职信是指求职者根据用人单位的需求，向用人单位介绍自己的专长、学历、学识、经历等情况，展示个人能力和素质，以谋求某一职位或岗位的专用文书。目的是让对方了解自己、相信自己、录用自己，它是一种私人对公并有求于公的信函。求职信是求职者在求职道路上关键的一步，它既是求职者求职不可缺少的书面文字材料，也是用人单位对求职者进行考核并决定是否录用的重要依据。

### （二）求职信的特点

#### 1. 针对性

写求职信之前，应该先对意向单位有所了解，分析其招聘条件并与自身的条件进行比较，根据实际情况，有针对性地写求职信。这样，求职信才有可能引起对方的重视，起到预期的作用。

#### 2. 自荐性

求职信的作者与读信者往往并不认识，求职者为得到读信者的信赖，引起他们的重视，进而达到被录用的目的，最重要的途径就是毛遂自荐。写求职信时应全面而恰如其分地表现自己，重点介绍自己的特长和优势。在语言上应自信而不妄自尊大，自谦而不妄自菲薄。这样才能给读信者留下较为深刻的印象。

#### 3. 竞争性

求职是一个竞争的过程，求职信在内容上应尽可能地展现自己特有的竞争条件，形式上应注意体现个人风格，从而在同类信件中脱颖而出。

## 二、求职信的种类和作用

### （一）求职信的种类

按求职方向分，求职信可分为两类：

#### 1. 非定向性求职信

非定向性求职信是指求职者统一拟定的无明确目标，向某些求职网站或某些机构广泛投递的介绍自我、推荐自我、投石问路的文书。

#### 2. 定向性求职信

定向求职信是指通过广告或人才交流机构等，知道用人者招聘的对象与条件，因此，是求职者直接向用人者投递的、针对某一职位自我推荐、请求录用的文书。

### （二）求职信的作用

#### 1. 沟通交往，意在公关

求职信是求职者和用人单位之间沟通的桥梁。通过一定的沟通，在相互认识、交流的基础上，实现相互的交往，这是求职信的基本功能。实现交往，求职者才可能展示才干、能力、资格，突出其实绩、专长、技能等优势，从而得以录用。因此，求职信的自我表现力非常明显，带有相当的公关要素与公关特色。

**2. 表现自我，求得录用**

为实现自己的求职目的，就要求必须充分扬长避短，突出自我优势，在众多的求职者中崭露头角，以自己的某些特长、优势、技能等吸引用人单位。表现自我，意在录用，也是求职信的又一基本功能。

---

**知识角**

### 求职信取得成功的关键

**1. 突出自我举荐的效能**

求职者给素不相识的用人单位或个人写求职信，以使对方通过求职信来了解自己的学历、学识、才能和经历等情况。求职信应突出基本材料中与用人单位最有关系的内容，以引起用人单位对求职者的强烈兴趣和充分关注。

**2. 展示鲜明的自我个性**

针对求职者的目标和用人单位的要求，在求职信中介绍自己胜任工作的条件和能力的同时，需要适度展示自己不同于他人的个性和优势，给对方留下深刻的印象，使用人单位产生进一步了解求职者的愿望。

**3. 字里行间要富有自信**

求职者要想谋取成功，在求职信的行文中，充满自信是相当重要的。求职者的自信是建立在自己具有良好的能力及优势并切合用人单位对人才的需求之上。因此，求职者在行文中要语气中肯，表现出足够的自信。

---

## 写作指导

### 求职信的结构

求职信一般由标题、称谓、正文、祝颂语、落款和附件六部分构成，如表6-1-1所示。

表6-1-1　求职信的结构

| 结构 | | 说明 |
|---|---|---|
| 标题 | | 求职信 |
| 称谓 | | 尊敬的××（职务） |
| 正文 | 导语 | 写明问候语、个人简介及求职意图 |
| | 主体 | 适当展示自己的职业素养和特长，重点介绍与招聘岗位对口或相关的专业背景和工作资历 |
| | 结尾 | 表明胜任该项工作的信心，恳请招聘方给予面试和工作机会 |
| 祝颂语 | | 此致<br>敬礼 |
| 落款 | | 求职者姓名<br>××××年×月×日 |
| 附件 | | 个人简历、毕业证、学位证等证件的复印件、获奖证书复印件等 |

### （一）标题

求职信标题固定统一，即求职信即可。

### （二）称谓

求职信一般是写给用人单位的人事部门或直接写给单位负责人的，注意称谓要礼貌、得体。

（1）如果用人单位明确，可直接写明单位名称，如"尊敬的××公司人事部""尊敬的××公司人力资源部"。

（2）如果知道具体的人事负责人，可写用人单位负责人或主管人事领导的姓或职务，用人单位的性质不同，用不同的称呼，如"黄经理""王厂长""陈主任"等。

（3）如果不知道用人单位具体的人事负责人，可直接写"××公司人力资源部""××公司人事负责同志"，一般可在前面冠以"尊敬的"字样，以示尊敬和重视。

（4）也可以直接写用人单位的名称。

①称呼前面可加敬语，后面可加职务。如"尊敬的××局局长""尊敬的××厂厂长""尊敬的××公司经理"等。

②格式：应写在标题下一行的顶格。

③不宜采用如"亲爱的""叔叔""阿姨""大哥""大姐""帅哥""美女"之类的称谓。

### （三）正文

正文部分由导语、主体、结尾三部分构成。

#### 1. 导语

导语部分应开门见山、言简意赅，写明个人基本情况、交代求职缘起、说明求职目标。

（1）问候语：先写问候语"您好"，表示礼貌、尊敬。

（2）个人基本情况：简单介绍个人信息，包括自己的姓名、性别，毕业学校、专业、学历等。

（3）求职目标：说明获取招聘信息的渠道和应聘职位。

**例如：**

尊敬的黄经理：

您好！

我叫孙××，女，今年21岁，是××文秘专业的应届专科毕业生。近日，我在应届生求职网看到了贵公司的招聘公告，得知贵公司正在招聘一名文秘，我认为自己能胜任这份工作，因此怀着对您和贵单位的无比信任与仰慕前来应聘，并恳求能在您的帮助下取得成功。

#### 2. 主体

主体部分以针对岗位要求突出自身能力为原则，集中介绍自己的专业背景、工作资历，以及职业能力、特长等，以证明自己符合岗位要求，能够胜任该工作。

这部分是求职信的重点及实质核心部分，要根据求职目标充分展示自己所具备的求职条件，也是求职者推销自己的关键环节。

内容详略要安排得当，重点介绍与招聘岗位对口或相关的专业背景和工作资历。紧紧围绕招聘方的核心要求，突出自己的专业优势，如所学专业课程及成绩、所获得的专业技能证书、所取得的专业竞赛成绩等。初次就业的毕业生尤其应强调实习经历来呈现实际工作能力。这一部分应尽量用具体事例和数据进行说明，以增强说服力。

适当展示自己的职业素质和特长，如在各种社会性工作中表现出的组织能力、人际交往能力、语言表达能力等，以及与招聘方需求相关的特长。这一部分是前一部分内容的延伸和补充，使招聘方能够更立体地了解求职者的工作潜力。

#### 3. 结尾

结尾部分要表明胜任该项工作的信心，可以强调求职者的愿望和要求，恳请招聘方给予面试和工作机会，盼望用人单位给予一个肯定的答复。如"热切地盼望贵公司肯定的答复""希望给予面试的机会"等。

**（四）祝颂语**

文末应写上表示敬意、祝福之类的祝颂语，以表示礼貌，一般就写"此致""敬礼"之类的通用语，也可以写"敬祝愉快安康""深表谢意"等。

**（五）落款**

落款应写明求职者的姓名和求职日期。姓名前不必加谦语，成文日期要年、月、日俱全。

**（六）附件**

附件是证明个人成绩、成果的材料，如个人简历、学历证书、学位证书、成绩单、资格证、获奖证书、主要论文篇目等。

## 求职信

尊敬的 IBM 公司销售部莱文先生：

您好！爱迪思·温特丝小姐告诉我贵公司缺一位秘书，我想申请这个职位。我知道您需要一位速写很快，又能处理大量信件的秘书。我毕业于富特黑专科学校，专学速写。毕业后先后在一家干货零售公司、一家保险公司做过秘书。

我的书写速度每分钟 145 个字。在我现在的工作中，我每天要处理 40~60 封信件。不论是在富特黑专科学校求学时还是在现在的工作中，我都训练自己不用他人指导而能独立处理日常信件的能力。我在现在的西南人寿保险公司的工作也干得不错。但我最近刚拿了学位，想干一份有挑战性的收益不菲的工作。爱迪思·温特丝小姐对工作的热情更让我确信我会喜欢这份工作。内附的简历有助您做决定。

如果您方便，每天下午我都有时间来洛杉矶面谈，愿我有机会来与您面谈！联系方式：123456

真诚的劳拉·爱德蒙

2012 年 2 月 18 日

## 自荐信

惠州市公路局：

我是广东交通学校公路与桥梁专业四年级学生，惠州市区人，将于今年 7 月毕业。我希望毕业后到贵局工作，为家乡的公路建设贡献一分力量。

在校期间，我认真学习，比较扎实地掌握了一定的专业理论和技术，学习成绩一直名列前茅，连续三年被评为"三好学生"，还担任校团委文体部委员。我虽然是个女生，但不怕吃苦，能胜任工作。在半年多的实习中，我在茂名市××县国道×××线改建工程工地上参加过施工监理、质检等工作，被评为实习优秀分子，平时还常协助老师运用计算机搞设计。另外，我通过自学，获得了国家颁发的"计算机初级程序员"资格证书。

不知贵局是否同意接收我，如蒙录用，我一定虚心学习，勤勉工作。现将本人简历、学校推荐表等资料随函呈上。如有答复，请回信或寄一份公函给学校学生科。

此致

敬礼

陈××

2019 年 4 月 10 日

典型案例

## 求职信

尊敬的中国移动人事处李先生：

您好！

感谢您在百忙之中阅读我的求职信，给我毛遂自荐的机会。

我叫刘慧，是××职业技术学院电子商务专业的一名应届毕业生，从贵公司官网上获悉贵公司招聘实习生。

我深知，每一年的移动实习生招聘会可能引来"千军万马"共同演绎的精彩，您可能被淹没在无数的申请材料中。为了减轻您的压力，我特意制作了这样一张我和移动的"匹配"表格，如表6-1-2所示。

表6-1-2 "匹配"表格

| 移动所需 | 我的"匹配度" |
|---|---|
| 工作时间充裕 | 周一至周六7：00—20：00均可上班 |
| 工作地点灵活 | 办公室、营业厅、市区、郊区均乐于前往 |
| 有工作的工具 | 可以自带笔记本电脑 |
| 有团结协作的精神 | 性格温和，曾任班长和学生会礼仪部主席，与老师同学相处愉快和谐 |
| 熟悉通信行业 | 本人专业：国际商务（电子商务类） |
| 综合财务业务 | 学习了一年会计模块专业、做过宝钢、Microsoft、FedEx 几家公司的财务实例分析，能熟练使用 Excel 做财务报表分析 |
| 耐心服务，及时反馈 | 在夏令营实习时，我每天写一份书面报告给主管，我负责学员分班、住宿分配、车辆安排，对学员在任何时间和场合提出的要求都随时记录，在每天的总结会上都会提出来，讨论解决，总结归档 |
| 注重细节，有条理 | 作为班长，我管理班级财务，有良好的财务意识，班费收入与支出，清晰明了，准确无误；对于辅导员安排的其他班级工作也是出色圆满完成 |
| 头脑灵活，反应敏捷 | 从小数学成绩突出，高考数学全班最高138分，大学期间，数学、会计、经济课程均在班级前5名，对数字很敏感，记手机号码基本一遍过 |
| 善于解决问题 | 在夏令营兼职时，圆满解决学员与外教的激烈冲突 |
| 能吃苦，极其敬业 | 做过多份兼职，吃苦耐劳；<br>在舞蹈团，管理服装，任劳任怨；<br>在英语夏令营，帮老师买饭、送水，曾经连续复印两个小时不休息，习惯吃苦；<br>在夏令营实习，天天跑机场接外教持续一个月，再把他们一批一批送到珠海和潮州，经常加班到凌晨，废寝忘食，乐此不疲；<br>因为工作表现好，被派带两个项目，组织者奖励我和外教去北京旅游 |
| 多才多艺 | 我从小跳舞，擅长民族舞和现代舞；大学是校舞蹈队队长，参加过市"五四"晚会、"一二·九"晚会；擅长编舞，做过两年瑜伽和民族舞教练 |

最后，诚挚地祝您工作愉快，希望您能通过我的求职申请，给予一次面试的机会，我会竭尽全力为公司贡献自己的全部力量，同时也使自己从"学生人"更快地转型为"社会人"。

此致

敬礼

刘慧 敬呈

2022 年 5 月 20 日

【评析】这是一份极具创意的求职信。首先，以表格的形式清晰直观、全方位地展现了自己的实习经历和工作能力，展现出极强的创新能力；其次，条理清晰，逻辑严密；再次，罗列的大量事实、经历、数据，更有说服力和影响力；最后，语言诚恳，行文得体，展现出求职者良好的逻辑思维能力和写作能力。

## 知识角

### 写作求职信的要求

目前的求职流程，基本上就是求职者先寄送求职材料，然后用人单位通过求职材料对众多求职者有一个大致的了解后，再通知面试或邀约面谈。而求职信就是个人简历的核心元件，是整个求职简历的精华版，因此，写好求职信是入职的第一块敲门砖，可以让你在众多的求职者中脱颖而出，进而争取到面试的机会，进入下一轮的角逐。而写作求职信的要求如下：

**1. 自我评估，明确求职方向**

首先应当明确求职方向，应当根据自己所学的专业、技术能力、兴趣爱好，明确自己的求职行业、求职地域，确定职业方向。

**2. 确定岗位，分析招聘需求**

通过多渠道搜集目标公司的招聘信息，对用人单位的情况进行深入了解，做好调查研究工作，搞清楚招聘单位的具体情况，分析所应聘职位的基本情况。结合自己的情况，确定合理的求职目标。

**3. 知己知彼，突出所长**

写求职信的目的是让用人单位产生录取意向。所以，求职者应该对照招聘岗位要求，着重介绍自己过硬的专业知识和专业技能，突出自己的优势和特长，以此来获得单位的认可和信赖。

**4. 语言简洁，通俗易懂**

求职信要写得简明得体，切忌冗长累赘。简明得体，干净利落，不仅能反映出自己的写作水平，同时也会给人留下精明干练的好印象。同时，要让阅读者在最短的时间内获取最重要、最有效的信息，因此在遣词造句方面还要通俗易懂，切忌使用晦涩难懂、生僻的词句，以免引起阅读困难，适得其反。

### 写作求职信的注意事项

**1. 要清晰明确，忌职位不明**

求职信要有明确的求职目标，要根据用人单位的职位需求，明确应聘职位，不能没有针对性地泛泛而谈，如本人爱好广泛，能胜任各种工作之类，这样会给用人单位一种以"全才"自居的感觉，要注意根据用人单位的职位要求和选拔条件，突出自己的专业能力、技术专长，抓住重点，有的放矢，提供针对性强、支撑性强的信息。

**2. 要实事求是，忌胡编乱造，虚假浮夸**

求职信的内容一定要真实，在行文中，可以充分凸显自己的专业优势和特长，但不能夸大其词，更不可虚构材料，编造历史。同时，要客观描述自己目前的能力状态，抓住重点，有取有舍，充分展示自己应聘该职位所具备的能力和优势，让自己在众多求职者中脱颖而出。

### 3. 要不卑不亢，忌谦虚过度，忌骄傲自大

求职信的措词要自信、诚恳、礼貌，不卑不亢。太过自谦，会给人一种信心不足、能力平庸之感，过于高傲，狂妄自大，会给人一种不听指挥、不容易领导、不容易与同事合作的不良印象，从而导致求职失败。

### 4. 要突出能力，忌倾诉悲苦，乞求同情

为了给用人单位留下深刻的印象，有的求职者打起了感情牌，在求职信中写"自幼父母离异""家中爷爷瘫痪在床"等，以期通过对家庭困难的细腻陈述博得用人单位的同情，这种做法是不足取的。因为用人单位不是慈善机构或者救助站，他们需要的是具有某种专业知识或专业技能的人才，因此求职信要用实实在在的业绩说话，而不是倾诉悲苦，诉说坎坷。

### 5. 忌行业不熟，班门弄斧

有的求职者有时候喜欢在求职信中谈及行业理解、职业素养，以显示自己对该行业的关心、热爱，从而获得对方的好感，这样的做法并不足取。因为一个偏离了个人专长的求职者，他对岗位素养的理解再深刻，也难以打动用人单位。更有甚者，明明对某一行业很生疏，硬要装出熟悉的样子大谈特谈，不但肤浅，而且漏洞百出，给对方班门弄斧之感。

### 6. 忌过分看重待遇，唯利是图

虽然薪金报酬是求职者择业时的重要参照，但在求职信中最好不要过分强调待遇问题，待遇应该是和业绩成正比的，在求职者还没有为单位做任何工作之前就谈待遇，会给人唯利是图之感。

 典型案例

## 求职信

尊敬的人事部总监：

您好！

首先感谢您在百忙之中抽出时间给我一个展示自我的机会。我是××职业技术学院新闻采编与制作专业的应届毕业生，从报纸上得知贵公司需聘网页编辑，我有信心接受贵公司的任何面试与考核。

三年的大学生活，我始终努力学习，成绩优异，获得过五次奖学金。我较为系统地学习了新闻学概论、新闻编辑学、新闻采访与写作、电子新闻媒介、网络编辑、网络技术、网络安全与管理、计算机网络与通信等课程。我能熟练使用 FrontPage 和 DreamWeaver、PhotoShop 等网页制作工具。还自学了 Html 语言，Frontpage、Dreamweaver 等网页编辑软件，Firework、Flash 等网页图形处理软件，可以自如地进行网页编辑。本人做了一个个人主页，http：//www.LYGCKY.com，日访问量已经达到了 500 人左右。

除了扎实的计算机专业知识，我还有较强的写作能力。在校期间，不断参加校内外征文活动，获奖 3 次。还被特邀为校报记者，多次出外采访，在校内外报刊上发表过作品 10 篇。

在英语方面，我取得了英语四级证书，英语四级成绩为 560 分，具备良好的听、说、读、写能力，可以用英语进行日常交流。

学习之余，我参加了大量的社会实践活动，做过家教、商场促销员，有吃苦耐劳的精神和

一丝不苟的工作作风。同时，我担任学院学生会宣传部主席一职，在工作中，锻炼了良好的管理能力和组织能力，我性格随和，善于与人相处，富有团队精神。

贵公司的实力和文化深深吸引着我，真诚地期盼贵公司能给我一个发展的平台，我会以满腔的热情，全力以赴，为实现自己的人生价值而奋斗，为贵公司的发展贡献我的力量！热切地盼望着贵公司给予我一次面试的机会！

此致

敬礼！

附件：

1. 毕业证书复印件
2. 学历证书复印件
3. 作品复印件一套
4. 英语四级证书复印件
5. 成绩表
6. 获奖证书复印件

求职人：×××

××××年××月××日

【评析】这是应届大专毕业生所写的一封求职信。这封求职信具有以下优点：第一，语言简明扼要。简明扼要的求职信便于读者顺畅地阅读，并且容易抓住重点，可以高效地实现信息传递的目的。第二，格式齐全规范。受文对象明确，敬语使用符合要求。正文部分针对自己的求职目标，向招聘者介绍自己的简况、素质、能力及渴望获得面试机会的意愿。落款部分符合信函的使用要求，附件及联系方式条目清晰。格式规范的求职信体现了求职者较高的文化素养和写作能力。第三，正文部分层次清晰，重点突出。首先介绍了求职者的毕业院校、所学专业、毕业时间等。接着，围绕所学专业，介绍了自己的优点和特长，概括了自己在校期间通过努力所具有的专业素质和多方面的技能，求职条件充分，具有较强的说服力。最后，对用人单位表示感谢，并提出了对获取面试机会的渴望。文章主体部分层次安排合理，重点突出。第四，态度诚恳，措辞得当。

### 任务实施

## 一、分析题（病文分析）

1. "本人谨以最诚挚的心情，应聘贵公司的工程师一职，因为贵公司一贯尊重人才，所以盼望得到贵公司的考虑和录用。"

【病例分析】

这种写法，事实上是在强迫用人单位，因为这句话的实际含义是："你如果不录用我，就是对我不尊重；我是人才，你必须录用我，这样才能体现出贵公司一贯尊重人才的理念"。

2. "本人于6月5日要放假回家，敬请人事经理务必于6月1日前复信为盼。"

【病例分析】

表面上看，好像很客气，却在限定时间，给对方下命令，容易让人不快。

3. "现已有多家公司要聘我，所以请贵公司从速答复。"

【病例分析】

这实际上是在威胁人家，好像在说："我可是一位人才，别的公司都抢着要录用我，你不聘我，就是不爱才、不识才、不用才，所以从速答复。"这样会弄巧成拙，往往会导致求职失败。

4."三年的大学时光，我刻苦努力，认真学习，成绩很好。"

【病例分析】

展示自己的能力，不能泛泛而谈，应该具体分析，最好罗列数据、事实，或者举以典型事例说明，会更有说服力。说成绩很好，可以用成绩排名、平均成绩、获奖情况、参加比赛来说明。

5."今年10月21日下午，阴霾小雨天，却丝毫没有减退我走进美的的期盼心情，我准时到达美的宣讲会。会场的布置给我一种安全、宁静和快乐的感觉。"

【病例分析】

写作求职信要求篇幅短小，干脆利落，不拖泥带水，因为招聘人员需要在最短的时间内获取最有效的信息，这些无关信息会淹没或者弱化其他重要信息。

## 二、写作题

假设你是一名大三即将毕业的学生，马上步入工作岗位，想要找一份跟自己专业相契合的工作，请写一封求职信。

要求：

（1）条理清晰，详略得当。

（2）信息充分，简明扼要。

（3）格式正确，语气得体。

（4）重点突出，取舍得当。

# 任务二　求职简历

## 情境导入

找工作，竞争的是什么？最开始竞争的是求职简历（以下简称）！因为你到任何一个招聘单位要做的第一件事情就是投简历，而简历就是招聘单位了解你的第一扇窗口，因此，简历就成了你和单位沟通的第一通道，是招聘人员了解你的第一个途径。一份好的简历，可以在众多求职简历中脱颖而出，给招聘人员留下深刻的印象，它是帮助你应聘成功的敲门砖。那么，即将走上工作岗位的大学生，该如何拟写一份出色的简历呢？

## 典型案例

个人求职简历如表6-1-3所示。

表6-1-3　个人求职简历

| 姓名 | 张×× | 性别 | 男 | 出生年月 | 1987年4月 | |
|---|---|---|---|---|---|---|
| 籍贯 | 安徽合肥 | 民族 | 汉 | 政治面貌 | 党员 | 照片 |
| 毕业院校 | 安徽交通职业技术学院 | 系别 | 土木工程 | 学历 | 大专 | |
| 主修专业 | 桥梁与隧道工程 | 毕业时间 | 2008年7月 | 兴趣爱好 | 吉他、计算机操作 | |
| 求职意向 | 道路、桥梁及隧道工程相关专业的生产、施工、管理等 | | | | | |

| 教育背景 | 重点课程 | 桥涵设计与施工技术、工程机械与管理、结构设计原理、工程地质、工程项目管理、公路隧道施工等 |
| --- | --- | --- |
| | 专业能力 | ★具有桥梁与隧道工程专业一定理论知识和较强技能<br>★具有从事桥梁与隧道工程的规划、设计、施工管理、监理及造价控制管理能力<br>★具有较强的组织协调及管理能力 |
| | 校园任职 | 2005 年 9 月至 2006 年 4 月担任桥梁与隧道班班长<br>2005 年 11 月至 2006 年 7 月在土木工程系文艺部工作<br>2006 年 4 月至今担任桥梁与隧道班团支部书记 |
| 社会实践 | | 2006 年暑假，在合肥蜀兴物业管理有限公司工作，并获得院"暑期社会实践先进个人"<br>2007 年暑假，到中交二公局六公司合六北环路面中心试验室工作，熟练掌握沥青混凝土路面的施工工艺、沥青及沥青混合料各项试验的操作、数据分析和资料整理工作 |
| 技能证书 | | 计算机一级证书<br>英语三级证书 |
| 获奖情况 | | 2005 年 11 月获土木工程系"新生杯"篮球赛冠军<br>2006 年 4 月获土木工程系"寝室设计大赛"三等奖<br>2006 年 9 月获得院"暑期社会实践先行个人"<br>2007 年 1 月获得二等奖学金<br>2007 年 3 月获院"优秀团干部" |
| 自我评价 | | 本人做事谨慎细心，具有高度的责任感，善于处理人际关系，为人和睦，专业知识扎实，有较强的分析问题、解决问题的能力，能顾全大局，具备团队合作精神 |
| 联系方式 | | 电话：1385×××××（手机）   Email：×××××@eyou.com<br>地址：××市太湖东路 19 号安徽交通职业技术学院××××信箱<br>邮编：230051 |

## 知识点拨

### 一、求职简历的定义和特点

#### （一）简历的定义

简历有广义和狭义之分，广义的简历是指为满足求职、升学、展示等需求而将个人的基本信息、经历、能力等内容通过多种展现形式提供给目标群体观看的一种资料。狭义的简历，仅指求职简历，即为满足求职需要，将个人的基本信息、经历、能力等内容通过书面的形式给招聘单位观看的一种资料。本书主要讲述狭义的简历，即求职简历。

#### （二）简历的特点

##### 1. 真实性

有很多人在写个人简历的时候，因为优势方面比较少，难免就会有一些夸张的信息在里面，以抬高自身的竞争力。但求职者要知道，个人简历不过是求职的敲门砖，如果个人简历失去真实性，不仅阅读性下降，对以后的求职也很不利。在个人简历中适当地"包装"一下自己可以，但绝不能以虚假的信息为主，真实性是个人简历的重要特点之一。

### 2. 正面性

个人简历的正面性，是指在写个人简历的时候，要以正面信息为主，每一个人都具有一定的优点，自然也具有一定的缺点。其中个人的缺点，就是负面的信息，撰写个人简历的主要目的就是将自己推销出去，不能出现虚假的信息，一些非正面的信息也可以适当省略。

### 3. 精简性

个人简历本身就要求有一个"简"字，在个人简历中要多使用一些关键词，即便是一些栏目的信息有很多，但从整体上来看也需要从简。能够以最精炼的词汇语句写出个人简历，其质量以及内涵都会增加很多。

## 二、求职简历的作用和类型

### （一）求职简历的作用

求职简历，顾名思义，它的主要作用就是帮助求职者找到心仪的工作。

### （二）求职简历的类型

#### 1. 时间型简历

这是最普通也是最直接的个人简历类型，即从求职者最近的经历开始，逆着时间顺序逐条列举个人信息。这种简历清晰、简洁，便于读者阅读。一份按时间顺序排列的简历应包括求职目的、基本信息、经历和学历等部分。

按时间顺序写的简历一般适用于以下情况：

（1）你的工作经历能很好地反映出相关工作技能不断提高；

（2）你有一段可靠的工作记录，表明你得到不断的调动与提升；

（3）你最近所担任的职务足以体现你的优势。

时间型简历强调的是求职者的工作经历，大多数应届毕业生都没有参加过工作，更谈不上工作经历了，所以，这种类型的简历不适合毕业生使用。

#### 2. 功能型简历

这是一种不太常用但往往很有效的简历。它强调你的资历与能力，并对你的专长和优势加以一定的分析和说明。工作技能与专长是功能型简历的核心内容，一份功能型简历一般包括求职者的目的、成绩、能力、工作经历以及学历等几部分。求职者可根据自己的实际情况选择使用。

功能型简历强调的是求职者的能力和特长，不注重工作经历，因此，功能型简历一般适用于以下情况：

（1）你的部分工作经历及技能与求职目的无关；

（2）你只想突出那些与应聘职务相关的内容；

（3）你是一个应届毕业生、退伍军人或者你正想改行；

（4）你的工作经历有中断，或存在特殊问题。

#### 3. 复合型简历

复合型简历是时间型简历和功能型简历的结合运用。求职者可以按时间顺序列举个人信息，同时刻意突出其成绩与优势。一份复合型简历一般包括求职者的目的、概况、成绩、经历和学历等部分。

复合型简历能最直接地体现求职者的求职目的，它一般适用于以下情况：

（1）你是一个应届毕业生、退伍军人或者你正想改行；

（2）你曾有过事业的巅峰，既想突出成就与能力，又想突出你的个人经历。

**知识角**

### 简历与求职信的区别

　　简历和求职信是两种不同的求职材料。求职信是一种私人对公并有求于公的信函，目的是让用人单位了解自己、相信自己、录用自己。而简历是用于应聘的书面交流材料，向未来的雇主表明自己拥有能够满足特定工作要求的技能、态度、资质和自信。

　　简历主要叙述求职者的客观情况，如个人基本情况、教育背景、工作经历以及成就等；而求职信则是将简历中的亮点提炼出来，重点介绍个人想做什么、能做什么、能做成什么，更要与具体投递单位的核心价值、职业要求相吻合。

　　简历与求职信在格式、内容、技巧及功用等方面均有差别，一般不能互相取代，更不能互相混淆。简历是一份广告文案，可以一稿多投；而求职信则需要符合个人要求，规范写作，足够专业，能够吸引面试官的眼光，增加他对你的印象。

　　从某种程度上来讲，求职信来源于简历，又高于简历，具有对简历内容进行综合介绍、补充说明和深入扩展的作用。比如，你想用一些词语来强调和描述你的特殊能力和经历，或者希望进一步具体描述简历中提到的某项重要工作成就，这些在客观性较强的简历中很难办到，但在求职信中，运用一些主观性描述强调和补充，完全可以做到并做好。又如，简历严格限制对于软技能的描述，吃苦耐劳、团队精神等意志品质方面的内容在简历中无法多加描述，然而在求职信中可以对这些方面通过具体的项目和事例进行有针对性的说明。

**典型案例**

### 求职信

尊敬的 ×× 职业技术学院人事处主管：

　　您好！

　　我叫张××，女，22岁，是河北师范大学教育系汉语言文学专业的一名本科生，毕业在即，渴望能够找到一份发挥专业特长的心仪工作。在网上看到贵校招聘外文系助理秘书，非常欣喜，真诚希望能够成为贵校的一员。

　　现将本人情况简单介绍如下：语言学是本人的特长，高考时，语文单科考了120分，并以总分554分的成绩被河北师范大学教育系录取。在校期间曾在省报发表过诸多文学作品，曾获学校硬笔书法赛二等奖（正楷），曾被××机关借用做文字工作，写过多种行政公文。另外，我的英语成绩也一直名列前茅，通过了国家英语四级考试，曾在省级刊物上发表过翻译作品两篇。鉴于以上情况，我觉得自己比较适合担任外文系助理秘书工作。

　　尊敬的校领导，我完全有把握地说，如果能给我这份工作机会，定会让你们满意。我自己也定将珍惜这心之向往的工作，奋力作出自己的贡献。

　　此致

敬礼！

求职者：张××<br>××××年××月××日

联系地址：河北师范大学教育系××号

邮政编码：×××××

附件：

1. 本人简历（6-1-4）

2. 各科成绩登记表

3. 推荐信一封

### 6-1-4　个人简历

| 姓名 | 张×× | 性别 | | 女 | 出生年月 | 1998 年 5 月 | 照片 |
|---|---|---|---|---|---|---|---|
| 籍贯 | 河北唐山 | 民族 | | 汉 | 政治面貌 | 群众 | |
| 婚姻状况 | 未婚 | 身高/体重 | | 162cm/55kg | 健康状况 | 良好 | |
| 求职意向 | 外文系助理秘书 | | | | 到岗时间 | 2020 年 7 月 | |
| 教育/培训背景 | 起止年月 | 学校/培训机构名称 | | | 学历 | | 所学专业 |
| | 2016.9–2020.7 | 河北师范大学教育系 | | | 本科 | | 汉语言文学 |
| | 2013.9–2016.7 | 唐山第一中学 | | | 高中 | | |
| 工作经历 | 起止年月 | 单位名称 | | | 岗位/职责 | | |
| | 2020.3–2020.6 | 石家庄市育才小学 | | | 语文教师（实习） | | |
| | 2019.7–2019.9 | 石家庄市××机关 | | | 文字处理 | | |
| 技能证书 | 计算机一级证书<br>英语四级证书 | | | | | | |
| 奖励荣誉 | 2017 年 9 月获得二等奖学金<br>2018 年 1 月获得院"优秀团干"<br>2018 年 5 月获得校硬笔书法赛二等奖（正楷）<br>2019 年 9 月获得一等奖学金<br>2019 年 12 月获得校"一二·九征文"一等奖<br>2020 年 6 月获得"优秀实习生" | | | | | | |
| 自我评价 | 本人对工作认真负责，谦虚谨慎，专业素养较高，接受新知识较快，交际沟通能力较强，具有较好的创新思维和团队合作精神 | | | | | | |
| 联系地址 | 河北师范大学教育系××号（邮编：××××××） | | | | | | |
| Tel | 139×××456 | | E-mail | | Zhang××@sina.com.cn | | |
| QQ | 793×××123 | | Wechat | | zhang139139×××456 | | |

## 写作指导

### 一、简历的结构

　　简历的结构格式比较灵活，求职者可以根据自身情况设计自己的专属简历。一般而言，简历应包含以下基本内容，如表 6-1-5 所示。

表6-1-5　简历的结构

| 结构 | | 说明 |
|---|---|---|
| 标题 | | 个人简历 |
| 基本信息 | | 姓名、性别、出生日期、民族、婚姻状况和联系方式等 |
| 正文 | 求职意向 | 求职、应聘的职位和目标 |
| | 教育背景 | 按时间顺序列出初中至最高学历的学校、专业和主要课程，所参加的各种专业知识和技能培训 |
| | 工作经历 | 按时间顺序列出参加工作的所有就业记录，包括单位名称、职务、就任及离任时间，应突出所任每个职务的职责、工作性质及取得的成绩 |
| | 其他 | 个人的特长及爱好、奖励与荣誉、其他技能、专业团体、著述、自我评价、证明人等 |

### 1. 基本信息

一般包括姓名、性别、出生日期、民族、政治面貌、婚姻状况、毕业院校、所学专业、住址、电话、电子邮箱等内容。注意，非必要不提供，因为提供过多的个人信息，一是存在信息安全隐患，二是过多的个人信息并不会引起 HR 的注意，有时反而还会使其反感。

### 2. 求职意向

说明求职者想要从事什么样的工作。虽然对于简历是否要明确求职目标说法不一，但从 HR 角度考虑，没有人愿意去阅读一份未明确应聘职位的简历，求职者制作简历的时候最好标注自己要应聘的职位。注意，求职意向不要写得太多，一到两个为宜。如果有多个求职意向，可以采用不同版本的简历，以体现求职的目的性和针对性。

### 3. 教育背景

教育背景是应届毕业生或者任何无工作经验的求职者需要用心准备的内容。学校正规的教育、自我提升的学习经历、相关专业机构的培训内容都可以在教育背景中说明，但前提是培训经历要与所应聘的工作相关。学校教育一般从自己的最高学历写起，如果学历较高（硕士、博士）可写到本科，也可写到大专或中专，乃至初中。

### 4. 工作经历

工作经历是简历的重头戏，不管全职还是兼职，是有薪还是义务，校园实习还是社会实践，是课题经验还是项目经历，都可以算是工作经历，要突出写的只是与应聘岗位密切联系的工作经历。一般先写近期的工作经历，然后按着时间逆推顺序依次写出，每一项工作经历中先写工作期限，接着写工作单位和职务、职责，最好加上证明人。

### 5. 其他

#### 1）所获荣誉

这部分可以按时间顺序或者重要程度列表呈现，依次写出获得奖项或荣誉的时间、名称、级别、地点等，一目了然、干净整洁，较多的奖项或荣誉称号会增加获得面试的机会。

#### 2）技能证书

技能证书包括外语水平证书、计算机能力证书、各项认证考试证书、培训证书、从业资格证书，只要与应聘职位相关，都可以列入简历。

#### 3）特长和兴趣爱好

这部分要具体介绍自己有哪一方面的特长和爱好，不可泛泛而谈。另外，不可太多，要针对求职意向有重点地介绍。

#### 4）自我评价

这部分是简历画龙点睛的一笔，可帮助用人单位更好地了解求职者，评价时要针对应聘的岗位，突出自己的优势，但谨记不要过于夸张，否则，可能适得其反，引起用人单位反感。

## 二、简历的常用模板

### （一）时间型简历模板（表6-1-6和表6-1-7）

表6-1-6　简历模板

| |
|---|
| 通信地址<br>电话号码<br>电子邮箱 |
| ■求职意向 |
| 应聘职位（注：宜简单概述） |
| ■教育经历（采用倒叙方式） |
| 开始时间—结束时间　　　　　学校名称　　　　院系名称　　　　专业方向<br>主修课程（选择3门与职位相关的高分课程） |
| ■职业经历（采用倒叙方式，一般不超过3项） |
| 开始时间—结束时间　　　　企事业单位名称　　　　职位名称<br>　　　　　　　　　◆公司概述<br>　　　　　　　　　◆职位概述<br>　　　　　　　　　◆工作内容<br>　　　　　　　　　◆工作成果<br>　　　　　　　　　◆所获经验 |
| ■获奖情况 |
| 时间　　　　　　奖项名称<br>时间　　　　　　奖项名称 |
| ■技能证书 |
| 专业技能认证　　　　　成绩<br>英语技能认证　　　　　成绩<br>计算机技能认证　　　　成绩 |
| ■其他资料 |
| 兴趣爱好<br>个人评价<br>其他 |

表6-1-6　时间型简历

| ×××简历　📅 24岁　📍 广东省广州市<br><br>求职意向：市场运营经理　📞 +86 101810018　✉ Xiangdao@101dao.com | 照片 |
|---|---|
| 教育背景<br>2008.9—2012.6 | ◆ ×××科技大学，市场营销专业。<br>主修课程：基本会计、统计学、市场营销、国际市场营销、市场调查与预测、商业心理学、广告学、公共关系学、货币银行学、经济法、国际贸易、大学英语、高等数学、计算机应用等 |
| 工作经历<br>2013.10至今<br><br><br><br><br><br><br><br>2012.8—2013.9 | ◆广州××信息科技有限公司，营运推广主管。<br>工作描述：<br>1.负责社会化媒体营销团队的搭建工作，制定相关运营策略和指标，带领团队实施计划；<br>2.网站常态化运营活动规划和推进执行；<br>3.相关数据报告和统计，为公司决策层提供决策依据；<br>4.轻量级产品和应用的策划，统筹产品、技术团队成员实施。<br>工作成果：社会化媒体账号总共涨粉67万（包含QQ空间、人人网、新浪微博、腾讯微博），日均互动量比接手前提升1 000%，评论转发量级别达到百千级。<br>◆广州××信息科技有限公司，市场推广专员。 |

| | |
|---|---|
| | 工作描述：<br>1. 网络推广渠道搭建维护，包想 QQ 空间、微博、豆瓣等；<br>2. 负责软硬广告投放、网络舆情监控、公关稿撰写、事件营销策划。 |
| 技能证书 | 1.CET-6，具备优秀的听、说、读、写能力；<br>2. 计算机国家二级，熟悉计算机各项操作；<br>3. 高级营销员，国家职业资格四级。 |
| 自我评价 | 1. 本人是市场营销专业毕业生，有丰富的营销知识体系做基础；<br>2. 对于市场营销方面的前沿动态有一定的了解，善于分析和吸取经验；<br>3. 熟悉网络推广，尤其是社会化媒体方面，有独到的见解和经验；<br>4. 个性开朗，容易相处，团队荣誉感强。 |

## （二）功能型简历模板（表 6-1-8 和表 6-1-9）

**表 6-1-8　功能型简历模板**

| | | | |
|---|---|---|---|
| 姓名<br>通信地址<br>电话号码<br>电子邮箱 | | | |
| ■求职意向 | | | |
| 应聘职位（注：宜简单概述） | | | |
| ■职业总结（采用倒叙方式） | | | |
| 曾做过的相关工作情况<br>自身具备的素质、技能<br>今后的职业规划 | | | |
| ■职业经历（采用倒叙方式，一般不超过 3 项） | | | |
| 开始时间—结束时间 | 企事业单位名称 | | 职位名称 |
| ◆ 公司概述<br>◆ 职位概述<br>◆ 工作内容<br>◆ 工作成果<br>◆ 所获经验 | | | |
| ■教育经历（采用倒叙方式） | | | |
| 开始时间—结束时间 | 学校名称 | 院系名称 | 专业方向 |
| 主修课程（选择 3 门与职位相关的高分课程） | | | |
| ■获奖情况 | | | |
| 时间 | 奖项名称 | | |
| 时间 | 奖项名称 | | |
| ■技能证书 | | | |
| 专业技能认证 | 成绩 | | |
| 英语技能认证 | 成绩 | | |
| 计算机技能认证 | 成绩 | | |
| ■其他资料 | | | |
| 兴趣爱好<br>个人评价<br>其他 | | | |

典型案例

表 6-1-9　功能型简历

××·史密斯
美国北卡罗来纳州爱佛罗达·奥特福兰路 ×××号
邮编：ＥＦ×××４５

**求职意向**：高级经理人
**资历简介**：在综合管理、销售和生产方面都有创利累计数百万美元的记录；善于独立管理多个分部门，具有运用各种科学管理方法以达到公司目标的能力。
**综合管理**：使七个分部扭亏为盈，带领下属在两年内将五位数字的亏损转变为六位数字的盈利。
**生产管理**：成功地设计并制造生产了四种生产工艺复杂的新产品，管理生产经理、管理人员，从事各种技术培训和销售开发工作。
**销售管理**：制定并实施新的销售计划，开拓市场，使销售收入提高 27%，利润提高 9%。
**财务管理**：制定新的财务管理办法，增加 19% 的流动资金，投资利润提高 13%，受到同行美慕。
**专业知识**：通晓金属制造业及广泛应用于生产领域中的复杂机械装备。
**工作经历**：
1970—日前，美国北卡罗来纳州 ××××烟草机械制造公司生产分部；
1967—1970，美国密苏里州 ××市汤普森办事处；
1963—1967，美国宾夕法尼亚 ×××公司；
1953—1962，美国宾夕法尼亚 ×××金属厂。
**教育背景**：
　美国宾夕法尼亚匹兹堡大学工程系理学士；
　美国西部密执安大学研究生，主修企业管理。
**社会活动**：
　美国北卡罗来纳州温斯顿塞拉姆国家医院理事会主席；
　美国北卡罗来纳州温斯顿塞拉姆基金会主席；
　美国政府政策研究会委员。
**奖励荣誉**：
　温斯顿塞拉姆年度优秀市民奖。
**业余爱好**：
　网球、高尔夫球、射击。
**基本信息**：
　1928 年 3 月 31 日出生，已婚，两个孩子，身体健康，愿意调动工作。

## （三）复合型简历模板（表 6-1-10 和表 6-1-11）

表 6-1-10　复合型简历模板

| 姓名 | | |
|---|---|---|
| 通信地址 | | |
| 电话号码 | | |
| 电子邮箱 | | |
| ■求职意向 | | |
| 应聘职位（注：宜简单概述） | | |
| ■职业总结（采用倒叙方式） | | |
| 曾做过的相关工作情况<br>自身具备的素质、技能<br>今后的职业规划<br>■技能总结 | | |
| 专业技能认证 | 成绩 | |
| 英语技能认证 | 成绩 | |
| 计算机技能认证 | 成绩 | |
| ■职业经历（采用倒叙方式，一般不超过 3 项） | | |

续表

| 开始时间—结束时间 | 企事业单位名称 | 职位名称 |
|---|---|---|
| | ◆ 公司概述<br>◆ 职位概述<br>◆ 工作内容<br>◆ 工作成果<br>◆ 所获经验 | |

| ■教育经历（采用倒叙方式） | | | |
|---|---|---|---|
| 开始时间—结束时间 | 学校名称 | 院系名称 | 专业方向 |
| 主修课程（选择3门与职位相关的高分课程）<br>■获奖情况 | | | |

| 时间 | 奖项名称 |
|---|---|
| 时间 | 奖项名称 |
| ■其他资料 | |

| 兴趣爱好<br>个人评价<br>其他 |
|---|

表 6-1-11 复合型简历

| |
|---|
| **李丽**<br>北京市海淀区朝阳街××号<br>150××××456<br>010-57×××788<br>Lily××86@163.com |
| **求职意向：**<br>大型企业人力资源经理 |
| **职业总结：**<br>◆ 5年大型企业人力资源管理工作经验<br>◆ 系统掌握现代企业人力资源管理模式<br>◆ 在绩效、培训和薪酬管理方面积累了丰富的实践经验<br>◆ 有良好的沟通能力、协调能力、执行能力 |
| **技能总结：**<br>◆ 国家高级人才资源管理师证书<br>◆ 英语六级证书<br>◆ 计算机二级证书<br>◆ 客户服务能力：为客户提供信息查询和咨询服务，满足客户需求，提高客户满意度；妥善处理客户投诉，使客户对投诉处理的满意度达到90%<br>◆ 财务能力：提供客户信用评估报告和制定合同协议条款；擅长制定货款回收计划，具有丰富的应收账款回收经验 |
| **工作经历：**<br>2018.10—2021.12 北京科创集团　　　　　　人力资源部经理<br>2016.8—2018.9　 北京物美价廉超市　　　　人力资源部副主任<br>2014.5—2016.7　 北京环宇物业管理有限公司　财务部应收账款主管 |
| **教育背景：**<br>2010.9—2014.7 北京信息工程学院　工商管理专业管理学学士 |
| **兴趣爱好：**<br>演讲、辩论，有着较好的沟通能力<br>旅游，培养积极努力的品质，收获了乐观向上的心态 |

### 三、求职简历的写作要求

简历是求职的第一块敲门砖，形式灵活，信息量大，写作时若稍不注意，就很容易在众多的求职简历中被踢出局。因此，撰写简历应掌握一些基本的要求和技巧。

#### 1. 基本信息要准确真实

简历的基本信息主要包括姓名、性别、出生年月、籍贯、户籍所在地、婚姻状况、教育背景（包括学历程度和所学专业及毕业院校）、外语和电脑掌握的熟练程度等，一定要详细列出，给人以完整的印象，同时，也表明求职者工作态度认真、规范，懂得商务礼仪，要有个人照片，给未曾谋面的招聘负责人留下深刻的印象。

#### 2. 联系方式要准确无误

求职时，一定要保证所填写的电话号码和 E-mail 地址等联系方式真实有效，如果因为联系方式不正确，用人单位无法联系到求职者，很可能失去一次找到心仪工作的机会。

#### 3. 求职意向要明确

期望行业、期望工作岗位、期望工作地点、期望薪水等信息要根据自己的情况，填写清楚，让招聘人更好地了解求职者的职业规划。

#### 4. 教育和工作经历要详细清楚

这两项是简历中的精华部分，一定根据自己的真实情况填写得详细、清楚，让人一目了然。实践证明，从求职者的经历能看出其经验、能力和发展潜力，这是打开用人单位大门的敲门砖。

#### 5. 技术特长要重视

技术特长是用人单位极其关注的一个重要内容，因为这可以更全面地考察一个人的能力及对职位的适应性。

## 任务实施

### 一、写作题

请根据以下信息，制作一份个人简历。

王×，男，2000 年 7 月出生在深圳，汉族，中共党员，喜欢跑步、建筑手绘。高中就读于深圳市 ×× 中学，2018 年 9 月至 2022 年 7 月就读于 ×× 农业大学建筑环境与能源工程专业。在校期间，担任班级团支书、学生会宣传委员等职务，通过英语四级、计算机国家二级。积极参加社会实践，大一暑假，参加学校开展的"智力支乡"深圳小分队；大二期间，参与本校部分区域、位置平面图设计，是测量小组的成员；大三暑假，跟随老师在深圳南川农场进行为期两天的测量工作，在学校的实验大楼施工工地进行为期四天的建筑工实习。即将毕业，希望找到一份与工程预算、科研设计或建筑业相关的工作。联系电话：138×××38000，邮箱：wyu@×××mail.com。

参考个人简历（表 6-1-12）：

表 6-1-12　个人简历

| 个人资料 | 姓名 | 王 × | | 性别 | | 男 | 照片 |
|---|---|---|---|---|---|---|---|
| | 民族 | 汉 | | 籍贯 | | 深圳 | |
| | 政治面貌 | 党员 | | 出生年月 | | 2000 年 7 月 | |
| | 电话 | 138×××38000 | | 邮箱 | | wyu@×××mail.com | |
| | 应聘职位 | | | 工程预算、科研设计或建筑业相关行业 | | | |

| 教育背景 | 起止日期 | 毕业院校 | 专业 |
|---|---|---|---|
| | 2018.9—2022.7 | ××农业大学 | 建筑环境与能源工程 |
| | 2015.9—2018.7 | 深圳市××中学 | |

| 社会实践 | 大三暑假，跟随老师在深圳南川农场进行为期两天的测量工作，在学校的实验大楼施工工地进行为期四天的建筑工实习 |
|---|---|
| | 大二期间，参与本校部分区域、位置平面图设计，是测量小组的成员 |
| | 大一暑假，参加学校开展的"智力支乡"深圳小分队 |

| 能力情况 | 技能证书 | 英语四级、计算机国家二级证书 |
|---|---|---|
| | 曾任职务 | 班级团支书、学生会宣传委员 |
| | 兴趣特长 | 跑步、建筑手绘 |

| 自我评价 | 为人诚恳，性格开朗，有主见，吃苦耐劳，有较强的组织能力和团队精神 |
|---|---|

## 二、改错题

请指出表 6-1-13 这份简历的不当之处并改正。（有多处不当，能指出 5 处即可）

表 6-1-13　个人简历

| 姓名 | 王×× | 性别 | 男 | 出生日期 | 2001/6/12 | 照片 |
|---|---|---|---|---|---|---|
| 籍贯 | 江苏淮安 | 民族 | 汉 | 政治面貌 | 群众 | |
| 毕业院校 | 硅湖职业技术学院 | 系别 | 土木工程 | 学历 | 大专 | |
| 主修专业 | 桥梁与隧道工程 | 毕业时间 | 2022.7 | 兴趣爱好 | 音乐、手游 | |

| 教育背景 | 所学课程 | 基础课 | 高等数学、概率与数理统计、线性代数、大学英语、应用文写作、计算机应用基础、形势与政策、法律基础、思想道德修养体育等 |
|---|---|---|---|
| | | 专业基础课 | 道路建筑材料、道路工程制图、桥涵水力水文、工程测量、Foxpro 高级程序语言设计、土质土力学、工程力学、结构力学等 |
| | | 专业课 | 桥涵设计与施工技术（上）（下）、工程机械与管理、结构设计原理、AutoCAD 辅助设计、工程地质、基础工程、公路工程、工程项目管理、专业英语、隧道工程、公路隧道施工、岩土工程等 |
| 教育背景 | 专业实习 | | 工程测量实习：西华校区本部平面图测绘实习（二周） |
| | | | 预算设计实习：砖混房屋造价预算（一周） |
| | | | 施工组织设计实习：单层厂房吊装组织设计（一周） |
| | | | 钢结构设计实习：单层厂房屋盖设计（一周） |
| | | | 钢筋混凝土设计实习：单层工业厂房设计（二周） |
| | | | 砌体房屋结构设计实习：砖混住宅房屋设计（二周） |

续表

| 教育背景 | 专业能力 | 具有从事桥梁与隧道工程的规划、设计、施工管理、监理及造价控制管理能力<br>具有较强的组织协调及管理能力<br>具有桥梁与隧道工程专业一定的理论知识和较强技能 |
|---|---|---|
| | 校园任职 | 2019 年 9 月至 2020 年 4 月担任桥梁与隧道班班长<br>2019 年 11 月至 2021 年 7 月在土木系文艺部工作<br>2020 年 4 月至今担任桥梁与隧道班团支部书记 |
| 技能证书 | 计算机一级证书<br>英语三级证书 | |

**参考答案：**

问题分析如下：

这份简历对学校教育描述得非常详细，有助于用人单位充分了解求职者的学历背景。但也存在一些问题，甚至遗漏了一些重要信息。

1. 求职意向：本简历没有明确的求职意向，用人单位不清楚求职者的求职目标，这会让用人单位认为求职者对自己的职业规划不清楚，很可能导致应聘失败。

2. 联系方式：本简历没有提供有效的联系方式，用人单位无法联系到求职者，自然无法求职成功。

3. 工作经历：工作经历是用人单位非常看重的内容，虽然应届毕业生没有全职工作经历，但是校园实习、社会实践、假期兼职都可以证明求职者的工作能力，所以在简历中没出现这块内容是不明智的。

4. 教育背景：建议着重列出学习时间、院校名称、专业和主修课程、专业能力即可，不需要如此详尽列出所有课程，太多，不能突出重点，如果觉得有必要，可以将成绩单附在后面。

5. 自我评价：自我评价是对自己的认识，用人单位会从这部分内容看到求职者对自己的了解，对求职单位及职位的了解与匹配程度，是简历中画龙点睛的地方，建议增加。

6. 奖励荣誉：各种奖励荣誉称号是对个人能力的直接证明，在有的情况下，一定要列出来，较多的荣誉称号会增加面试的机会。

7. 兴趣爱好：音乐、手游可能真的是求职者的兴趣所在，但这跟所应聘的岗位关系似乎不大，不建议这样写，兴趣爱好也可以帮助用人单位更好地了解求职者，因此建议简历中的兴趣爱好最好能够针对求职岗位来写，以增加自己的优势。

参考例文如表 6-1-14 所示。

表 6-1-14 个人简历

| 姓名 | 王×× | 性别 | 男 | 出生日期 | 2001/6/12 | |
|---|---|---|---|---|---|---|
| 籍贯 | 江苏淮安 | 民族 | 汉 | 政治面貌 | 群众 | 照片 |
| 身高/体重 | 176cm/70kg | 健康状况 | 良好 | 兴趣爱好 | 篮球、计算机操作 | |
| 电话 | 135×××××12 | 电子邮箱 | w×××12@hotmail.com | | | |
| 通讯地址 | 昆山市绿地大道 168 号硅湖职业技术学院 ××××信箱 | | | | | |
| 求职意向 | 道路、桥梁及隧道工程相关专业的生产、施工、管理等 | | | | | |

续表

| | |
|---|---|
| 教育背景 | 2019.9—2022.7，硅湖职业技术学院，桥梁与隧道工程专业<br>主修课程：桥涵设计与施工技术、工程机械与管理、结构设计原理、工程地质、隧道工程等<br>专业能力：具有从事桥梁与隧道工程的规划、设计、施工管理、监理及造价控制管理能力；具有较强的组织协调及管理能力 |
| 社会实践 | 2022.1—2022.6，专业实习<br>实习内容包括：工程测量、预算设计、施工组织设计、钢结构设计、钢筋混凝土设计、砌体房屋结构等<br>2021 年暑期，苏州安居物业管理有限公司，住宅建筑日常保养与维护，获得院"暑期社会实践先进个人"<br>2020 年暑期，苏州路政路面中心实验室，沥青混凝土路面的施工工艺、沥青及沥青混合料各项试验的操作、数据分析和资料整理工作 |
| 校园任职 | 2019 年 9 月至 2020 年 4 月，担任桥梁与隧道班班长<br>2019 年 11 月至 2021 年 7 月，在土木系文艺部工作<br>2020 年 4 月至今，担任桥梁与隧道班团支部书记 |
| 技能证书 | 计算机一级证书<br>英语三级证书 |
| 获奖情况 | 2020 年 1 月获院"2020 年元旦晚会"最佳组织奖<br>2021 年 9 月获院"暑期社会实践先行个人"<br>2022 年 3 月获院"优秀团干" |
| 自我评价 | 本人做事谨慎细心，责任感强，专业知识扎实，有较强的分析问题、解决问题的能力，善于处理人际关系，具备团队合作精神 |

# 项目二 运筹帷幄见高下
## ——毕业论文

### 情境导入

每到毕业，同学们都要写毕业论文。苏晓语同学不知道毕业论文该如何下手，而毕业论文写作是衡量大学生完成在校学习的关键要素。那么，苏晓语到底应该如何撰写这份毕业论文呢？

### 知识点拨

## 任务一 毕业论文的定义和特点

### 一、毕业论文的定义

写作毕业论文是大学生在校学习期间进行的最后一个综合性实践教学环节。毕业论文是在指导老师指导下，大学生就所学专业中的某一学术课题，在实验性、理论性或实践性的基础上所做的具有新的科学研究成果或创新见解的科学记录；或是将某种已知原理应用于实际中，取得新进展的科学总结。写作毕业论文可以综合检验大学生对本专业的理论、专门知识和技能的掌握情况，培养大学生从事科学研究工作或担负专门技术工作的能力。

毕业论文是学术论文的一种，它是对大学阶段教学情况进行的综合考查方式，既考查学生运用所学专业知识的能力，探索、思考、创新的能力，也考查学生组织、写作、语言表达的技巧和能力。

### 二、毕业论文的特点

#### （一）理论性

毕业论文不是一般的调查报告、工作总结、随笔随感等文章，而是在概念、判断、推理的基础之上，就作者自身的专业领域，用抽象思维的方法所做的带有普遍价值的科学规律的探索过程。

它的理论性可从两个角度理解：一是从专业的理论高度出发，分析和总结实验、观察的结果，并形成一定的科学见解，提出并解决有科学价值的问题；二是用事实和理论进行逻辑论证，发现问题、解决问题，提出科学见解，将实践上升为理论。

#### （二）创新性

创新性要求毕业论文不能简单地重复前人所做的工作，人云亦云，应该有所创新，能针对所研究的问题提出自己的独到见解。这种创新，包括新观点、新角度、新材料等几个方面。在论文写作过程中，作者可以从某一个或某几个角度思考创新的途径。

#### （三）实践性

毕业论文应该紧密结合社会实践，起到促进社会发展的作用。理工科的毕业论文可以直接从生产一线中选取研究问题，学生完成毕业论文的过程就是发现问题、分析问题和解决实际问题的过程。

### （四）规范性

规范性指的是，毕业论文必须按一定的行文格式和要求进行规范化写作。毕业论文的组成要素复杂，每种要素都有其格式、内容等的要求。一般来说，每个学校都对毕业论文的格式规范有自己具体的要求，学生可以详细阅读，按照规定编排。

## 三、写作毕业论文前的准备工作

### （一）材料准备

写毕业论文前，大家可以先做好材料准备。这里所说的材料包括所学的专业课的教材、实习报告等，可以使用列表或者思维导图的形式，梳理自己学过的专业内容，并从中选取自己感兴趣的科目、章节，或者知识点，然后按图索骥，找到自己的兴趣点或者擅长的内容。也可以向专业课老师请教，或者自己在专门网站上查阅电子资料，逐步扩大知识面，深化对问题的理解和学习。一般来说，"熟读唐诗三百首，不会写诗也会诌"，多读、多看是写作的前提。通过大量阅读论文，学习可以了解论文的写作方法、技巧等，为写作打好基础。

### （二）技术准备

《劝学》中说："君子善假于物也。"写作毕业论文是一项综合任务，学生如果能够学会使用一些"趁手"的工具，将有助于毕业论文的顺利完成。如资料检索工具：知网、超星数字图书馆、万方资源数据库、读秀、本校毕业论文资源库（推荐）等；文档编辑工具：Office；制图工具：Photoshop 等。

### （三）心理准备

写作毕业论文对绝大部分同学来说，是对科学研究的第一次尝试，难免觉得困难。学生在做这一工作时，应该放平心态，正视困难，如保障时间、投入精力等都是必需的。今天重视，明天才会有回报。如果你今天对它爱理不理，明天它会让你高攀不起。

此外，在写作中，大家还应明白有输入才会有输出的原则。毕业论文是考查大学生对所学专业知识的应用能力、发现问题并能解决问题的能力，所以它是建立在知识认知和运用实践的基础之上的，是我们发现问题、解决问题的过程的记录和总结，它不是空想，更不是没有任何基础的瞎编滥造。相信只要大家在写作毕业论文前做足准备，必能任它风吹浪打，胜似闲庭信步。

---

**知识角**

#### 1. 参考文献的格式

[1] 赵国宏，朱新梅. 论网络高等教育的现状及其发展趋势 [J]. 中国远程教育，2005（5）.

[2] 吴刚平. 课程资源的理论构想 [J/OL]. 辽宁基础教育教研网 http://www.lnedu.net/source/content.asp?newsid=2588（2002-6-20）.

[3] 吴刚平. 论课程资源的开发与利用 [J]. 全球教育展望，2001（8）.

[4] 范兆雄. 课程资源系统分析 [J]. 西北师大学报（社会科学版），2002（3）.

#### 2. 毕业论文的构成要素

根据 2006 版中华人民共和国国家标准《学位论文编写规则》，毕业论文可以分成前置部分、主体部分、参考文献、附录和结尾几个部分。其中，前置部分包括封面、序或前言（必要时）、致谢、摘要、关键词、目录、插图和附表清单（必要时）。

一般来说，每个学校在毕业论文构成要素上都有明确的说明。下面介绍的是江苏海事职业技术学院的毕业论文格式（节选）。

第一部分：概念界定

一、问题提出

（一）概念界定

1. 课程资源

对课程资源的界定有很多种，这主要是因为学者的研究视角以及对课程资源的理解不相同而导致的。吴刚平（2001）认为狭义的课程资源仅指形成课程的直接因素来源[3]。一年后，他又在此基础上提出了相对广义的课程资源概念：即形成课程的因素来源与必要而直接实施的条件[4]。与这一界定类似的还有范兆雄（2002），他认为课程资源是指可能进入课程活动，直接成为课程活动内容或支持课程活动进行的物质和非物质的一切[5]。同年，他又在《教育评论》中撰文提出：课程资源是指满足课程活动所需要的思想、知识、人力、物力等，是与课程目标、内容、实施和评价有密切联系的课程外部系统[6]。徐继存、段兆兵、陈琼（2002）认为：课程资源是课程设计、实施和评价等整个课程编制过程中可以利用的一切人力、物力和自然资源的总和[7]。张传燧（2004）撰文指出，课程资源从广义说可以与教学资源划等号，就是指课程与教学信息的来源，即一切具有教育价值并能被纳入课程体系、有利于实现课程与教学目的的各种物质、精神和人力因素[8]。

从上述几种对课程资源的理解我们不难看出，它们兼顾了隐性与可能的资源以及不同类型资源的功能，这对基于网络的课程资源开发具有指导性意义。任何事情都具有两面性，以上这些理解的局限性就在于没有体现课程资源的价值取向，也没有确立学习者互动层面上的关系。课程研究与开发的展开实际上就是学习进程的运作。课程资源是影响学习生命存在及其优化活动的各种因素与实施条件，是学习的支持系统。课程资源通过服务于学习而显示其存在价值[9]。关于课程资源的价值问题，郭莉霞等（2004）认为，课程资源除了具有课程学的价值外，还具有丰富的心理学内涵。首先，课程资源是知识的载体。除了像教科书、辅导书籍和以教师为代表的人力资源之外，还包括一些以数字化为特征的资源。这些资源所承载的符号系统就是知识。其次，课程资源是教学的媒介。课程资源不仅包括课程实施媒介，还包括学习者的认知能力和经验等精神性的资源。最后，课程资源是构成教学环境的要素，课程资源的合理组合营造了教学活动顺利进行的环境。具体来说，它建构了教学的场景，创造了学习的心理环境，陶冶了学习者的情操、训练了学习者的美感，为技能训练和体验提供了平台[10]。

2. 课程资源开发

课程资源开发是课程领域的一个重要概念。课程资源开发是指在现有课程资源的基础上，围绕既定的教育方针和目的，拓宽和开发新的课程资源，并通过对课程资源开发的规划、素材采集、设计和评价、课程资源更新等一系列措施来挖掘课程资源的潜能，最大限度地利用它为学习者学习提供有效支持的活动。其实质就是探寻一切有可能进入课程、能够与教育教学活动联系起来的资源[11]。

**3. 基于网络的课程资源**

所谓基于网络的课程资源，就是指那些蕴涵了特定的知识，能创造出一定教育价值，并能以数字信号形式在互联网上进行传输的、包含各学科内容和有助于学科内容学习的数字化学习资源。

**4. 基于网络的课程资源开发**

基于网络的课程资源开发是指教育科研机构与学校联合（也可能独立开发）在现有课程资源的基础上，围绕既定的教育方针和目的，对网上学习者进行全方位的调查，并利用网络技术整合学科内容结构，创生出那些蕴涵了特定的知识，能创造出一定教育价值，并能以数字信号形式在互联网上进行传输的、包含各学科内容并有助于学科内容学习的数字化学习资源的活动。

……

# 任务二　毕业论文的选题

## 一、选题的含义

选题是写毕业论文非常重要的一步。目前常见的毕业论文选题的方式有两种：一种是专业课老师为学生提供选题范围；另一种是学生自己选。相对来说，前一种方法，它的选题范围已经聚焦，选择的难度自然会有所降低。但是，这并不是完全意义上的跳过思考，拿到选题后，学生其实同样还要进行考量。所以，不管从哪个方式来说，选题都是大家必须经历的思考过程。

准确地说，选题就是确定、选择论文所研究的对象和科目。这里的对象和科目都是从毕业生所学专业来说的。

## 二、选题的原则

### （一）选题要有可行性

所谓有可行性，就是从主观和客观所具备的条件来说，选题应在一个可行的范围之内。选题要从本人的实际情况出发，充分利用自己的有利条件，扬长避短，量力而行。

**1. 术业有专攻，毕业论文要在自己的专业范围内选题**

可以参照各专业的指定范围和参考题目来选择。

**2. 量力而行，量身定做**

选题要考虑论文写作对知识和能力全面考核的要求、材料收集的难易程度、方法对错、精力是否够用、时间是否充足等方面的因素。

对毕业论文而言，不建议做综述型的研究，比如《××专业的 30 年研究综述》，这类题目太大。选题应该小一点、具体一点，力求把问题讲清楚就可以了。在选题上宁可小题大做，不可大题小做。

### （二）选题要有价值

所谓有价值，就是说选题要有实用价值和社会价值，要对解决科学理论问题和社会实际问题有实际意义。

选题要解决社会和科学发展中的实际问题，运用自己所学的理论对社会问题进行研究，提出自己的见解，探讨解决问题的方法，才能体现出论文的社会效益和社会价值。如江苏海院毕业论文库中就有《船舶结构疲劳强度的评估与研究》（裔涵）、《海洋工程材料腐蚀试验方法与监测技术的选用》（叶晋杰）、《65000DWT 散货船分段搭载的技术要点分析》（徐旺）、《大达物流提升企业成本管理的研究策略》（康红鸽）、《高职学生顶岗实习管理系统的设计与实现》（郑超）等。

### （三）选题要有新意

所谓有新意，就是在论文中要表现自己的新观点、新角度、新材料，不做简单地重复研究。

要想发现有新意的选题，首先要善于观察；其次要善于积累和分析资料，在深入研究资料的情况下，整理所收集到的资料，就可以写出一篇有自己见解的论文。

## 三、选题的方法

### （一）浏览捕捉法

浏览捕捉法是指通过对占有的文献资料快速地、大量地阅读，在比较中来确定题目的方法。浏览的目的是在阅读资料的过程中，发现问题，找到自己的研究课题。阅读材料尽量全面、客观。浏览捕捉法一般可按照以下步骤进行：

#### 1.浏览记录

在浏览中建议适当做记录，如资料的纲目，对自己影响最深刻的观点、论据、论证方法等，或者是当时脑海中涌现的点滴体会。

#### 2.资料分类

阅读时可对材料进行分类、排列，建议把材料按照纲目分类，如系统介绍有关问题的、研究发展概况的、对某一个问题进行研究的、对同一问题有几种不同观点的、对某一问题研究最新的资料和成果等。

#### 3.资料比较

子曰："学而不思则罔，思而不学则殆。"浏览资料也是如此，浏览时，可将自己在研究中的体会与资料分别加以比较，找出哪些体会在资料中是没有或者部分没有的；哪些体会虽然资料已有，但是自己跟文章作者的看法不同；自己能在资料基础上继续做哪些深入研究等。经过几番深思熟虑的思考，就容易萌生自己的想法。

### （二）追溯验证法

追溯，自然是先有想法，再溯。在选题时，我们经常会有"灵光闪现"的时刻，这时，就可以把自己的想法用资料去追溯。追溯的方法可从以下两方面考虑：

#### 1.看自己的"灵光"是否与别人的研究成果重复

如果自己的想法与别人的研究成果完全一样，就应该马上改变，再做考虑；如果自己的想法只是部分与别人的研究成果重复，可以缩小范围，在非重复方面深入研究。

#### 2.看自己的想法是否对别人的观点有补充作用

自己的"拟想"别人是否没有论述或者论述得较少。如果这样，可以再具体分析一下自己具备的主客观条件。如果继续努力，就能对这一想法给出比较圆满的回答，就可以把"拟想"确定下来，作为毕业论文的题目。

当然还有一种可能性是，虽然自己的"拟想"完全没有人做，而自己又没有足够的理论能力加以论证，建议还是放弃，因为写作毕业论文要考虑时间的限制。

在阅读文献资料或调查研究中，建议大家准备一个"小本本"，当然小本本可以是电子的，也可以是纸质的。我们有时会突然产生一些思想火花，尽管这些想法很简单、很朦胧，也未成形。但是，这种思想火花往往是在对某一问题做了大量研究之后的一种灵感。如果能及时捕捉，并顺势追溯下去，它可能就是你日思夜想的"潜力股"。

### （三）专题选择法

这种方法就是预先选定一个范围，然后在这个范围内逐一筛选，最终获得理想选题的方法。这种方法由于限制了选择的范围，相对来说，学生节省了大量的时间和精力，而且，如果在某一范围内没有合适的选题，那么可以转移视线到另一范围，而不至于造成较大的损失。运用这个方法时，建议大家可以借鉴思维导图这个工具，将内容分列出来，这样选择起来会更方便、更直观，也更有效。

### （四）社会调查式选题法

撰写毕业论文的最终目的是把所学的理论用于现实生活中，因此，毕业论文选题的确定要以社会需要为出发点。大家可以结合在校期间的实习、实训等活动，注重社会调查，从社会实践中收集第一手资料，将其去粗取精，上升为理论的本质认识，最终确立自己的选题，真正做到选题来源于实践、服务于实践。

选题的方法或途径其实很多，但是，总的来说，还是要遵循"输入"原则，就是说，选题不是靠空想，一定是先有知识的输入，才能有反馈的输出。万变不离其宗，要想有个好选题，还得踏实地读文献，系统地回顾所学专业，多关注自己的实习经历等。只要在某一个方面做的工作够充分，其实找到好选题是水到渠成的事情。

---

**知识角**

#### 1. 论文题目的定义

题目又叫"标题""题名"，有的题目还包括副标题或引题。题目是以最恰当、最简明的词语反映论文中最重要的特定内容的逻辑组合。人们常说："题目是文章的一半。"足可见题目的重要性。

每篇论文首先映入读者眼帘的便是该论文的标题。人们从文摘、索引或题录等情报资料中，先找到的也是论文的标题。通常浏览论文，也是先以标题作为最主要的判断来决定是否有阅读的必要，是否登录文摘刊物或数据库。因此，论文标题是一篇论文的缩影与代表，是"提纲的提纲"，对于论文内容，具有重要的提示作用。

#### 2. 论文题目的要求

论文题目的要求是准确、精炼、文题一致。

##### 1）准确

准确即要求论文题目能准确表达论文内容，恰当反映所研究的范围和深度。

例如：《无船承运人对托运人的法律责任研究》（朱万超）、《郑州小额贷款公司发展中的问题与对策研究》（赵富伟）。

上述题目清晰地展现了各自的研究内容和范围，关键问题在于题目要紧扣论文内容，或论文内容与论文题目要互相匹配、紧扣，即题要扣文，文也要扣题。这是撰写毕业论文的基本准则。

常见毛病是：标题过于宽泛、模糊、笼统、抽象，定位不当、不具体。如把研究对象扩展到同类对象或者把同一个问题扩充到整个学科等。如《论东方文化的精神底蕴》《传统文明的未来》《当代经济的世界潮流》等，题目大而不当，空而不实，难以把握，无处下笔。

##### 2）精炼

精炼即论文题目的字数要少，用词需要精选。至于多少字算是合乎要求，并无统一的硬性规定，一般一篇论文题目不要超出20个字，不过，也不能由于一味追求字数少而影响题目对内容的恰当反映，在遇到两者确有矛盾时，宁可多用几个字，也要力求表达准确、明确。

如《关于江苏星级饭店的现状分析与发展探析的研究》，去掉"关于""的研究"等词汇并不影响表达，因为题目中已经包含了研究及关于什么方面的研究。所以，上面的题目就可精炼为《江苏星级饭店的现状分析与发展探析》（赵文静，江苏海事职业技术学院，专科毕业论文，2018年），不仅字数减少了，而且读起来干净利落、简短明了。

若题目简短不足以显示论文内容或反映不出属于系列研究的性质，则可利用正、副标题的方法解决，加副标题来补充说明特定的实验材料、方法及内容等信息，使标题既充实准确又不流于笼统和一般化。如《〈扬城建事〉建筑立面衍生文创产品设计——以扬州为例》（杨晓杭）、《安全色在船舶分段车间布置中的运用研究——以招商局重工（江苏）有限公司为例》（刘栋梁）。

### 3）文题一致

论文的标题和内容无论在广度和深度上，都应该保持一致。如《镇江博物馆公示语的英译乱象及纠正措施》（吴茜欣，江苏海事职业技术学院，专科毕业论文，2018年），题目中已将研究对象、范围界定明晰，论文中研究的内容、范围就应与题目相应。命题时，若以大代小、以笼统代具体、以小代大、以偏概全，则可能出现不当。

### 3. 论文题目的拟写

拟写论文题目可以先找出论文的核心词，即论文阐述的中心内容，即最重要的内容。论文题目可以采用短语或者句子模式，相对来说，毕业论文的题目更多的是采用短语模式。常见的拟写论文题目的方式有如下几种：

### 1）动宾结构型

即谓语 + 宾语。这里的谓语可以是题目常用的标志词语，如"论、略论、简论、浅论、析、浅析、浅谈、漫话、浅议、刍议"等，也可以是其他能带宾语的动词或动词词组，如：《论〈左传〉中的道家思想元素》（吴婷婷，浙江工商大学，硕士毕业论文，2020年）、《论防治邮轮污染海洋环境的法律机制》（刘叶，大连海事大学，硕士毕业论文，2019年）等。

### 2）偏正修饰型

即由"修饰限定成分 + 被修饰限定成分"构成的偏正结构。如下面几个题目：

（1）《一种基于物联网的爬楼运输车的设计研究》（孟春，江苏海事职业技术学院，专科毕业论文，2019年）；

（2）《南京江宁大学城校园快递服务模式的研究》（冯宇，江苏海事职业技术学院，专科毕业论文，2019年）；

（3）《基于微信小程序的驾校预约软件的设计与实现》（戴翔，江苏海事职业技术学院，专科毕业论文，2019年）；

（4）《新零售业态下良品铺子营销创新研究》（王慧，江苏海事职业技术学院，专科毕业论文，2019年）；

（5）《基于Android的无人船地面站控制和监测系统设计》（张超，江苏海事职业技术学院，专科毕业论文，2018年）。

### 3）主旨解读型

这种标题一般由前后两部分组成，前一部分主要揭示论文的研究主旨，后一部分则是研究的核心内容或者研究范围。这类标题主要用于两个或两个以上的研究主体、研究方法、研究视角等的论文。如下面几个题目：

（1）《无家、寻家与离家：论海子诗歌的'家园'书写》（金丽娜，浙江工商大学，硕士毕业论文，2020年）；

（2）《困境、反思、探索：海洋强国视域下航海职业教育的重构》（杨玲，等，航海职业教育，2019年）；

（3）《从苏区到延安：简论沙可夫大众文艺思想及其实践》（朱芳，东华理工大学，硕士毕业论文，2019年）；

（4）《质量控制：高职院校科研绩效管理的生命线》（刘昊，航海职业教育，2019年）。

综上可知，论文题目的拟写既可以放在行文开始之初，也可以放在论文完成后。如果是一开始就写题目，就可以随着论文的进展，不断进行调整。但调整时不要急着把原来的题目删掉，而是可以把新的标题写在旁边。等到完成全文后，不妨回头再综合处理。正所谓没有最好，只有更好。更好都是比较出来的，多对比、多思考，就会拟写一个更好的题目。

## 任务三　毕业论文的提纲

### 一、提纲的定义

构思是作者内心对毕业论文的总体把握，别人看不见，摸不着；而且构思还是动态的，有些想法、灵感稍纵即逝，必须尽快捕捉、记录，形成一个严谨、系统、有序的论述框架。也就是说，作者要把构思及时地外化成论文的写作提纲（以下简称提纲），以提纲这一外在的形式表现内在的构思。写作提纲就是毕业论文思路的大体的文字表现。

毕业论文的写作提纲实际上就是把构思层次化、条理化、细致化，即把总论点分成若干个分论点，把分论点分成若干个小论点，如果有需要，还可以把小论点再细分成更小的"段落主旨"。但不管怎么分，各个段落主旨必须围绕小论点论述，小论点必须围绕分论点论述，分论点必须围绕总论点论述，这样，才能层层把好关。否则，就会偏题。

毕业论文的写作提纲不仅可以记录、分解构思，而且可以检查构思是否全面、深入，有无偏题，如果发现问题，就可及时完善、修改、补充，免得成文之后，再大幅度返工。所以，写作提纲不是可有可无的。

此外，对于写作论文的新手来说，在写作过程中，按照提纲行文也是降低难度的一种方式。其实，即便是写作"老手"，他们在行文中也是习惯先列提纲，后行文。据资料记载，世界上先制定提纲，然后按照提纲进行写作的科技人员，约占总数的95%。正所谓，提纲在手，论文不愁。

### 二、提纲的拟写

#### （一）提纲的分解

提纲就是分解论文的过程，要考虑的问题往往是"从哪几个方面写""写几个部分""分析哪几个问题"。从内容脉络来说，论文的论述部分需要完成论证"三步曲"。

### 1. 提出问题

这里可以写观点、见解、命题、判断、假设、猜想，等等，通过分析现状，找出问题症结，也就是论文中要解决的问题"是什么"。

### 2. 论证问题

即使用可信的论据，摆事实、讲道理，分解剖析、归纳综合，展开逻辑思辨和推论；分析现象、剖析示例，得出一般性结论，也就是论文中要解决的问题是"为什么"。

### 3. 解决问题

即作出结论，并证明结论的真实性、正确性和可行性；提出设计方案、技术支持、实例分析等；阐述作者的解决策略、解决方式、方法等，也就是提出"怎么做"的问题。

以理科论文为例，它常见的结构模式可以列为：问题的提出、实验所用材料、实验方法与程序、实验结果与讨论、结论。

### （二）提纲的提出角度

提纲应是建立在选题的基础之上，找出选题过程中发现的问题，从而提出问题、论证问题、解决问题。如《自助旅游冲击下旅行社的发展策略》，从这个论文的题目可以看出作者的研究范围和研究内容，可以看出它的核心词包括"自助旅游""冲击""旅行社发展策略"，作者发现，自助旅游作为一种新兴的旅行方式，它的兴起和发展，自然会对传统的旅行社产生冲击。那么面对冲击，旅行社该怎么办？这就是问题。

找到问题以后，接下来就要论证自助旅游有什么特征、旅行社有哪些特征、自助旅游为什么能够冲击到旅行社，这需要作者进行阐述、论证，让读者明确这个选题的重要性和必要性。

最后，在论证的基础之上，作者提出自己的解决措施和具体方案。

至此，这篇论文的提纲就形成了。具体如下：

#### 自助旅游冲击下旅行社的发展策略（提纲）

一、引言

二、自助旅游概述

三、自助旅游兴起的原因

1. ××××。

2. ××××。

3. ××××。

四、自助旅游对旅行社的冲击表现

（一）××××

（二）××××

（1）××××。

（2）××××。

（3）××××××××。

（三）×××××

（1）××××。

（2）××××。

五、自助旅游与旅行社旅游产品的对比

六、结束语

## 典型案例

<h1 style="text-align:center">基于网络的课程资源开发研究</h1>

### 摘要

基于网络的课程资源是指那些蕴涵了特定的知识，具有教育价值，并能以数字信号形式在互联网上进行传输的、包含各学科内容和有助于学科内容学习的数字化学习资源。研究基于网络的课程资源的开发问题，对促进基于网络的课程资源的建设具有实践意义。

论文共分六个部分：第一部分对有关概念进行了界定，并综述了基于网络的课程资源开发的研究与实践；第二部分分析了基于网络的课程资源开发的主要条件：科学教育理论的指导、良好技术设备的支持、充足课程素材的保障；第三部分探讨了基于网络的课程资源开发的规划问题，论文将开发规划分为规划前的准备、设定基于网络的课程资源开发目标、拟定备选规划方案、评价备选规划方案四个环节；第四部分探讨了基于网络的课程素材的采集问题，论文在分析课程素材采集的筛子理论的基础上，提出了素材采集的原则和方法；第五部分探讨了基于网络的课程资源的设计问题，主要探讨了课程资源结构的编制、呈现结构设计、学习导航设计等问题；第六部分探讨了基于网络的课程资源开发的评价问题，论文提出了评价模型，探讨了评价原则、评价方法以及评价后对基于网络的课程资源的改进与更新问题。

### 目录

**注意：**

写作毕业论文一定要有一个写作原因，人们称之为"缘起"。如《基于网络的课程资源开发研究》的缘起如下：

## 缘　起

发展网络教育的第一个直接效果就是促进教育信息化。教育信息化这一概念是在 20 世纪 90 年代伴随着信息高速公路的兴建而提出来的，其标志就是克林顿政府在 1993 年正式启动的"国家信息基础设施（National Information Infrastructure 简称 NII）"，它的核心是发展以 Internet 为核心的综合化信息服务体系和推进信息技术（IT）在社会各领域的广泛应用，尤其是把 IT 在教育中的应用作为实施面向 21 世纪教育改革的重要途径。

随着信息技术、网络技术和计算机技术的迅速发展，人类社会正在全方位地进入知识社会和信息时代。这个时代是以信息资源占有、配置和知识的生产、分配、使用为特征的时代。在这个时代，人们的生活、生产和学习等方式都因为网络信息技术快速发展而迅猛变化。基于网络的学习方式已经被人们所接受，甚至已经达到离开了网络就无法生活、生产和学习的地步。

目前，网络教育已经成了这个时代教育发展的一大趋势，世界各国对网络教育的发展给予了前所未有的关注，试图在未来社会中让 Internet 在教育中维持优势地位。联合国经济合作与发展组织的研究表明：从 1995 年到 2000 年，全世界网络教育以每年 45% 的速度递增，到 2000 年，全球有 7 000 万人通过这种方式学习。

而在我国，教育部于 1998 年 12 月 24 日制定、国务院于 1999 年 1 月 13 日批准的《面向 21 世纪教育振兴行动计划》，对我国远程教育，尤其是网络教育的发展做了宏观上的规划，并给予了政策上的支持。在这一计划的指导下，教育部批准清华大学、湖南大学等四所高校作为远程教育首批试点高校，并于 1998 年 9 月招收 9 000 名网上学员，开始了真正意义上的网络远程教育。到 2005 年，我国网络教育的规模进入世界先进行列[2]。在基础教育阶段，教育部于 2000 年 10 月提出：从 2001 年开始，用 5~10 年的时间实施"校校通"工程。截至 2002 年，短短的一年时间内全国有 15 万所中小学能够开展信息化教育活动，占全国中小学校数量的 20%。

尽管网络远程教育发展的势头如此迅速，但也存在众多问题，其中最为重要是基于网络的课程资源问题，它们的开发也是网络远程教育实施中关键的一环。因此，基于网络的课程资源开发研究是十分重要的，它也是保证网络远程教育质量的"生命线"。

选择这个研究课题主要是基于以下两点考虑：一是随着网络技术的迅猛发展，网络教育已经成了 21 世纪教育改革和发展的重要途径，而基于网络的课程资源开发在网络教育活动中占据着非常重要的位置。最近几年，有关网络的相关研究如雨后春笋，蓬勃发展，这也顺应了时代发展的需要。社会在发展，现有的研究成果已经满足不了社会各个方面的需要，在教育领域也是如此。我国网络教育发展不管是从速度上还是规模上，都以惊人的态势逼近以美国为代表的网络教育强国。要使这个态势更具有生命力，加强基于网络的课程资源开发是首要的研究课题。二是基于网络的课程资源开发研究不仅是满足网络教育发展的前提之一，还是满足知识经济时代人们的求知欲和终身学习需要的保证。人是社会的动物，社会性是人的本质属性。人需要以群体的方式生活，需要与他人交流，在与他人交往中寻找自我，获得认同，体现自身价值。被称为"知识经济时代"的21世纪，知识本身的更新速度快得惊人。传统教科书不曾出现的新名词、新观念冲击了人们的视野，在人们的大脑中固化起来，使人们感到前所未有的紧迫感。"知识改变命运，学习成就未来"，就是一个很好的形容当前这种紧迫感的词。

## 三、提纲的编排格式

提纲可根据需要划分为不同数量的章、节，章、节的划分可以参照相关格式。

章、节编号全部顶格排，编号与标题之间空1个字的间隙。论文提纲也是构成目录的主体内容，根据提纲的层次就可以设置相应的目录层级，形成论文的目录。

划分提纲的技巧如下：

### （一）划分层次的依据要单一

划分层次的关键不在于用什么样的依据或标准，而在于一个标准能否贯穿始终。一次只用一种标准，划分出的层次就比较合理。在确定层次结构时，如果自觉或不自觉地用了几个标准，就会造成逻辑上的杂乱无序。

比如对比下列两则提纲：

提纲1：

（1）经常锻炼能增强耐力；

（2）睡眠方式会因为经常锻炼而得到改善；

（3）经常锻炼有助于控制体重。

提纲2：

（1）经常锻炼能增强耐力；

（2）经常锻炼能改善睡眠方式；

（3）经常锻炼有助于控制体重。

分析：

提纲1中（2）的论述角度与（1）（3）不同，这会导致在行文中会产生话题的偏差，也就是人们通常所说的"楼歪了"。所以在写作论文的过程中，一定要注意保持划分层次的标准前后一致。

### （二）各层次的意义要有相对的完整性和独立性

列举提纲时，要尽量确保各层次在意义上具有完整性和独立性，过于简单的提纲内容对行文没有明显的提示和引导作用，而交叉关系混乱的提纲则容易导致行文内容层次不清。

比如分析下列这则提纲：

**机器人在船舶管路用三通接头中的 MAG 焊接工艺开发和设计**

1　绪论

1.1　机器人焊接的发展和特点

1.2　机器人焊接相关技术

1.3　机器人焊接在船舶制造领域当中的研究现状

2　MAG 焊接设备及功能开发

2.1　KUKA MAG 焊接机器人

2.2　KUKA smartPAD 示教器

2.3　KUKA 机器人编程语言

2.4　焊接电源

2.5　焊接工作回转台

3　MAG 焊接工艺开发和设计

3.1　装焊顺序方案设计

3.2　主管与支管相贯线角焊工艺开发和设计

3.3　管子和法兰的角焊工艺开发和设计

结论

这则提纲的层次清晰，章、节内容描述独立、完整，利于行文。

# 目录

## 写作指导

### 提纲的形式

提纲的形式一般有两种：

#### 1. 标题式提纲

这种提纲比较简单，只写出行文各段的标题。

一般用简洁的文字标出各段的写作要点，它的特点是文字简洁、速度较快，适合于对写作内容较熟悉或时间较紧的情况。但对初学写作的人来说，很难起到指导写作的作用。

#### 2. 要点式提纲

这种提纲比较详细，它即要表明作文的中心，又要写出论文的大致内容；同时，还要交代论文的详略。

## 任务实施

### 一、判断题

1. 毕业论文的特点是理论性、创作性、实践性、规范性。（　　）

2. 选题就是确定、选择论文所研究的对象和科目。（　　）

3. 浏览捕捉法是指通过对占有的文献资料快速地、大量地阅读，在比较中来确定题目的方法。（　　）

4. 论文题目的要求是准确、精炼、文题一致。（　　）

### 二、写作题

即将面临毕业的大学生请着手写一篇毕业论文，要求选题范围不要太宽泛，观点正确，结构完整，包括引言、正文和结论等，重点体现作者对所研究问题的现象、原因分析、对策反思。

# 主要参考文献

[1] 徐中玉 . 应用文写作 [M]. 北京：高等教育出版社，2016.

[2] 段轩如，等 . 应用文写作教程 [M]. 北京：中国人民大学出版社，2022.

[3] 付水英，谭惠敏 . 应用文写作 [M]. 北京：航空工业出版社，2017.

[4] 张玉霞 . 应用文写作 [M]. 上海：上海交通大学出版社，2021.

[5] 申作兰，彭文艳 . 商务应用文写作 [M]. 北京：中国轻工业出版社，2021

[6] 崔永丽，李玉玉，彭优 . 应用文写作实训教程 [M]. 上海：上海交通大学出版社，2018.

[7] 李永霞，陈志洁，王娟 . 应用文写作 [M]. 上海：上海交通大学出版社，2021.

[8] 白文勇 . 新编应用文写作 [M]. 上海：上海交通大学出版社，2020.

[9] 黄秀丽，江爱国 . 应用文写作 [M]. 北京：北京人民大学出版社，2015.

# 致谢

　　时光荏苒，不知不觉从去年筹划出书到今年书本出来，已一年有余。回首往昔，心中充满了无尽的感慨。

　　出书是好事，可其苦谁知？谁解其中味？这本书就像我自己的孩子一样，首先，希望给孩子取个响亮的名字，思来想去，给它取名《实用文案写作》，因为我之前看了不少文案方面的书籍，大多数太笼统，缺乏对写作实际要领的解剖，而这本书主要侧重于实用。

　　在这里，我要深深地感谢我们的编写团队。在我确定书本选题、资料检索、结构框架等方面时，他们不厌其烦地提出不少建设性意见。尤其对文稿的汇总、整理、润色、编辑、校对等工作，大家跑前跑后忙碌了近一年，让本书增色不少，这些是本书出版的重要保障。在本书出版之际，谨向尊敬的各位文案编写老师致以最真挚的感谢！

　　在此，我还要重点感谢硅湖职业技术学院的校长助理姚月霞教授、基础部的屈赛英副主任以及教务处的王海舟、吴海华副处长，如果没有他们的无私关怀和悉心帮助，书本也不会如此顺利地完成。这本书编撰出版，虽然算不上鸿篇巨制，但也凝聚了硅湖职业技术学院所有文案老师的心血！在此对闫培老师、李桂红老师和尚艳老师表示深深的谢意！

张红丽

2023 年 6 月于硅湖职业技术学院